복음논단
제6집

| 교단 창립 90주년 기념 |

복음논단

Journal of the Gospel　Vol. 6. 2025

기독교대한복음교회 신학위원회 **엮음** | 이양호 외 6인 **함께 씀**

동연

是南 최태용 감독을 기리며

是南 최태용 목사 약력

1897. 음 11. 25.
    함경남도 영흥군 인흥면 동원리에서 출생.
1913.
    수원농림학교 국비생으로 입학, 기독교 입신, 수원감리교회 출석하다.
1915. 5. 11.
    주님과 황홀한 만남과 소명 체험.

1918.
: 서울배화학교 선교사 한국어 가정교사로 있다가 연희전문학교 신학과 입학.

1919.
: 연희전문학교 농과 선생으로 재직. 재차 소명체험을 가지다.

1921.
: 신학교 입학차 도일, 영어성경학교에 다니면서 우치무라 간조의 제자가 되어 무교회주의운동을 펼치다.
: 평생의 신앙 동지로 백남용을 만나다.

1923.
: 동경대지진 조선인 학살 사건을 목도하고 일본인의 회개를 촉구하는 "일본인에게 고한다"는 글을 발표하고 귀국하다. 당시 전영택 씨가 주간으로 있는 「新生命」紙에 8회에 걸쳐 생명 신앙에 대하여 논문을 발표하다.

1925. 12. 6.
: 월간 「天來之聲」紙를 창간하여 1927년까지 계속 발간하다.

1926. 11. 10.
: 경성 YMCA 대강당에서 「信仰革命宣言文」을 낭독하며 조선 교회의 혁신을 부르짖다. 특히 외세의존의 교회를 비판하며 조선적 교회 설립을 주장하다.

1928. 12. 10.
: 월간 「靈과 眞理」紙를 창간하여 1937년까지 계속 발간하다.
: 다시 일본으로 건너가 메이지학원 신학부(후 일본신학교)에 입학하다.
: 당시 그의 독특한 "靈的 基督敎論"을 집필하고 「靈과 眞理」에 발표하다.

1930. 3. 28.
: 우치무라 간조의 죽음과 더불어 무교회주의를 버리다.
: 김교신과 무교회주의 논쟁을 벌이다.

1932.
: 메이지학원 신학부를 졸업하고 근본주의와 신비주의를 배격하고 조선의 신학, 조선의 신학교 설립을 주장하며 전국을 순회하며 집회를 가지다. "금마 집회"를 해마다 열어 생명 신앙의 동지들이 전북 금마 왕궁면 동고도리에 있는 금마교회에 모여 신앙 혁신의 불꽃을 태우다.

1933. 9.~11.
서울 종로 6가 부활사에서 "부활 집회"를 매주 개최하다.

1935. 10. 20.
군산 박지철 장로댁에서 "기독교 조선 복음교회 창립 발기 위원회"를 가지다.

1935. 12. 22.
"기독교 조선 복음교회"를 창립하고 윤치병 목사로부터 목사 안수를 받은 후 그 초대 감독에 취임하다.
경성 소격동 복음교회의 당회장이 되다.
그후 전국 복음교회를 순회하며 "조선의 교회" 설립에 동분서주하다.

1942.
일본의 고위 정치 지도자들을 방문하여 "조선의 자치정부" 설립을 주장하다. 일본 총독으로부터 요주의 인물로 지목을 받다.

1945. 12.
해방 후 민족의 혼란을 구하기 위하여 오직 기독교 신앙정신만이 새 국가 건설의 초석이 됨을 확신하고 국민 계몽운동에 나서다. "신생회"를 조직하고 "새국가 건설단"을 결성하다.

1947.
"독립촉성국민의회"의 총무로 새 국가 건설을 위하여 앞장 서다. 좌우합작-신탁통치 반대운동을 전국적으로 실시하다.

1948. 10.
대한민국 정부가 수립된 후 농민회(현 농협) 부회장에 취임하고, 국민훈련원 원장으로서 농촌 개발운동을 전국적으로 실시하다.

1950. 9. 11
6.25 사변으로 서울 모 교인집에 은신 중 공산군에 체포되어 순교하다.

차 례

是南 최태용 감독을 기리며 / 005

발간사 / 011

신학의 글

오충일 | 신앙 혁명으로 복음교회를 이룬 최태용 목사 ········· 015

이양호 | 테르툴리아누스의 생애와 사상 ········· 027

염승철 | 바울의 복음 ········· 057

민유홍 | 생명의 길, 죽음의 길 (에스겔 18장) ········· 091

김진호 | 21세기 교회의 선택, '혐오의 공론장'인가, '사랑의 공론장'인가 ··· 127

임의진 | 구약성서 욥기 42장 5절과 낙골교회 전도사 김홍겸의 노래
<민중의 아버지> 간의 공명(共鳴) 연구 ········· 145

최경석 | 인공지능 시대를 살아가는 그리스도인의 자유 ········· 173

박숭인 | 최태용의 신앙 운동, 신학 운동, 교회 운동 — '영적 기독교'의 내용과
그 생명 신앙적 전개 ········· 199

특별 기고

김경재 | 한국교회 비주류 신앙 운동의 비판정신의 본질 ········· 235

발 간 사

하나님의 은혜와 섭리 가운데 기독교대한복음교회가 창립 90주년을 맞이하게 되었습니다.

돌아보면 지난 90년의 역사는 단순한 시간의 흐름이 아니라, 신실하신 하나님의 인도하심과 교회 공동체의 믿음의 순례로 채워진 시간이었습니다.

우리 교단은 일제강점기의 고난 속에서 복음의 씨앗을 지키고, 해방과 전쟁의 격동기를 지나며, 가난과 눈물 속에서도 그리스도의 복음을 전하는 사명을 붙들었습니다. 그 발자취 위에는 눈물로 기도하며 헌신한 믿음의 선진들의 땀과 순종이 새겨져 있습니다. 오늘 우리가 누리는 모든 은혜는 그들의 희생과 하나님의 신실하신 약속의 열매입니다.

90주년은 과거를 기념하는 동시에 미래를 향한 부르심을 새롭게 하는 자리입니다. 복음은 어제나 오늘이나 동일하며, 교회는 그 복음을 붙들고 세상을 향해 빛과 소금의 사명을 감당해야 합니다. 이제 우리 앞에 놓인 과제는 변화하는 시대 속에서도 흔들림 없이 예수 그리스도의 복음을 선포하고, 성령 안에서 교회를 새롭게 세우며, 하나님 나라를 확장하는 일입니다.

특별히 이번 90주년 기념 논단은 교단의 신학적 성찰과 시대적 응답을 담아내는 귀한 결실이 되었습니다.

오충일 목사님의 "신앙 혁명으로 복음교회를 이룬 최태용 목사", 이양호 목사님의 "테르툴리아누스의 생애와 사상",

염승철 목사님의 "바울의 복음",

민유홍 목사님의 "생명의 길 죽음의 길 (에스겔 18장)",

김진호 목사님의 "21세기 교회의 선택: '혐오의 공론장'인가 '사랑의 공론장'인가",

임의진 목사님의 "구약성서 욥기 42장 5절과 낙골교회 전도사 김홍겸의 노래 '민중의 아버지' 간의 공명(共鳴) 연구",

최경석 목사님의 "인공지능 시대를 살아가는 그리스도인의 자유",

박숭인 목사님의 "최태용의 신앙 운동, 신학 운동, 교회 운동 ― '영적 기독교'의 내용과 그 생명 신앙적 전개"

그리고 고(故) 김경재 목사님의 특별 기고, "한국교회 비주류 신앙 운동의 비판정신의 본질"은 우리 교단의 신학적 정체성과 사명을 새롭게 성찰하는 데 큰 빛을 더해 주고 있습니다.

이 논단이 단지 역사적 발자취를 기록하는 데 머무르지 않고, 교단의 정체성과 신학적 유산을 더욱 굳건히 하며, 다음 세대를 향한 선교적 비전을 새롭게 하는 자리가 되기를 소망합니다.

끝으로, 오늘에 이르기까지 교단을 지켜오신 하나님의 은혜에 감사드리며, 논단 발간을 위해 귀한 연구와 글을 나누어주신 모든 집필자 그리고 준비에 수고해 주신 분들께 깊은 감사를 드립니다.

오직 하나님께 모든 영광을 돌립니다.

2025년 10월
기독교대한복음교회
총회장 윤창섭 목사

신학의 글

오충일 _ 신앙 혁명으로 복음교회를 이룬 최태용 목사
이양호 _ 테르툴리아누스의 생애와 사상
염승철 _ 바울의 복음
민유홍 _ 생명의 길, 죽음의 길 (에스겔 18장)
김진호 _ 21세기 교회의 선택, '혐오의 공론장'인가, '사랑의 공론장'인가
임의진 _ 구약성서 욥기 42장 5절과 낙골교회 전도사 김흥겸의 노래 <민중의 아버지> 간의 공명(共鳴) 연구
최경석 _ 인공지능 시대를 살아가는 그리스도인의 자유
박숭인 _ 최태용의 신앙 운동, 신학 운동, 교회 운동
― '영적 기독교'의 내용과 그 생명 신앙적 전개

신앙 혁명으로 복음교회를 이룬 최태용 목사*

오충일**

최태용의 최후를 아는 사람은 아무도 없다. 그러나 56세의 일기로 살다 간 그의 족적과 행적, 사상은 너무도 분명하게 남아 있고, 아직도 우리의 마음에 살아 있다. 그를 보는 사람에 따라서 그의 생애와 사상은 다르게 비춰기도 하지만 최태용은 어느 한 좁은 틀에 넣어서 볼 수 없는 거목 임에는 분명하다. 그는 불붙는 신앙인, 온 생애를 신앙 정열로 불태운 사람이었고, 그 시대에 있어서 가장 날카로운 지성인이자 가장 앞서갔던 신학자였다. 그리고 그는 무엇보다도 자신에게 주어진 사명을 감당함에 있어서는 한시도 주저하지 않은 결단과 용기, 실천의 사람이었다. 그의 생애는 한국교회와 한민족의 역사 한복판에서 온몸으로

---

* 이 글은 1993년 월간 살림(한국신학연구소) 제56호에 실린 글을 데려온 것이다. 오충일 목사는 이 원고를 교단 사학자 전병호 목사의 감수로 최종 완성하였다. 오충일 목사는 학생 시절 칼 바르트 신학 서설을 번역 출판하기도 하는 등 문장력을 선보였으나 민주화운동에 나서면서부터 집필활동을 일절 중단하였다. 이는 발표한 글을 빌미 삼아 행여 문제가 되면 운동본부가 와해될까 주저한 때문이었다. (임의진 교단 총무와의 대화 증언)
** 복음교단 원로 목사. 기독교대한복음교회 총회장 역임. 한국기독교교회협의회(NCCK) 대표회장 역임. 대통합민주신당(현 민주당) 당대표 역임, 군산복음교회 담임 이후 은퇴.

몸부림치며 마음껏 외친 한바탕의 신명 나는 '삶판'이었다. 어디에도 걸림이 없이 오직 하늘을 쳐다보며, 언제나 고독하게 뛰는 마라톤 선수처럼, 그는 왔다가 그는 홀연 갔다.

그의 선명한 행동과 그가 남긴 글들이 그대로 남아 있다는 것을 나는 늘 다행스럽게 생각하며, 누구나 그가 남긴 것들을 통하여 참된 최태용을 볼 수 있게 열려 있다는 것을 감사하며 이 글을 쓴다. 최태용을 소개하는 것이 여전히 나의 믿음과 사람됨, 학문과 용기가 따르지 못함을 전제하지 않고는 이 글을 쓸 수가 없기 때문이다.

I. 최태용이 크리스천이 되다

그는 함경도 영흥에서 금광업을 하는 가정의 장남으로 1898년 12월 18일에 출생했다. 1913년 최태용은 그의 일생을 방향 잡게 한 요람인 수원농림학교(서울농대 전신)에 관비생으로 입학하였다. 이때 그의 동기생으로 평생의 친구인 장면과 김성실이 있었고, 1년 후배들은 후에 이화여고 교장, 고려대 식물학과 교수, 말년에 자연보전협회 회장을 지낸 이덕봉 장로(서울복음교회) 등이 있었다.

최태용의 평생을 결정하게 된 사건은 수원농림학교에서 기독학생들을 만나게 된 것과 그즈음 특별한 신앙 체험을 하게 된 것이다. 그가 수원농림학교를 관비생으로 들어가게 될 때만 해도 그는 그때 영리한 젊은이들처럼 졸업한 후에 취직하여 살길을 찾자는 평범한 청년일 뿐이었다.

그러나 기숙사 생활을 함께하던 김성실과 같은 기독 청년들은 매일

새벽에 학교실습림 소나무밭에서 기도회를 하고 있었다. 새벽이슬을 날마다 적시고 돌아오는 김성실을 뒤따라갔던 어느 날, 그는 새벽어둠 속 솔밭에서 땅을 치며 기도하고 때로는 민족의 현실과 장래를 위하여 통곡하는 그들의 모습을 보게 되었다. 그는 이들 속에서 민족 구원의 문제와 기독교가 하나의 문제로 되고 있음을 보았고 자신과 민족 그리고 기독교 신앙의 문제에 깊이 빠지기 시작했다.

이즈음에 그는 특별한 체험을 이렇게 기술하였다. "1916년의 초겨울 어느 밤에 나는 알 수 없는(不意) 한 광명을 느끼고 분명한 말씀이 내 영에 임하여 내 마음에, 몸에 통하기를 '복음을 위하여 네 몸을 바치라'는 소명을 받았다." 그때 그는 아무 일도 못하고 기쁨에 취하여 3, 4일 지냈다고 술회한다.

II. 교회에 대한 실망과 홀로 서는 최태용

청년 최태용에 비친 한국교회는 제도만 있고 그 생명 신앙은 고갈되었고 사막화된 교회였다. 이 당시에 한국교회는 그에게만 그렇게 보인 것은 아니었다. 1917년 춘원 이광수도 "금일 조선야소교회의 결점"이란 글에서 교회 지도자들의 신학적 무식과 미신적 신앙을 비판하고 있었다. 1922년 1월 7일 자 「동아일보」는 사설에서까지 기독교를 비판하고 나섰다. 반면에 당시 사회주의, 공산주의운동을 하는 사람들 중심으로 반기독교운동도 거세게 전개되었다. 1922년 중국 베이징에서에도 반기독교운동 학생단체 주도로 마르크시즘 입장에서의 기독교 반대운동이 전개되고 있었다. 1925년 서울에서도 '서울청년회, 신흥청년

동맹'이 중심이 되어 반기독교운동을 전개하면서 기독교가 영토 확장의 제국주의의 수족이 되고 자본주의 국가를 옹호하는 무기가 되었고, 기독교 파괴 운동이 곧 계급 해방인 동시에 미신적 관념에서 해방하는 것이라 하여 기독교 비판과 공격을 가해 왔다. 단재 신채호도 역시 그의 아(我)와 비아(非我)의 의 논리로서 기독교를 비아(非我)로 규정하고 배척하는 데 서 있었다.

이러한 반기독교운동, 비판에 대하여 교회는 할 말이 없었다. YMCA를 중심으로 종교개혁운동에 앞장섰던 신흥우도 자본가 계급이 교회를 이용하고 조종한다고 시인하면서, 반기독교의 운동이야 있던 없던 오늘의 교회는 확실히 변하여야 한다고 말했다. 그는 반기독교운동을 한국의 기독교회가 크게 반성해야 할 계기로 보고 있었다.

전영택 목사도 "교회가 생명이 없어지고 차차 타락하고 부패 가운데 들어갈 염려가 있습니다. 이에 나는 조선에도 종교개혁의 급무임을 절규합니다"라고 걱정을 하고 있었다.

1925년 12월 6일 서울 YMCA 강당에서 최태용과 그의 신앙 동지들은 신앙 혁명가를 부르며「신앙혁명선언문」을 낭독했다. 여기서 최태용은 제도화되고 생명을 잃어버린 교회를 비판하면서, 당시의 교회 지도자들인 선교사들에 대한 맹렬한 비판을 가했다.

> 제군들은 조선교회를 진흥시키고자 하는 진리의 확신에 있느냐. ○○○ 제군아! 돈을 가졌느냐? 복음을 가졌느냐? 돈의 선교사나 복음의 선교사나? ○○○ 돈으로써 조선교회를 주장하고 복음으로써 이를 부흥케 못하니, 진리의 세계에 이런 그릇된 일이 또 어디에 있단 말인가?

최태용은 주저 없이 한국교회에 대하여 "독립하라"고 선언했다. 일찍이 1921년 5월 「청년」이란 잡지에 이와 같은 주장을 하고 있었다.

> 재력이 있는 곳에 권력이 따르는 까닭이외다… 현금 우리 반도에 삼천여 회당과 학교와 병원 시설이 있다 한대도 어느 모퉁이에 선교사의 힘을 빌지 않은 곳이 없습니다. 그렇기 때문에 우리에게는 아무 힘이 없습니다. 우리네는 거저 육종(肉從)하는 것이 일이외다.

주권은 일본에 빼앗기고 교회는 선교사들에 의하여 장악된 현실을 보고 최태용은 그 울분을 참을 수 없었다.

그는 점차 무교회주의라는 입장보다는 비교회주의라는 말로 써, 내촌(우치무라 간조)의 무교회주의를 일부 비판하면서 타락한 교회주의와 교권주의를 비판하는 일에 있어서는 무교회(Non-)주의가 아니고 비교회(Anti-)주의라는 말로 자기 입장을 세워갔다. 그러나 최태용의 비교회주의론은 일반 한국교회에서 용납되지 못하였을 뿐만 아니라, 기독교계의 기형아, 변태 신자로 매도되었다. 30세의 고개를 넘는 최태용은 외로웠다.

성북동 골짜기 초라한 초가집으로 그는 슬픔과 실망을 안고 오르내렸고, 오직 그가 그 외로움을 달랠 수 있는 길은 하나님께 기도하는 일뿐이었다. 이 고독한 싸움과 기도 속에서 그는 스스로 다짐했다. "소(少)하고 순(純)하라"고 몇 번이고 다짐하면서 진리는 대중에 있지 않고 참된 소수에 있음을 알게 된다. 그리고 그는 자신을 다시 뒤돌아보고 고백한다.

비록, 나의 전도 사명이 옳다고 하지만 나의 열심, 나의 계획, 나의 기대, 이는 얼마나 헛된 것이었던가! 아 나는 진리를 모르는 자였다.

최태용은 한동안 침묵을 지킨다. 고향 영흥에 돌아가서 신앙생활을 하다가 1928년 8월 그는 다시 전도자의 수업을 쌓기 위하여 일본 동경의 명치학원 신학부에 입학했다. 그는 학교에서 공부하면서도 일찍이 1925~1927년 동안 개인 잡지로 「천래지성」을 발간하였던 일을 다시 시작한다. 1929년 2월 그는 제호를 「영과 진리」로 바꾸고, 그의 온 정열을 바쳐 이 잡지를 발간하게 되는데 1937년까지 계속한다. 다행히 「천래지성」, 「영과 진리」가 오늘에 남아 있어 그의 생생한 신앙적 투쟁과 그의 삶, 그의 신학 사상을 분명히 알 수 있게 된 것이다. 그는 일본에서는 신학교 기숙사, 도쿄 시내 이곳저곳을 전전하면서, 졸업한 후에는 성북동 골짜기 초옥에서도 열심히 등사판을 밀어서 잡지를 발행했다.

이 「영과 진리」는 지금 읽어 보아도 그 신학적 수준이나 논리, 당시 한국교회에 대한 비판, 카를 바르트를 포함한 신학자들의 소개, 성경 강해 등 매우 수준 높은 잡지임을 알 수 있다. 따라서 이 잡지의 독자들은 그 시대의 엘리트 신앙인들이 대부분이었다. 등사판 20매의 소책자를 50전 선금을 받고 발간했다는 것부터 자신의 글과 잡지를 값싸게 여기지 않은 최태용의 고고한 면모를 볼 수 있다. 정기구독자는 별로 많지 않았지만, 많은 사람이 「영과 진리」를 돌아가면서 읽고 있었고 그 반응 또한 열렬했다. 아마도 그는 독자들의 성원과 지지, 새로운 깨우침에 대한 감사의 편지들 때문에, 그는 손수 원고를 쓰고, 원지를 긁고, 등사판을 밀고, 정성껏 제본하여 각처의 독자들에 보냈다. 그는 이 잡지를 자기의 분신이라 생각했고 그래서 그의 피와 땀으로 이 잡지를 만들었다. 그래서 독자들 가운데는 정가 50전보다 더 많은 대금을 지불하는 사람들도 적지 않았으나, 그는 대금 이상을 절대로 받지 않은 신념이 있었다.

그는 기성교회의 강단 대신 「영과 진리」라는 개인 잡지로 홀로 서서 복음을 전하며 생명 신앙, 신앙 혁명을 부르짖었던 것이다.

III. 최태용의 "영적 기독교론"과 수난

수원농림학교 기독 학생들과 함께 망국의 설움을 달래며 복음으로 민족을 구하는 길만이 유일한 길임을 깨닫고 청년 전도자로 일어섰던 그는 이제 그동안의 신학수업과 기도 생활, 잡지 활동을 통하여 자기 나름의 길과 신학 이론을 정립하게 되었다. 식민지 백성을 이끌어 출애굽의 역사를 이루는 일이 한국교회에 주신 하나님의 사명임을 깨닫게 된 최태용은 더 이상 교회의 부패와 무능을 두고 볼 수 없었다. 그는 「영과 진리」 1호에서 "우리는 도무지 지금 교회가 성령에 사로잡혀 있는 것이라 볼 수 없으며 지금의 것이 그리스도의 몸이라고 생각할 수 없다." 그래서 그는 참으로 '프로테스탄트'가 되지 않으면 안된다고 주장했다. 그는 한국교회와 그 신앙 행태의 잘못됨이 처음부터 잘못 받은 신앙 때문이라고 진단했다. 그는 「영과 진리」 100호 기념 강연 "영적 기독교의 과제와 그 현재적 개정"에서 자신의 신앙 경험에서부터 한국교회 신앙의 행태를 비판 검증한다. "나는 원래 조선교회의 기본적인 신조에 의심을 가진 것 같은 합리주의자가 아니었고, 나는 처음부터 정통주의 교회의 아들이었다… 그러나 나의 신앙이 조금 자란 후, 나의 눈에 보이는 조선교회는 어떤 것이었든가.

거기에 정통적인 신조는 있어도 그것이 조선인의 영혼에 있어서는 죽은 형해(形骸)에 지나지 않으며, 거기에 신앙의 형식은 있어도 내용이 들어 있지 아니하였다. 어쩐 일인지 조선인의 신앙 생명은 단명하다." 최태용은 그 이유를 "조선교회에 수입된 기독교는 미국의 고정주의(Fundamentalism)나 그 류의 것이다"라고 규정하고, 근대주의인 성서 비판과 자유주의의 학문적 공헌을 긍정한다.

그는 이러한 그 시대의 신학 환경 속에서 영적 기독교를 주장하게 되었는데 그는 두 가지 목적을 위한 것이라고 말했다. 어떻게 하여야 조선교회의 경화(硬化)한 신앙을 생명으로 회복되게 하고, 그 공동 연구한 것에 산 풍부한 내용을 담을 수 있을까? 어떻게 하여서 기독교를 근대주의에 대하여 더 근본적인 데로부터 변소(變疏)할 수 있을까" 하는 과제를 안고 착안한 이론이었다. 「영과 진리」가 바로 그 이론이다. 그는 이 이론으로 근대적 비판주의를 극복하고 한편 신앙을 고정주의적 사각에서 구하며, 현대적으로 생명 경험을 주는 종교로서 주장할 수 있게 된다고 말한다. "영은 계승되려는 하나님을 의미하고, 진리는 그 계시가 사람에게서 이해언표(理解言表)된 것을 의미한다… 영이란 창조자, 절대자의 본질로 이는 설명되지 아니하는 것이다. 그러나 또한 영은 설명되는 것이다. 이는 영이 진리로서 자기를 현현하는 까닭이다. 즉 진리는 영의 언표이다. 다시 말하면 진리는 사람이 이해한 영이다." 그의 논리대로 하면 영은 불변이나 진리는 인간이 이해한 영이기 때문에 시대, 그 사람에 따라 다르게 표현될 수 있는 것이다. 예컨대 바울의 속죄론은 유대인인 바울의 영적 문제가 해결된 것으로 그것은 유대 사상을 지반으로 하여 언표된 것이다.

따라서 최태용에 있어 신앙의 생명성, 주체성으로 말미암아 한국인은 한국인 자신의 신학을 가질 수밖에 없다는 근거에서 스스로 '민족신학'을 정립해야 한다는 것이다. 그것이 그의 "영적 기독교론"이다. 영과 진리에 입각한 생명 신앙은 죽은 교리에의 맹목적 순응을 단호히 거절하며, 거짓된 경건의 껍데기를 벗어버린다. 따라서 내 안에 사시는 그리스도를 경험하는 일이 영적 기독교의 핵심이다.

최태용은 방학 기간을 이용하여 함경도의 영흥, 원산, 명천, 문고, 안변, 정평, 동봉리, 강원도의 고성, 말휘리, 월봉리, 장전, 봉수리, 온정리, 통천, 전라도의 군산, 김제, 금마, 삼례, 임실, 옥구, 지경, 충청도의 논산, 경상도의 예천, 앙일, 대구, 부산, 동래 등지를 순회하며 '영적 기독교'를 역설하였다. 그의 설교는 피를 토하는 절규 같았다고 한다.

그의 도전이 경상도 지방으로 확산되면서, 장로교회 각 노회와 총회에서 그를 이단으로 낙인찍으려 나섰다. 그 당시 한국장로교회의 독보적인 보수신학자 박형룡의 교리적 단죄는 최태용에게 더욱 어려움을 주었다. 박형룡은 최태용의 신학을 순육설로 몰고 그노시스설에 해당하는 자라고 몰아세웠다. 이에 대해 최태용은 만일 자신의 주장이 그노시스 기독론이라면 박형룡의 주장은 더 낡은 스콜라주의 이론이라고 맞서 싸웠다.

> 저들은 17~18세기 풍의 썩은 이론으로 우리를 이단으로 말하려고 한다. 우리는 너희에게 말한다. 너희는 썩은, 죽은 정통이라고. 생명이 없는 해골이라고….

최태용은 당시 교회에 커다란 물의를 일으켰던 카를 바르트의 신학

사상을 소개하면서 신학사에 말할 수 없는 발전을 이룩하였다고 찬양하면서, 그러나 그것만으로는 만족하지 못하겠다고 생각했다. 바르트 신학이 너무 '하나님의 말씀'만을 강조함으로써 "신앙의 자리가 힘 있게 인정되지 아니하였다"고 비판하고, 따라서 생명 신앙이 일어나기 어렵게 되었다고 주장함으로써, 그는 '영과 진리'의 이론적 근거에서 조선교회에 신학이 없음을 개탄하고, '조선 신학'을 이룩하여야 한다고 외치며 1932년 조선 신학숙을 연다고 공고하기에 이른다. 그러나 그의 기대와는 달리 '조선 신학숙'에 많은 인재가 오리라는 기대는 깨지고 다음 해 신학숙 설립을 포기하였다.

그는 다시 「영과 진리」 독자들이 있는 지역을 순회하면서 신앙 혁명을 계속 부르짖었다.

IV. 금마집회와 조선복음교회의 창립

최태용의 '영과 진리' 주장이 이단시되면서부터 그와 함께했던 신앙 동지들은 기성교회에 머물러 있을 수가 없었다. 또한 최태용을 초청하는 교회들마저 없게 되어가자 그들은 1930~1953년 동안 전북 익산, 금마교회에 매년 12월 말부터 연초까지 전국의 신앙 동지들이 모여 금마집회를 하였다. 그들은 이 금마집회를 통하여 동지적 신앙을 확인하고 각각에서 이단시 당하던 설움을 씻고 생명 신앙, 진리 지식으로 민족 구원의 사명과 공동체 의식을 고양시켰다. 이때 주 강사인 최태용과 백남용 목사는 '화석화되고 고목화된 교회'를 질타하여 "회개하라, 영과 진리를 소유하라. 생명 신앙을 가지라, 조선을 구원하라. 하나님은 조선 구원의 팔을 펴셨다"라고 외쳤다. 모두 모여야 200명 남짓한 사람들이었지만, 그들의 신앙 기개와 기도의 소리는 충천했었다.

이렇게 금마집회가 계속되는 동안 최태용과 그 신앙 동지들은 민족 구원의 신앙적 보루로서 교회를 세우지 않을 수 없게 되었다. 처음은 생명 신앙, 신앙 혁명으로 시작했던 그들이지만, 기성교회에서 배척 이단시되고, 그들의 사명을 지속적으로 수행하기 위하여 부득이 그들은 교회를 배우게 된다.

일찍이 최태용은 내촌감삼 밑에서 무교회주의를 세웠고, 그 후 한국에서 비교회주의를 주장했지만, 이제 그는 교회(교파)를 설립하게 된 것이다. "복음과 교회는 유기적 관계로서 복음은 교회를 창조하고 교회는 복음을 지키지 못한다", "복음의 구현으로써 교회는 꼭 있어야 한다"는 사고의 전환을 그는 실천하였다. 이러한 최태용의 '변신'을 우정을 나누던 동지 김교신으로부터 '알루미늄 냄비', '주관삼매'에 빠진 자로 비판을 받았다. 그러나 그는 본인의 신앙의 두 축, 복음과 민족을 붙들고 가기 위하여 사실적으로 '교회'를 가질 수밖에 없었다. 그는 '조선적 상황'과 순수한 조선적 고백으로 발아되는 '조선 신학', '조선교회'를 제창하게 되었다.

1935년 10월 그는 군산에서 대표적인 신앙 동지들과 협의한 끝에 결국 "기독교 조선 복음교회"를 창립키로 하고, 서울에 올라와 「포교관계자 설치 신청서」를 총독부에 제출한다. 이로써 1935년 12월 22일 '기독교 조선복음교회'는 창립되었다. 이때 '우리의 신앙고백'과 우리의 표어 '복음교회'가 선포되고 불렸다.

복음교회의 성격을 잘 드러내고 있는 우리의 표어는 "1. 신앙은 복음적이고 생명적이어라. 2. 신학은 충분히 학문적이어라. 3. 교회는 조선인 자신의 교회이어라"였다.

V. 마침말

1945년 해방이 되면서, 최태용은 남한의 정치 사회적 혼란을 보고 건국 운동에 몸을 던진다. 교단의 일은 백남용 목사에게 그가 시무하던 서울교회는 지동식 목사에게 맡기고, 그는 국민계몽 운동에 뛰어든다. 기독교인이 기독 정신을 가지고 나라와 민족을 세우는 일에 나서야 한다는 것은 그의 평소 지론이기도 했다. 그는 1945년 12월 신생회, 1947년 1월 신국가건설단, 해방 후 대한민국 정부수립 후에는, 1949년 6월 국민회 산하에 '국민훈련원'을 세우고 그의 "신((新)국가론"을 비롯한 민주주의, 반공 의식. 영농개량법 등을 교육했다. 그러던 중, 1950년 6·25가 발생하고 6월 26일 국민 훈련원 8기생 종업식과 그 잔무를 하다 피난하지 못하고 9월 9일 아침 인민군에 의하여 체포된 후 아무도 그의 마지막을 아는 사람이 없다.

테르툴리아누스의 생애와 사상

이양호*

I. 서언

테르툴리아누스는 서방 신학에 큰 영향을 미쳤다. 니부어(H. Richard Niebuhr)에 의하면 테르툴리아누스는 그리스도와 문화의 관계에 있어서 "문화에 대적하는 그리스도"(Christ against Culture)라고 하는 독특한 유형을 남겼다.[1]

호페(H. Hoppe)에 의하면 테르툴리아누스는 509개의 새로운 명사를 만들었으며, 284개의 형용사와 28개의 부사와 161개의 동사를 만들었다. 그래서 모두 982개의 새로운 단어들을 만들었다.[2]

우리는 여기서 테르툴리아누스의 라틴어 본문과 영어 번역을 위해서 출판된 도서를 사용하기도 하지만 동시에 인터넷에 있는 The

---

* 복음교단 원로 목사, 예향교회 담임목사, 복음총회신학교 총장.
1 H. Richard Niebuhr, *Christ and Culture* (San Francisco: Harper & Row, 2001).
2 Cited by Berthold Altaner, *Patrology*, trans. Hilda C. Graef (Edinburgh: Nelson, 1960), 166.

Tertullian Project(https://www.tertullian.org/)를 사용하기도 할 것이다. 도서 정보가 없는 것은 모두 The Tertullian Project를 사용한 것이다.

II. 생애

히에로니무스(Hieronymus 혹은 영어로 Jerome, 347~420)에 의하면, 테르툴리아누스는 아프리카주의 카르타고시 출신이었으며, 그의 아버지는 지방 총독의 백부장이었다.[3] 학자들에 의하면, 테르툴리아누스는 160년경에 태어났다. 유세비우스(Eusebius of Caesarea, 260 or 265~339)에 의하면, 테르툴리아누스는 '로마인들의 법에 능통한 사람'이었다.[4] 그는 카르타고에서 이방인으로 자라났다. 그는 문학과 수사학에 있어서 좋은 교육을 받았다. 그는 변호사로 활동한 듯하다. 알타너(Berthold Altaner)는 신학자 테르툴리아누스가 당대 저명한 법학자인 테르툴리아누스와 동일 인물일 가능성이 높다고 말하였다.[5] 그러나 『옥스퍼드 기독교회 사전』에서는 이럴 가능성을 부정하였다.[6]

---

[3] Jerome, *Lives of Illustrious Men*, 53, A Select Library of Nicene and Post-Nicene Fathers of the Christian Church, Second Series (이하 NPNF 2로 약함), Vol. 3 (Grand Rapids, Michigan : Wm. B. Eerdmans Publishin Company, 1983), 373. "was from the city of Carthage in the province of Africa, and was the son of a proconsul or Centurion, …" 한편 라틴어 원문은 이렇게 되어 있다. "provinciae Africae, civitatis Carthaginiensis, patre Centurione Proconsulari."

[4] Eusebius, *Church History*, 2.2.4, A Select Library of Nicene and Post-Nicene Fathers of the Christian Church, Second Series, Vol. 1 (Grand Rapids, Michigan: Wm. B. Eerdmans Publishin Company, 1986), 105. "a man well versed in the laws of Romans."

[5] Berthold Altaner, *Patrology*, 166. "He is very probably identical with the jurist of the same name quoted in the pandects."

알타너는 "그는 195년경에 그리스도인이 되어 로마로부터 고향 도시로 돌아왔다"라고 말하였다. 그러나 『옥스퍼드 기독교회 사전』에서는 테르툴리아누스가 197년 이전에 기독교로 개종하였다고 말하였다. 히에로니무스에 의하면 그는 중년 때까지 교회의 사제였다.[7] 그러나 알타너는 테르툴리아누스가 사제가 되었을 가능성은 매우 낮다고 말하였다.[8] 그는 225년경에 카르타고에서 죽었다.

테르툴리아누스는 『마르키온 논박』 제1권 제15장에서 이렇게 말하였다. "주님이 티베리우스 황제 12년 이래 계시되었는데, 황제 세베루스 15년까지 그의 창조가 발견되지 않았는데, 어떻게 된 것인가."[9] 세베루스(Septimius Severus)는 193년에 황제로 즉위하였으므로, 이 구절을 보면, 테르툴리아누스가 『마르키온 논박』 제1권 제15장을 집필하던 때는 207년인 것을 알 수 있다. 히에로니무스에 의하면 테르툴리아누스는 황제 세베루스와 안토니누스 카라칼라(Antoninus Caracalla) 치세 때가 전성기였다.[10] 세베루스는 193년부터 211년까지 즉위하였고,

---

6 "Tertullian," *The Oxford Dictionary of the Christian Church*, ed. F. L. Cross and E. A. Livingstone (Oxford: Oxford University Press, 1984), 1352. "identification with the jurist Tertullian is improbable."

7 Jerome, *Lives of Illustrious Men*, 373. "He was priest of the church until the middle life."

8 Altaner, *Patrology*, 166. "It is very improbable that he was a priest, as Jerome asserts (Vir. ill. 53)."

9 Tertullian, *Against Marcion*, 1.15, The Ante-Nicene Fathers (이하 ANF로 약함), Vol. 3 (Grand Rapids, Michigan : Wm. B. Eerdmans Publishin Company, 1987). 282. "But now, how happens it that the Lord has been revealed since the twelfth year of Tiberius Caesar, while no creation of His at all has been discovered up to the fifteenth of the Emperor Severus; …"

10 Jerome, *Lives of Illustrious Men*, 53, NPNF 2, 3:373. "he flourished chiefly in the reign of the emperor Severus and Antoninus Caracalla…"

카라칼라는 211년부터 217년까지 즉위하였으므로, 테르툴리아누스는 217년까지가 전성기였다고 할 수 있다.

테르툴리아누스는 『마르키온 논박』 제4권 제22장에서 이렇게 말하였다.[11] "한 사람이 성령 안에서 도취될 때, 특히 그가 하나님의 영광을 볼 때 혹은 하나님이 그를 통해 말씀하실 때, 그는 하나님의 능력에 압도된다. 이것이 우리와 육적인 생각을 하는 사람들 사이의 문제이다." 여기서 "육적인 생각을 하는 사람들"은 기성 교회 교인들을 가리킨다고 볼 때, 이 저작은 테르툴리아누스가 몬타누스파로 전향한 시대에 속한다고 할 수 있다. 그래서 테르툴리아누스가 몬타누스파로 전향한 것은 207년 혹은 그 전이라고 할 수 있다.

알타너는 늦어도 207년경에 테르툴리아누스가 기성 교회와 단절하고 몬타누스주의파로 갔으며, 곧 그 자신의 파인 테르툴리아누스파의 지도자가 되었다고 말하였다.[12] 그러나 교회의 일치를 강조하고 교회의 분열을 비판한 키프리아누스가 테르툴리아누스를 선생이라고 불렀다는 점에서[13] 파월(Douglas Powell)은 테르툴리아누스파는 기성

---

[11] Tertullian, *Against Marcion*, 4.22, ANF 3:383. "For when a man is rapt in the Spirit, especially when he beholds the glory of God, or when God speaks through him, he is overshadowed with the power of God, - a point concerning which there is a question between us and carnally-minded."

[12] Altaner, *Patrology*, 166. "In 207 at the latest, he broke with the Church. His austere and gloomy cast of mind which abhorred neutrality and compromise led him to the Montanist sect where he soon became the head of a party of his own, the Tertullianists"

[13] Jerome, *Lives of Illustrious Men*, 53, NPNF 2, 3:373. 히에로니무스는 이탈리아의 도시인 콘코르디아의 노인인 바울이라는 사람을 본 적이 있는데, 그 노인은 젊었을 때 키프리아누스의 비서였다고 한다. 그 노인에 의하면 키프리아누스는 하루도 빠짐없이 테르툴리아누스의 책을 읽었고, 테르툴리아누스를 선생이라고 불렀다. "He said that

교회로부터 분리된 것이 아니라 교회 안의 작은 교회로 남았을 것이라고 주장하였다.14 그러나 종교 개혁자들의 입장을 고려할 때 파월의 새로운 주장의 타당성을 의문시할 수도 있다. 예컨대, 칼뱅은 재세례파의 분열에 대해서 교회의 일치를 주장하고 재세례파의 분열을 강하게 비판하였지만, 프로테스탄트 교회가 로마 가톨릭교회로부터 분열한 것은 당연한 것으로 생각하였다. 칼뱅에 의하면, 옛날의 카타리파나 노바티아누스파나 도나투스파 그리고 칼뱅 당시의 재세례파는 교회의 일치를 해치고 있다.15 그러나 마태복음 25:32의 말씀처럼 양과 염소를 분리시키는 것은 그리스도의 고유한 일이다. 그러므로 교회 안에 순결하지 못한 삶을 사는 사람이 있다고 해서 교회에서 분리해 나가는 일은 그리스도를 찢는 일이어서 용납될 수가 없다. "하나님의 양 떼로부터 제외되는 것보다 더 무서운 것이란 아무것도 없다. 왜냐하면 하나님이 우리를 한 머리 아래 한 몸으로 모으는 것을 제외하고는 희망할 안전이 없기 때문이다… 그리스도는 그의 교회로부터 찢어지지 않을 것이

---

    he himself had seen how Cyprian was accustomed never to pass a day without reading Tertullian, and that frequently said to him 'Give me the master,' meaning by this, Tertullian."

14 Douglas Powell, "Tertullianists and Cataphrygians," *Vigiliae Christianae* 29 (1975), 33-54. "we are left to ask whether Cyprian could have regarded Tertullian as his master if Tertullian had been a notorious schismatic. Since no ancient writer was more definite (if not indeed fanatical) on this subject of schism than Cyprian, the question must surely be answered in the negative. Therefore, although in the time of Augustine the Tertullianists certainly formed a schismatic sect with its own church-buildings, we have no real evidence as to when the formal schism occurred." "Originally, we would suggest, the Tertullianistae formed, not a schismatic body, but an ecclesiola in ecclesia…"

15 John Calvin, *Commentary on the Book of Psalms*, 15.1. *Calvin's Commentaries* (Grand Rapids, Michigan: Baker Books, 2009).

며 찢어질 수 없다. 그것에 그는 불가분리의 매듭으로 결합되어 있다. … 그래서 우리가 신자들과의 일치를 이룩하지 않으면 우리는 그리스도로부터 단절된 것으로 본다"16 라고 칼뱅은 말하였다.

테르툴리아누스는『마르키온 논박』제5권 제10장에서 이렇게 말하였다. "이제 부활의 문제로 돌아가자. 우리는 모든 종류의 이단들에 반해 부활을 옹호하는 데 있어서 우리의 다른 저작에서 충분히 다루었다."17 이 저작은『육체의 부활』인데, 이 저작은 몬타누스주의 시대의 저작이므로, 테르툴리아누스는 207년경에 몬타누스파로 전향했음을 알 수 있다.

테르툴리아누스는 호교적 저작, 신학적 저작, 금욕적 저작들을 많이 썼다. 그는 주로 라틴어로 썼으나 헬라어로 쓰기도 하였다.

III. 저작

테르툴리아누스는 많은 저작을 남겼다. 알타너는 테르툴리아누스의 저작들을 세 가지 유형으로 분류하였다. 첫째 유형은 호교론적 저작들이다. 이 유형에는 다음과 같은 저작들이 있다. ①『민족들에게』(Ad nationes)가 있다. 이 저작은 두 권으로 구성되어 있으며, 197년에 집필

---

16 Calvin, *Commentaries on the Prophet Ezekiel*, 13.9, *Calvin's Commentaries* (Grand Rapids, Michigan: Baker Books, 2009),

17 Tertullian, *Against Marcion*, 5.10, ANF 3:449. "Let us now return to the resurrection, to the defense of which against heretics of all sorts we have given indeed sufficient attention in another work of ours."

되었다. 이방인들의 공격에 대해 방어하며 이방인들의 사상에 대해 공격하고 있다. 테르툴리아누스는 이방인들의 사상은 도덕적, 종교적 와해 상태에 있다고 주장한다. 이 저작은 이방인들의 사상을 다룬 잠정적 작품으로 간주되어야 하며, 같은 해에 집필된 *Apologeticum*에서 더욱 완전하게 다듬어졌다. ②『호교론』(*Apologeticum*)이 있다. 이 저작은 197년 말에 집필되었다. 로마 제국의 지방 총독들에게 보내는 것으로 되어 있다. 이 저작은 이전의 호교론들과는 달리 그리스도인들을 향한 정치적 비난들, 즉 그리스도인들이 국가 신들을 경멸하고 황제 모독죄를 짓는다는 비난들을 다룬다. 그래서 호교론을 철학적 영역에서 사법적 영역으로 옮겼다. ③『영혼의 증언』(*De testimonio animae*)가 있다. 이방인들은, "하나님이 보신다" 혹은 "죽은 자가 평안히 쉬기를 기원한다"는 등 즉흥적인 감탄 속에서 영혼 깊숙이 하나님의 단일성과 영혼의 존재와 악한 영들의 존재를 믿고 있음을 보여준다고 한다. ④『스카풀라에게』(*Ad Scapulam*)이 있다. 이 저작은 212년에 집필된 것으로 아프리카의 지방 총독이며 그리스도인들의 적인 스카풀라에게 일식을 가리키면서 하나님의 처벌이 있다고 위협하는 공개서한이다. ⑤『유대인들에게』(*Ad Iudaeos*)가 있다. 복수의 옛 법이 사랑의 새 법으로 대체되었다고 한다. 또한 이방인들도 하나님의 은혜에 참여한다고 한다. 둘째 유형은 교의적, 논쟁적 저작들이다. 이 유형에는 ⑥『이단들은 고소권이 없음에 대하여』(*De praescriptione haereticorum*)이 있다. 이 저작은 200년경에 집필된 것으로 테르툴리아누스의 사법적 훈련과 로마법에 대한 지식을 보여준다. 이 저작의 제목은 이단들을 다룰 때 praescriptio 법이 적용될 수 있음을 보여준다. praescriptio란 로마 제국 시대에 피고가 즉석에서 원고의 주장을 거부하는 무고소권을 주장하면 심문이 있을 수 없다는 것이다. 테르툴리아누스는 첫째로 그리스도께서 사도들에게만 그의 가르침을 전파하라고 위임하셨으며, 사도들은 자신들이 세운 공동체에게만 이 가르침을 위임하셨다는 것이다. 그런데 이단들은 나중에 생겼으므로 이 위임을 사도들로부터 직접 받지 않았으므로 자격이 없다는 것이다. ⑦『마르키온 반박』(Adversus Marcionem)이 있다. 가장 방대한 저작이다. 테르툴리아누스는 이 책의 세 판을 집필했는데 현재는 가장 긴 마지막 판만 남아 있다. 이 저작에서 테르툴리아누스는 세계의 창조자가 선한 하나님과 다를 수 없음을 입증하며, 그리스도가 구약에서 예언된 메시아임을 입증한다. 그리고 마르키온의 신약성서를 비판하고 구약성서와 신약성서 사이에는 모순이 없다고 주장한다. ⑧『헤르모게네스 반박』(Adversus Hermogenem)이 있다. 카르타고의 영지주의자인 화가 헤르모게네스에 반해 기독교의 창조론을 옹호한다. ⑨『발렌티누스파 반박』(Adversus Valentinianos)가 있다. 영지주의자인 발렌티누스와 그의 추종자들을 반박하고 있다. 이레니우스의『이단 반박』제1권을 광범하게 사용하고 있다. ⑩『전갈』(Scorpiace)이 있다. 영지주의적 이단의 "전갈의 침에 대한 치료"에 관해 다루며, 순교의 도덕적 가치를 변호한다. ⑪『그리스도의 육체에 관하여』(De carne Christi)가 있다. 영지주의자들의 가현설을 반박한다. ⑫『육체의 부활에 관하여』(De carnis resurrectione)가 있다. 영지주의자들에 반하여 육체의 부활을 옹호한다. ⑬『프락세아스 반박』(Adversus Praxean)이 있다. 니캐아 총회 이전에 나타난, 교회의 삼위일체론에 대한 가장 분명한 설명이다. ⑭『세례론』(De baptismo)가 있다. 교회의 세례 교리와 세례의 필요성과 효과가 제시되어 있다. 이단의 세례는 타당성이 없다고 한다. ⑮

『영혼론』(*De anima*)가 있다. 210~213년에 집필되었다. 영지주의를 비판한 저작이다. 테르툴리아누스는 철학적, 영지주의적 오류들을 논박하는 데 관심을 가졌다. 셋째 유형은 실천적, 금욕적 저작들이다. 이 유형은 가톨릭 시대와 몬타누스파 시대로 구분된다. 가톨릭 시대에 속하는 저작들은 ⑯『순교자들에게』(*Ad martyres*)가 있다. 이 저작은 197년 혹은 202, 203년에 집필된 것으로 감옥에 있는 그리스도인들을 위로하고 격려하려고 쓴 것이다. ⑰『구경거리들에 대하여』(*De spectaculis*)가 있다. 이 저작에서는 그리스도인들에게 어떤 종류의 연극들이라도 관람하지 말라고 금한다. 이 연극들은 부도덕하고 우상 숭배와 관계가 있기 때문이라고 한다. ⑱『기도론』(*De oratione*)이 있다. 이 저작은 198~204년에 집필되었다. 이 저작에서는 학습자를 위해 기도 전반에 관해 교훈을 주며, 주기도문에 관해 설명한다. ⑲『인내에 관하여』(*De patientia*)가 있다. 이 저작은 200~203년에 집필되었다. 환자가 건강을 찬양하기 좋아하는 것과 꼭 마찬가지로, 테르툴리아누스는 자기가 가지지 못한 이 덕에 관해 말하기를 원한다. ⑳『참회론』(*De paenitentia*)가 있다. 이 저작은 203년경에 집필되었다. 1-6장에서는 세례를 받기 전의 참회의 마음과 실천에 관해 다루며, 7-12장에서는 세례를 받은 사람이 "큰 죄"를 지은 후 행해야 하는 단 한 번의 교회적 참회에 관해 다룬다. ㉑『여성들의 치장에 관하여』(*De cultu feminarum*)가 있다. 이 저작은 197~201년에 집필되었다. 여성들의 다양한 치장에 대하여 비판한다. ㉒『아내에게』(*Ad uxorem*)이 있다. 이 저작은 203년경에 집필되었다. 이 저작에서 테르툴리아누스는 그가 죽은 후 그의 아내가 미망인으로 지내거나 아니면 그리스도인과만 결혼할 것을 요구한다. 그리고 몬타누스파 시대에 속하는 저작들은 다음과 같다. ㉓『정절의 권면에 관하여』(De exhortatione castitatis)가 있다. 이 저작은 207년 이전에 집필되었다. 이 저작에서는 홀아비가 된 친구에게 재혼하지 말라고 권면한다. 테르툴리아누스는 재혼을 사실상 "일종의 간음"이라고 말한다. ㉔『일부일처론』(De monogamia)이 있다. 이 저작은 217년경에 집필되었다. 이 저작에서는 재혼의 합법화에 대해 강하게 비판한다. ㉕『처녀의 베일에 관하여』(De virginibus velandis)가 있다. 이 저작은 207년 이전에 집필되었다. 이 저작에서는 모든 처녀는 교회서뿐만 아니라 공공장소에서도 베일을 쓸 것을 요구한다. ㉖『관에 관하여』(De corona)가 있다. 이 저작은 211년에 집필되었다. 이 저작에서는 특히 이방인의 관습인 군인들이 관을 쓰는 것을 배격하고, 군 복무를 기독교 신앙과 양립할 수 없는 것으로 여겨 금지한다. ㉗『우상 숭배에 관하여』(De idolatria)가 있다. ㉘『박해중 피신에 관하여』(De fuga in persicutione)가 있다. 이 저작은 212년에 집필되었다. 이 저작에서는 박해 중에 피신하는 것을 허락하지 않으며 하나님의 뜻에 반하는 것이라고 한다. ㉙『향락주의자들에 반대하는 금식론』(De ieiunio adversus psychicos)가 있다. 이 저작에서는 몬타누스파의 금식 실천을 옹호하고 향락주의자들(psychici), 즉 욕망에 탐닉하는 가톨릭 교인들을 강하게 비판한다. 이 저작은 금식의 역사와 실천의 관점에서 중요하다. ㉚『순결에 관하여』(De pudicitia)가 있다. 이 저작에서 테르툴리아누스는 그가 이전에 주장했던 교회의 사죄권을 부정한다. 사죄권은 "감독들의 교회"에 속한 것이 아니라 영적인 사람들에게만 속한다고 한다. ㉛『팔리움에 관하여』(De pallio)가 있다. 이 저작에서 테르툴리아누스는 자기가 토가(toga) 대신에 팔리움(pallium)을 입는 것을 옹호한다.

하르나크(Carl Gustav Adolf von Harnack)는 테르툴리아누스의 저작 연대를 다음과 같이 추정하였다.[18] 첫째로, 202~203년 이전의 저작들은 다음과 같다. *Apologeticus*(197), *Ad nationes, De spectaculis, De idololatria, De cultu feminarum* 제2권, *De testimonio animae* (*Apologeticus* 직후에 썼음), *Ad martyres* (아마 최초의 저작), 『이단들의 세례에 관하여』(*De baptismo haereticorum*, 지금 남아 있지 않음), *De baptismo, De poenitentia, De oratione*(이 세 저작들은 학습자들을 위한 것임), *De patientia, Ad uxorem* 제2권, *De praescriptione haereticorum, Adv. Marcionem*(최초의 형태). 하르나크는 이어서 이 저작들에 관해 다음과 같이 설명하였다. *Apologeticus*는 2세기까지 나타난 기독교 변호론 중 가장 무게 있는 저작이다. 이 저작은 3세기에 헬라어로 번역되었다. 이 저작은 기독교에 대한 비난들인 은밀한 죄들(근친상간 등)과 공공의 죄들(국가 종교에 대한 경멸과 대역죄)에 관해 다루는데, 기독교는 계시된 종교로서 인간들의 다른 모든 체계보다 절대적으로 탁월하다고 주장한다. 이 저작과 펠릭스(Minucius Felix)의 *Octavius* 사이의 관계에 대해 많은 연구가 있어 왔으나, 하르나크는 테르툴리아누스의 이 저작이 펠릭스의 저작보다 늦은 것으로 본다. 또한 하르나크는 *De praescriptione haereticorum*도 매우 중요한 저작으로 본다. 이 저작에서는 그리스도인 테르툴리아누스보다 법학자 테르툴리아누스가 더 분명하게 나타난다고 한다. 이 저작은 교의적 혹은 논쟁적 저작들 가운데 최고이며, 법정에서 변론 초기에 고소인을

---

18 Carl Gustav Adolf von Harnack, "Tertullian," *Encyclopaedia Britannica*, Vol. 26 (1911), 661-663.

배제시킨다고 한다. *De spectaculis*와 *De idololatria*는 테르툴리아누스가 몬타누스파로 정식으로 전향하기 전에 이미 어떤 의미에서 몬타누스파였음을 보여준다고 한다. 반대로 *De poenitentia*는 교회 권징에 관한 테르툴리아누스의 초기 견해가 후기 견해보다 훨씬 더 관용적이었음을 보여준다고 한다. 그리스도인의 기질에 관한 그의 견해를 어느 정도 알기 위해서는 *De oratione*와 *De patientia*를 읽어야 한다고 한다. 그리고 *De baptismo*는 고고학적 관점에서 특별한 관심을 끈다고 한다. 둘째로, 202~203년에서 207~208년 사이의 저작들은 다음과 같다. *De virginibus velandis, De corona militis, De fuga in persecutione, De exhortatione castitatis, De scorpiace*(이 저작은 영지주의자들을 비판하는 작품이다. 테르툴리아누스는 영지주의자들을 전갈들에 비유한다.), *Adversus Hermogenem, De censu animae adv*. 『헤르모게네스를 반박하는 영혼의 센서스에 관하여』(*Hermogenem*, 지금은 남아 있지 않음), *Adv. Valenlinianos*, 『아펠레이아주의 반박』(*Adv. Apelleiacos*, 지금은 남아 있지 않음), 『낙원론』(*De paradise*, 지금은 남아 있지 않음), 『운명론』(*De fato*, 지금은 남아 있지 않음), *De anima*(이 저작은 최초의 기독교 심리학 책이다.), *De carne Christi, De resurrectione carnis, De spe jidelium*(소실됨). 이 모든 저작은 테르툴리아누스가 몬타누스파를 인정했으나 아직 교회를 떠나기 전에 집필한 것들이다. 셋째로, 207~208년 이후의 저작들은 다음과 같다. *Adv. Marcionem*(테르툴리아누스의 가장 중요한 영지주의 비판 저작, 세 번째 판), *Ad Scapulam*(기독교를 박해하던 아프리카의 지방총독에 대한 경고, 212년에 근접한 해에 집필됨), *De pallio*(테르툴리아누스가 토가를 입지 않고 팔리움을 입는 데 대한 자기 변호), *Adv. Praxean*(단일신론자들을 비판한 테르툴리아누스의 주요 저작), *Adv. Judaeos*(9-14장은 다른 사람이 보충한 것임). 테르툴리아누스의 현존한 마지막 저작들은(모두 217년 이후의 저작들) 가톨릭 교인들의 해이를 비판한 논쟁적 저작들로, 특히 로마 감독인 칼릭스투스에 대한 날카로운 비판들로 차 있는 것들로, *De monogamia, De jejunio, De pudicitia*, 『엑스타시에 관하여』(*De ecstasi*, 지금은 남아 있지 않음) 등이 있다.

IV. 사상

1. 이성과 신앙

테르툴리아누스는 신앙을 강조하고 이성을 경시한 것으로 평가받아 왔다. 그는 이렇게 말하였다. "하나님의 아들이 십자가에 못 박히셨다. 사람들이 그것을 부끄러워한다고 해서 내가 부끄러워하지 않는다. 하나님의 아들이 죽으셨다. 그것이 어리석기에 믿어져야 한다. 그가 매장되시고 부활하셨다. 그 사실이 불가능하기에 오히려 확실하다."[19]

---

19 *De carne Christi*, 5. "The Son of God was crucified; I am not ashamed because men must needs be ashamed of it. And the Son of God died; it is by all means to be believed, because it is absurd. And He was buried, and rose again; the fact is certain, because it is impossible." 라틴어 본문은 다음과 같다. "crucifixus est dei filius: non pudet, quia pudendum est. et mortuus est dei filius: prorsus credibile est, quia ineptum est. et sepultus resurrexit: certum est, quia impossibile."

또한 테르툴리아누스는 철학과 신학의 분리를 주장하였다. 그는 이렇게 말하였다. "아덴과 예루살렘이 무슨 관계가 있는가? 아카데미아와 교회 사이에 무슨 일치가 있는가? 이단들과 그리스도인들 사이에 무슨 관계가 있는가?"[20]

그러나 그는 이성을 무조건 경시한 것은 아니었다. 그는 이렇게 말하였다. "만물의 창조자이신 하나님이 이성에 의해 제공하시고 배치하시고 명령하시지 않은 것은 아무것도 없기에 이성은 사실상 하나님의 것이다. 하나님이 뜻하시는 것은 이성에 의해 다루어지지 않고 이성에 의해 이해되지 않는 것은 아무것도 없다."[21] 그는 또 이렇게 말하였다. "이성의 키 없이 삶의 전체 과정을 항해하는 사람들은 세상에 다가오는 폭풍을 피하는 방법을 알 수 없다."[22]

테르툴리아누스가 보기에는 기독교 신앙의 내용이 합리적이라면 이해하면 되지 굳이 믿을 필요가 없었다. 그런데 불합리해서 이해되지

---

20 *De Praescriptione Haereticorum*, 7. "What indeed has Athens to do with Jerusalem? What concord is there between the Academy and the Church? what between heretics and Christians?." 라틴어 본문은 다음과 같다. "Quid ergo Athenis et Hierosolymis? quid academiae et ecclesiae? quid haereticis et christianis?"

21 *De paenitentia*, 1. "Reason, in fact, is a thing of God, inasmuch as there is nothing which God the Maker of all has not provided, disposed, ordained by reason = nothing which He has not willed should be handled and understood by reason." 라틴어 본문은 다음과 같다. "Quippe res dei ratio quia deus omnium conditor nihil non ratione providit disposuit ordinavit nihilque non ratione tractari intellegique voluit."

22 *De paenitentia*, 1. "And thus, voyaging all the universal course of life without the rudder of reason, they know not how to shun the hurricane which is impending over the world." 라틴어 본문은 다음과 같다. "Itaque universam vitae conversationem sine gubernaculo rationis transfretantes inminentem saeculo procellam evitare non norunt."

않기 때문에 믿어야 한다는 것이었다. 그러나 기독교 신앙의 내용이 아닌 것에 대해서는 모든 것을 이성에 따라서 판단해야 한다는 것이었다.

2. 삼위일체론

테르툴리아누스는 『프락세아스 반박』에서 악마는 이렇게 주장한다고 말한다. "그는 아버지 자신이 동정녀 속으로 들어오셨으며, 그 자신이 동정녀에게서 태어나셨으며, 그 자신이 고난을 당하셨으며, 참으로 그 자신이 예수 그리스도이었다고 말한다."23 그런데 테르툴리아누스는 프락세아스가 이런 주장을 한다고 말한다. "프락세아스는 로마에서 악마를 위해 두 가지 일을 하였다. 그는 예언을 몰아내고 이단을 들여왔다. 그는 보혜사를 날려 버리고 아버지를 십자가에 못 박았다."24

테르툴리아누스는 양태적 단일신론자인 프락세아스를 비판하면서 하나님은 세 인격과 한 본질을 가지신 분이라고 말한다. 테르툴리아누스는 이렇게 말하였다.

빌립의 질문과 주님의 모든 응답은 요한복음 끝까지 우리에게 계속해서

---

23 *Adversus Praxean*, 1. "He says that the Father Himself came down into the Virgin, was Himself born of her, Himself suffered, indeed was Himself Jesus Christ." 라틴어 본문은 다음과 같다. "ipsum dicit patrem descendisse in virginem, ipsum ex ea natum, ipsum passum, denique ipsum esse Iesum Christum."
24 *Adversus Praxean*, 1. "Praxeas did a twofold service for the devil at Rome: he drove away prophecy, and he brought in heresy; he put to flight the Paraclete, and he crucified the Father." 라틴어 본문은 다음과 같다. "ita duo negotia diaboli Praxeas Romae procuravit, prophetiam expulit et haeresim intulit, paracletum fugavit et patrem crucifixit."

같은 종류의 설명을 하게 한다. 또한 주님이 보혜사 혹은 위로자가 계신데 그가 아버지께 중보 기도를 해줄 것을 약속하셨으며, 주님이 아버지께 올라가신 후에 하늘로부터 보냄을 받을 것이라고 약속하셨다. 참으로 그는 "다른 위로자"라고 불린다. 그러나 그리스도 자신이 아버지의 것을 받은 것처럼, 우리가 이미 말한 것처럼 "그는 나의 것을 받을 것이다" 라고 그리스도께서 말씀하신다. 그래서 아들 안에서 아버지의 연결과 보혜사 안에서 아들의 연결은 통일성 있는 세 인격들을 산출한다. 하지만 그 세 인격은 서로 구별된다. 이 셋은 한 본질이지 한 인격이 아니다(tres unum sunt, non unus). "나와 내 아버지는 하나이다"[25] 라고 말씀하신 것과 같다. 숫자의 단일성이 아니라 실체의 통일성이라는 점에서이다.[26]

---

[25] 요한복음 10:30의 말씀이다. 헬라어 성경에서는 "ἐγὼ καὶ ὁ πατὴρ ἕν ἐσμεν"이라고 되어 있고, 라틴어 성경에서는 "ego et Pater unum sumus"라고 되어 있다. 헬라어 성경에서는 남성인 εἷς를 사용하지 않고 중성인 ἕν을 사용하였으며, 라틴어 성경에서도 남성인 unus를 사용하지 않고 중성인 unum을 사용하고 있다.

[26] *Adversus Praxean*, 25. "What follows Philip's question, and the Lord's whole treatment of it, to the end of John's Gospel, continues to furnish us with statements of the same kind, distinguishing the Father and the Son, with the properties of each. Then there is the Paraclete or Comforter, also, which He promises to pray for to the Father, and to send from heaven after He had ascended to the Father. He is called "another Comforter," indeed; but in what way He is another we have already shown, 'He shall receive of mine,' says Christ, just as Christ Himself received of the Father's. Thus the connection of the Father in the Son, and of the Son in the Paraclete, produces three coherent Persons, who are yet distinct One from Another. These Three are, one essence, not one Person, as it is said, 'I and my Father are One,' in respect of unity of substance not singularity of number." 라틴어 본문은 다음과 같다. "Post Philippum et totam substantiam quaestionis istius, quae in finem evangelii perseverant in eodem genere sermonis, quo pater et filius in sua proprietate distinguuntur. paracletum quoque a patre se postulaturum, cum ascendisset ad patrem, et missurum repromittit, et quidem alium. sed iam praemisimus quomodo alium. ceterum, De meo sumet, inquit, sicut ipse de patris. ita connexus patris in filio et filii

그런데 테르툴리아누스는 이 삼위일체론은 창세기에서부터 나온 다고 말한다. 그는 이렇게 말하였다.

삼위일체가 단순한 일치성 안에 연결되지 않은 양, 삼위일체의 숫자가 당신에게 거침돌이 된다면, 나는 당신에게 묻거니와 단순히 그리고 절대적으로 단 하나인 존재가 "우리가 우리의 형상에 따라, 우리의 모양대로 인간을 만들자"라고 복수의 구절로 말하는 것이 어떻게 가능한가. 그렇지 않다면 유일하고 하나인 존재로서 "내가 내 형상에 따라, 내 모양대로 인간을 만들자"라고 말씀했어야 하지 않았겠는가.[27]

테르툴리아누스는 삼위는 분할되는 것이 아니라 구별된다고 말한다. 그는 이렇게 말하였다.

"말씀이 하나님이었다"라고 말한 요한에 따라 만약 그가 하나님이라면 당신은 두 존재들을 가지게 된다. 어떤 것이 만들어지도록 명령하시는 분과

---

in paracleto tres efficit cohaerentes alterum ex altero. qui tres unum sunt, non unus, quomodo dictum est, Ego et pater unum sumus, ad substantiae unitatem non ad numeri singularitatem."

[27] *Adversus Praxean*, 12. "If the number of the Trinity also offends you, as if it were not connected in the simple Unity, I ask you how it is possible for a Being who is merely and absolutely One and Singular, to speak in plural phrase, saying, 'Let us make man in our own image, and after our own likeness;' whereas He ought to have said, 'Let me make man in my own image, and after my own likeness,' as being a unique and singular Being?" 라틴어 본문은 다음과 같이 되어 있다. "Si te adhuc numerus scandalizat trinitatis quasi non connexae in unitate simplici, interrogo quomodo unicus et singularis pluraliter loquitur, Faciamus hominem ad imaginem et similitudinem nostram, cum debuerit dixisse, Faciam hominem ad imaginem et similitudinem meam, utpote unicus et singularis."

이 명령을 실행하여 창조하는 다른 분이다. 당신은 어떤 의미로 그가 다른 분임을 이해해야 하는가. 나는 실체에 근거해서가 아니라 인격에 근거해서, 분할의 방법으로가 아니라 구별의 방법으로라고 이미 설명하였다.28

테르툴리아누스는 삼위는 구별이 되지만 하나의 실체와 하나의 신분과 하나의 능력을 갖는다고 말한다. 그는 이렇게 말하였다. "성부, 성자, 성령 이 셋은 신분에 있어서가 아니라 정도에 있어서, 실체에 있어서가 아니라 형식에 있어서, 능력에 있어서가 아니라 국면에 있어서 다르지만, 한 실체, 한 신분, 한 능력에 속한다."29

3. 그리스도론

테르툴리아누스는 그리스도에 관해 이렇게 말하였다. "우리는 한

---

28 *Adversus Praxean*, 12. "Now if He too is God, according to John, (who says.) 'The Word was God,' then you have two Beings - One that commands that the thing be made. and the Other that executes the order and creates. In what sense, however, you ought to understand Him to be another. I have already explained, on the ground of Personality, not of Substance - in the way of distinction, not of division." 라틴어 본문은 다음과 같다. "qui si ipse deus est secundum Ioannem - Deus erat sermo - habes duos, alium dicentem ut fiat, alium facientem. alium autem quomodo accipere debeas iam professus sum, personae non substantiae nomine, ad distinctionem non ad divisionem."

29 *Adversus Praxean*, 2. "the Father, the Son, and the Holy Ghost: three, however, not in condition, but in degree; not in substance, but in form; not in power, but in aspect; yet of one substance, and of one condition, and of one power." 라틴어 본문은 다음과 같다. "patrem et filium et spiritum, tres autem non statu sed gradu, nec substantia sed forma, nec potestate sed specie, unius autem substantiae et unius status et unius potestatis."

인격 안에 두 신분이 혼합되는 것이 아니라 연합되어 있으며, 하나님이고 인간인 예수를 본다."[30]

그러나 테르툴리아누스는 그리스도에 관해 종속론적인 견해를 가지고 있었다. 테르툴리아누스는 이렇게 말하였다. "아버지는 온전한 실체이다. 그러나 아들은 전체에서 유래되었고 전체의 부분이다. 그 자신이 '내 아버지는 나보다 크시니라'라고 인정하신 것과 같다."[31]

테르툴리아누스는 성부와 성자의 관계를 태양과 태양 빛에 비유한다. 그는 이렇게 말하였다. "나는 태양 빛을 그 자체만을 고려할 때 '태양'이라고 부를 수 있을 것이다. 그러나 내가 태양 빛이 나온 태양을 구별하여 말한다면 나는 태양 빛에 태양이라는 이름을 붙일 수 없을 것이다. 내가 두 태양이 있다고 말하지 않지만, 태양과 태양 빛을 —하나님과 그의 말씀, 성부와 성자의 경우처럼— 하나의 분할되지 않은 실체의 두 가지 것들 혹은 두 가지 형상이라고 말해야 할 것이다."[32]

---

30 *Adversus Praxean*, 27. "We see plainly the twofold state, which is not confounded, but conjoined in One Person - Jesus, God and Man." 라틴어 본문은 다음과 같다. "videmus duplicem statum, non confusum sed coniunctum, in una persona deum et hominem Iesum."

31 *Adversus Praxean*, 9. "For the Father is the entire substance, but the Son is a derivation and portion of the whole, as He Himself acknowledges: 'My Father is greater than I.'" 라틴어 본문은 다음과 같다. "pater enim tota substantia est, filius vero, derivatio totius et portio, sicut ipse profitetur, Quia pater maior me est:"

32 *Adversus Praxean*, 13. "For I should give the name of 'sun' even to a sunbeam, considered in itself; but if I were mentioning the sun from which the ray emanates, I certainly should at once withdraw the name of sun from the mere beam. For although I make not two suns, still I shall reckon both the sun and its ray to be as much two things and two forms of one undivided substance, as God and His Word, as the Father and the Son." 라틴어 본문은 다음과 같다. "nam et radium solis seorsum solem vocabo : solem autem nominans cuius est radius, non statim et radium solem appellabo. nam etsi soles duos faciam, tamen et

4. 인간론

테르툴리아누스는 인간의 영혼과 관련하여 영혼선재설을 거부한다. 테르툴리아누스는 이렇게 말하였다. "우리가 영혼이 하나님의 숨에서 유래했음을 인정할 때 그 숨에 영혼의 시작을 돌린다. 그러나 플라톤은 이것을 거부한다. 플라톤은 영혼은 태어나지도 않았고 만들어지지도 않았다고 생각하기 때문이다."33

또한 테르툴리아누스는 영혼 윤회설을 거부한다. 테르툴리아누스는 이렇게 말하였다. "플라톤이 언급한 영혼의 윤회에 관한 고대의 말은 무엇을 뜻하는가? 어떻게 영혼들이 여기서 저기로 옮겨가고, 이곳으로 돌아와서 삶을 보내고, 다시 이 삶을 떠나고, 죽음에서 살게 되는가? 어떤 사람들은 이것은 피타고라스의 말이라고 한다. 알비누스는 그것은 신의 선포라고 하는데, 아마 이집트의 메르쿠리우스 선포일 것이라고 한다."34 테르툴리아누스는 또 이렇게 말하였다. "그 사모스의 소피

---

solem et radium eius tam duas res et duas species unius et indivisae substantiae numerabo quam deum et sermonem eius, quam patrem et filium."

33 *De Anima*, 4. "For when we acknowledge that the soul originates in the breath of God, it follows that we attribute a beginning to it. This Plato, indeed, refuses to assign to it, for he will have the soul to be unborn and unmade." 라틴어 본문은 다음과 같다. "Post definitionem census quaestionem status patitur. Consequens enim est, ut ex dei flatu animam professi initium ei deputaremus. Hoc Plato excludit innatam et infectam animam uolens."

34 *De Anima*, 28. "What, then, by this time means that ancient saying, mentioned by Plato,215 concerning the reciprocal migration of souls; how they remove hence and go thither, and then return hither and pass through life, and then again depart from this life, and afterwards become alive from the dead? Some will have it that this is a saying of Pythagoras; Albinus supposes it to be a divine announcement, perhaps of the Egyptian Mercury." 라틴어 본문은 다음과 같다.

스트는 플라톤의 권위에 의존해서 죽음과 삶의 끊임없는 교차로부터 비롯된 영혼의 영원한 윤회를 주장한다. 유명한 피타고라스가 이 주장을 한 것은 틀림없다. 피타고라스는 다른 면에서는 뛰어나지만, 이와 같은 견해를 제시한 것은 거짓에 근거한 것이며, 이 거짓은 부끄러운 것일 뿐만 아니라 위험한 것이다."35

테르툴리아누스는 영혼 유전설(traducianism)을 주장하였다. 테르툴리아누스는 이렇게 말하였다. "만약 아담으로부터 육체뿐만 아니라 영혼의 햇가지(tradux)가 여인에게 있지 않았다면 하나님이 그의 입김을 여인에게도 불어 넣었을 것이다"36라고 말하였다. 교회 역사를 보면 영혼 창조설(creationism)이 다수의 견해이고 영혼 유전설은 소수의 견해였다.

테르툴리아누스는 영혼 유전설을 주장하면서 원죄(vitium originis)

"Quis ille nunc uetus sermo apud memoriam Platonis de animarum reciproco discursu, quod hinc abeuntes sint illuc et rursus huc ueniant et fiant et dehinc ita habeat rursus ex mortuis effici uiuos? Pythagoricus, ut uolunt quidam; diuinum Albinus existimat, Mercurii forsitan Aegyptii."

35 *De Anima*, 28. "If, indeed, the sophist of Samos is Plato's authority for the eternally revolving migration of souls out of a constant alternation of the dead and the living states, then no doubt did the famous Pythagoras, however excellent in other respects, for the purpose of fabricating such an opinion as this, rely on a falsehood, which was not only shameful, but also hazardous." 라틴어 본문은 다음과 같다. "Si uero Samius sophista Platoni auctor est de animarum reciduatu reuolubili semper ex alterna mortuorum atque uiuentium suffectione, certe ille Pythagoras, etsi bonus cetera, tamen ut hanc sententiam exstrueret, non turpi modo, uerum etiam temerario mendacio incubuit."

36 *De Anima*, 36. "God's afflatus would have animated her too, if there had not been in the woman a transmission from Adam of his soul also as well as of his flesh." 라틴어 본문은 다음과 같다. "Ceterum et ipsam dei afflatus animasset, si non ut carnis, ita et animae ex Adam tradux fuisset in femina."

를 주장하였다. 테르툴리아누스는 이렇게 말하였다. "악한 영의 개입으로부터 영혼에 생겨나는 악 이외에, 선행하는 것이 있는데, 그것은 원죄(originis vitio)로부터 생겨나는 악인데, 어떤 의미에서 본성적이라고 할 수 있다."[37] 그러나 테르툴리아누스는 원죄와 함께 원의를 주장하였다. 테르툴리아누스는 이렇게 말하였다. "여전히 영혼 안에는 선, 즉, 원래적이고 신적이고 순수한 선의 부분이 있는데, 그것은 고유한 본성이다."[38] 그런데 원의는 어둡게 되었으나 꺼지지는 않는다고 한다. 테르툴리아누스는 이렇게 말하였다. "하나님으로부터 유래한 그것은 어둡게 되었으나 꺼진 것은 아니다. 그것은 하나님이 아니기 때문에 어둡게 될 수 있다. 그러나 그것은 하나님으로부터 온 것이기에 꺼질 수 없다."[39]

5. 교회론

테르툴리아누스는 교회에 대하여 "우리는 공통적인 종교적 고백,

---

[37] *De Anima*, 41. "There is, then, besides the evil which supervenes on the soul from the intervention of the evil spirit, an antecedent, and in a certain sense natural, evil which arises from its corrupt origin. 라틴어 본문은 다음과 같다. "Malum igitur animae, praeter quod ex obuentu spiritus nequam superstruitur, ex originis uitio antecedit, naturale quodammodo."

[38] *De Anima*, 41. "Still there is a portion of good in the soul, of that original, divine, and genuine good, which is its proper nature." 라틴어 본문은 다음과 같다. "insit et bonum animae, illud principale, illud diuinum atque germanum et proprie naturale."

[39] *De Anima*, 41. "For that which is derived from God is rather obscured than extinguished. It can be obscured, indeed, because it is not God; extinguished, however, it cannot be, because it comes from God." 라틴어 본문은 다음과 같다. "Quod enim a deo est, non tam extinguitur quam obumbratur. Potest enim obumbrari, quia non est deus, extingui non potest, quia a deo est."

계율의 통일, 공통적인 희망의 연대로 한데 묶여 있는 한 몸이다"[40] 라고 말하였다. 교회는 그리스도의 신부요 그리스도인들의 어머니이다. 테르툴리아누스는 교회는 성령의 유일한 집이고 사도적 전통의 유일한 저장소이며 교회의 가르침은 감독들의 중단되지 않은 계승으로 보장된다고 하였다. 그는 가톨릭 진영에 있을 때 이단들에 대해 이렇게 비판하였다. "이단들의 임명은 부주의하고 경박하고 변덕스럽다. 그들은 신입 교인들을 세우기도 한다. 세속적 직업에 종사하는 사람들, 우리에게서 떠나간 변절자들을 세우기도 한다… 반도들의 진영에서보다 진급하기 쉬운 곳은 없다. 거기에 있기만 하면 진급이 확실한 것이다. 그래서 어떤 사람들은 오늘 감독이 되었다가 내일 다른 직을 맡는다. 어떤 사람들은 오늘 집사가 되었다가 내일 독경사가 된다. 오늘의 장로가 내일은 평신도가 된다. 왜냐하면 그들은 평신도들에게도 사제의 직능을 맡기기 때문이다."[41]

---

40 *Apologeticum*, 39. "We are a body knit together as such by a common religious profession, by unity of discipline, and by the bond of a common hope." 라틴어 본문은 다음과 같다. "Corpus sumus de conscientia religionis et disciplinae unitate et spei foedere."

41 *De Praescriptione Haereticorum*, 41. "Their ordinations, are carelessly. administered, capricious, changeable. At one time they put novices in office; at another time, men who are bound to some secular employment; at another, persons who have apostatized from us... Nowhere is promotion easier than in the camp of rebels, where the mere fact of being there is a foremost service. And so it comes to pass that to-day one man is their bishop, to-morrow another; to-day he is a deacon who to-morrow is a reader; to=day he is a presbyter who to=morrow is a layman. For even on laymen do they impose the functions of priesthood." 라틴어 본문은 다음과 같다. "Ordinationes eorum temerariae, leues, inconstantes. Nunc neophytos conlocant, nunc saeculo obstrictos, nunc apostatas nostros... Nusquam facilius proficitur quam in castris rebellium ubi ipsum esse illic promereri est. Itaque alius hodie episcopus, cras alius; hodie

그러나 그가 몬타누스파로 전향하면서 입장이 급격하게 변화된다. "평신도도 사제가 아닌가? 성서는 말하기를 '그는 그 아버지 하나님을 위하여 우리를 나라와 제사장으로 삼았다'고 한다… 세 사람이 있는 곳에는, 그들이 평신도이더라도, 교회가 있다. 각 사람은 '그 자신의 신앙에 의해 살며' '하나님께는 사람들에 대한 차별이 없다.'"[42]

또한 테르툴리아누스는 "두 사람이 있는 곳에 교회가 있으며, 그리스도가 교회이다"[43]라고 말하였다.

테르툴리아누스는 공적 참회를 강조하였다. 그는 "공적 참회를 하지 않고 대신 저주를 받는 것이 낫겠는가"고 반문하였다. 그는 이렇게 말하였다. "숨기면서 저주를 받는 것이 공적으로 용서받는 것보다 더 낫다는 말인가?"[44]

테르툴리아누스는 몬타누스파로 전향한 후에는 죄를 용서받을 수 있는 죄와 용서받을 수 없는 죄로 나누었다.

---

diaconus qui cras lector; hodie presbyter qui cras laicus. Nam et laicis sacerdotalia munera iniungunt."

[42] *De Exhortatione Castitatis*, 7. "Are not even we laics priests? It is written: 'A kingdom also, and priests to His God and Father, hath He made us.' … But where three are, a church is, albeit they be laics. For each individual lives by his own faith, nor is there exception of persons with God;" 라틴어 본문은 다음과 같다. "Nonne et laici sacerdotes sumus? Scriptum est: Regnum quoque nos et sacerdotes deo et patri suo fecit… Sed ubi tres, ecclesia est, licet laici. Vnusquisque enim fide sua uiuit, nec est personarum exceptio apud deum,"

[43] *De paenitentia*, 10. "In a company of two is the church; but the church is Christ." 라틴어 본문은 다음과 같다. "In uno et altero ecclesia est, ecclesia vero Christus:"

[44] *De Paenitentia*, 10. "Is it better to be damned in secret than absolved in public?" 라틴어 본문은 다음과 같다. "An melius est damnatum latere quam palam absolvi?"

6. 성례론

테르툴리아누스는 세례가 구원에 필수적이라고 주장하였다. 그러면서 그는 이렇게 말하였다. "우리는 물속에서 성령을 받는 것이 아니라, 천사의 영향 아래 물속에서 씻음을 받을 때 성령을 향한 준비를 한다."[45] 우리가 세례 탕에서 나왔을 때 성별된 기름을 철저하게 바른다. 그 후 "축복을 통해 성령을 부르고 초대하는 손이 우리 위에 놓여진다."[46] 그는 이단의 세례를 인정하지 않았다. "이단들은 우리의 훈련에 교제가 없다… 그들과 우리는 동일한 하나님을 갖고 있는 것도 아니고, 하나의 그리스도, 즉 동일한 그리스도를 갖고 있는 것도 아니다. 그러므로 그들의 세례는 우리와 하나가 아니다. 그것은 동일한 것이 아니기 때문이다."[47] 그는 유아 세례에 대해 부정적이었다. "세례를 줄 임무를 가진 사람들은 세례를 성급하게 주어서는 안 된다는 것을 안다… 각 사람의 상황과 의지와 나이에 따라 세례를 지연시키는 것이 낫다. 유아

---

45 *De Baptismo*, 6, "Not that in the waters we obtain the Holy Spirit; but in the water, under (the witness of) the angel, we are cleansed, and prepared for the Holy Spirit." 라틴어 본문은 다음과 같다. "Non quod in aqua spiritum sanctum consequimur, sed in aqua emundati sub angelo spiritui sancto praeparamur."

46 *De Baptismo*, 8 "In the next place the hand is laid on us, invoking and inviting the Holy Spirit through benediction." 라틴어 본문은 다음과 같다. "Dehinc manus imponitur per benedictionem advocans et invitans spiritum sanctum."

47 *De Baptismo*, 15 "Heretics, however, have no fellowship in our discipline… because they and we have not the same God, nor one - that is, the same - Christ. And therefore their baptism is not one with ours either, because it is not the same." 라틴어 본문은 다음과 같다. "haeretici autem nullum consortium habent nostrae disciplinae…. quia non idem deus est nobis et illis, nec unus Christus, id est idem: ergo nec baptismus unus, quia non idem."

들의 경우에 그러하다."⁴⁸

테르툴리아누스는 성찬에 대해 "내 몸의 상징"(figura corporis mei)이라는 표현을 사용하였으나, 그것은 빵의 상징 아래에 있는 몸이라는 의미였다. 테르툴리아누스는 이렇게 말하였다. "그는 빵을 취하여 제자들에게 주시면서 '이것은 네 몸이다,' 즉 네 몸의 형상이라고 말씀하시므로 빵을 그의 몸이 되게 하셨다. 그러나 먼저 진정한 몸이 없다면 형상이 있을 수 없을 것이다."⁴⁹

7. 종말론

테르툴리아누스는 사후에 속죄의 고난을 받는다고 주장하였다. 테르툴리아누스는 죽은 사람들은 순교자들을 제외하고 주님의 날까지 하데스에 있다고 주장하였다. 거기서 그들은 형벌(supplicia)을 받는다고 주장하였다. 테르툴리아누스는 이렇게 말하였다. "모든 영혼은

---

48 *De Baptismo*, 18 "But they whose office it is, know that baptism is not rashly to be administered… And so, according to the circumstances and disposition, and even age, of each individual, the delay of baptism is preferable; principally, however, in the case of little children." 라틴어 본문은 다음과 같다. "Ceterum baptismum non temere credendum esse sciunt quorum officium est… itaque pro cuiusque personae condicione ac dispositione, etiam aetate, cunctatio baptismi utilior est, praecipue tamen circa parvulos."

49 *Adversus Marcionem*, 4.40. "Then, having taken the bread and given it to His disciples, He made it His own body, by saying, "This is my body," 1600 that is, the figure of my body. A figure, however, there could not have been, unless there were first a veritable body." 라틴어 본문은 다음과 같다. "acceptum panem et distributum discipulis corpus suum illum fecit, Hoc est corpus meum dicendo, id est figura corporis mei. Figura autem non fuisset nisi veritatis esset corpus."

하데스에 갇혀 있다… 더욱이 그들은 이미 형벌과 위로를 경험하고 있다. 거기에는 거지와 부자가 있다."⁵⁰ 테르툴리아누스는 죽은 사람들은 산 사람들의 중보 기도로 형벌의 경감을 받는다고 생각하였다. 그는 이렇게 말하였다. "참으로 그녀(살아 있는 아내)는 그(죽은 남편)의 영혼을 위해 기도하고 그를 위해 경감을 간구한다."⁵¹ 그러나 순교자들은 예외이다. 순교자들은 낙원에 있다. 테르툴리아누스는 이렇게 말하였다. "제단 아래서 요한에게 계시된 것처럼 순교자들의 영혼들 이외에는 어떤 영혼들도 낙원에 보이지 않는 것은 어떻게 된 것인가?"⁵² 또 테르툴리아누스는 이렇게 말하였다. "순교의 특권을 가진 사람 이외에는 아무도 육체를 떠날 때 즉시 주님과 함께 거하지 못한다."⁵³

테르툴리아누스는 천년왕국을 주장하였다. 그는 이렇게 말하였다. "우리는 지상에서 왕국이 우리에게 약속되어 있음을 고백한다… 그것

---

50 *De Anima*, 58. "All souls, therefore; are shut up within Hades … moreover, there are already experienced there punishments and consolations; and there you have a poor man and a rich." 라틴어 본문은 다음과 같다. "Omnis ergo anima penes inferos? … et supplicia iam illic et refrigeria: habes pauperem et diuitem."

51 *De Monogamia*, 10. "Indeed, she prays for his soul, and requests refreshment for him." 라틴어 본문은 다음과 같다. "Enimvero et pro anima eius orat et refrigerium."

52 *De Anima*, 55. "How is it, then, that the region of Paradise, which as revealed to John in the Spirit lay under the altar, displays no other souls as in it besides the souls of the martyrs?" 라틴어 본문은 다음과 같다. Et quomodo Iohanni in spiritu paradisi regio reuelata, quae subicitur altari, nullas alias animas apud se praeter martyrum ostendit?"

53 *De Resurrectione Carnis*, 43. "For no one, on becoming absent from the body, is at once a dweller in the presence of the Lord, except by the prerogative of martyrdom." 라틴어 본문은 다음과 같다. "nemo enim peregrinatus a corpore statim immoratur penes dominum nisi ex martyrii praerogativa."

은 부활이 있고 난 다음 하나님이 세우신 예루살렘 도성에서 천년 동안 있을 것이다."54

V. 결언

테르툴리아누스는 160년경에 태어나서 225년경에 세상을 떠났다. 그는 197년 이전에 기독교로 개종하였으나 207년경에 몬타누스파로 전향한 것 같다.

테르툴리아누스는 신앙을 강조하고 이성을 경시한 것으로 평가받아 왔다. 테르툴리아누스가 보기에는 기독교 신앙의 내용이 합리적이라면 이해하면 되지 굳이 믿을 필요가 없었다. 그런데 불합리해서 이해되지 않기 때문에 믿어야 한다는 것이었다. 그러나 기독교 신앙의 내용이 아닌 것에 대해서는 모든 것을 이성에 따라서 판단해야 한다는 것이었다.

테르툴리아누스는 삼위는 구별이 되지만 하나의 실체와 하나의 신분과 하나의 능력을 갖는다고 말한다. 성부, 성자, 성령 이 셋은 신분에 있어서가 아니라 정도에 있어서, 실체에 있어서가 아니라 형식에 있어서, 능력에 있어서가 아니라 국면에 있어서 다르지만, 한 실체, 한 신분, 한 능력에 속한다고 말하였다.

---

54 *Adversus Marcionem*, 3.24. "But we do confess that a kingdom is promised to us upon the earth ... inasmuch as it will be after the resurrection for a thousand years in the divinely built city of Jerusalem." 라틴어 본문은 다음과 같다. "Nam et confitemur in terra nobis regnum repromissum ... utpote post resurrectionem, in mille annos in civitate divini operis Hierusalem."

테르툴리아누스는 그리스도에 관해 우리는 한 인격 안에 두 신분이 혼합되는 것이 아니라 연합되어 있으며, 하나님이고 인간인 예수를 본다고 말하였다.

테르툴리아누스는 인간 영혼에 관해 영혼선재설과 영혼 윤회설을 거부하고 영혼 유전설을 주장하였다.

테르툴리아누스는 전통적 교회에 속하였을 때는 교회는 성령의 유일한 집이고 사도적 전통의 유일한 저장소이며 교회의 가르침은 감독들의 중단되지 않은 계승으로 보장된다고 말하였다. 그러나 전통적 교회에서 분리하였을 때는 두 사람이 있는 곳에 교회가 있으며, 그리스도가 교회라고 말하였다.

테르툴리아누스는 세례가 구원에 필수적이라고 보았으면 유아 세례에 대해서는 부정적이었다.

테르툴리아누스는 순교자를 제외하고는 사후에 속죄의 고난을 받는다고 보았다. 그리고 그는 천년 왕국을 주장하였다.

바울의 복음

염승철*

I. 들어가는 말

예수 시대로부터 바울이 선교 사역을 하고 있던 당시에 이르기까지, 세계를 지배하고 통치했던 세력은 로마 제국이었다. 이 로마 제국이 이른바 바울이 속한 첫 번째 세계인 동시에 보다 넓은 의미의 세계이다. 바울은 로마 제국의 식민지 도시(들)에서 로마 제국의 억압적이고 폭력적인 이데올로기에 반대하고, 그 대안으로 예수 그리스도의 복음을 전하고 실천하는 디아스포라 유대인 예수 운동 활동가였다. 바울이 유대인이라는 점은 그가 속한 두 번째 세계, 즉 제2 성전기 유대교(Second-Temple Judaism)를 가리킨다. 이 두 세계는 바울이 속한 세계인 동시에 바울과 그리스도인 공동체의 정치적, 사회적, 종교적 상황이

---

* 남녘교회 담임목사. 복음 총회신학교 신약학 교수. 『성서 제대로 다시 읽기』(마커스 보그 저, 동연) 역자이다.

기도 하다. 로마 제국이 바울의 사상, 특히 그가 전한 복음의 전경(foreground)이라면 유대교는 그 복음의 배경(background)이라 할 수 있다.

바울 사상의 중심 개념인 '복음'(euangelion), '믿음'(pistis), '의'(dikaiosyne), '평화'(eirene) 등은 로마의 정치 신학과 관련이 있는 정치적인 용어들이다.[1] 로마는 이러한 용어들을 제국의 통치와 식민지 지배를 정당화하기 위한 이데올로기적 선전 수단으로 이용하였다. 로마의 아우구스투스(Augustus) 황제는 그의 출현으로 인류에게 '평화'를 가져온 '구세주'(Savior)이며, 로마 제국의 복음은 신적인 황제의 탄생 또는 새로운 황제의 취임을 가리키는 말이다.[2] 하지만 바울의 복음은 로마에 의해 십자가에 처형된 그리스도이다. 바울은 로마 황제에게 사용된 용어, 특별히 로마 제국의 복음과 같은 용어—십자가에 처형된 그리스도의 복음—를 사용함으로써 제국의 통치 선전과 이데올로기를 완전히 뒤집어엎고 있다.

이처럼 로마 제국 또는 황제와 대척점에 선 바울의 복음은 바울의 공동체, 특히 갈라디아 공동체에 지대한 영향을 미치는 그의 대적자들이 전한 "다른 복음"(갈 1:6-7)과도 대립 관계에 놓이게 된다. 갈라디아서에서 바울은 "다른 복음"을 전하는 자들에 대한 저주의 말을 퍼부었으며(갈 1:8-9), 나아가 그들이 스스로 베어버리기를 바란다(갈 5:4)하고 격하게 말한다. 이러한 갈라디아 공동체의 갈등과 분열 위기 속에

---

1 Dieter Georgi, "God Turned Upside Down" in Richard A. Horsley ed., *Paul and Empire* (Harrisburg, Pennsylvania: Trinity Press International, 1997), 148-157, 특히 148-150.
2 존 도미니크 크로산, 『하나님과 제국』, 이종욱 옮김 (서울: 포이에마, 2010), 234-235.

서, 바울은 갈라디아의 그리스도인들에게 자신이 전했던 복음의 의미를 다시 상기시킨다.

　이 글은 세 가지 점에 초점을 맞추어 천착할 것이다. 첫째, 로마 제국의 복음 내용과 그 정치적 기능은 무엇인가? 둘째 갈라디아서에서 바울의 대적자들이 주장하는 '다른 복음'의 내용과 그것의 사회적 기능은 무엇인가? 그리고 최종적으로는, '로마 제국의 복음'과 '바울의 복음' 그리고 갈라디아서에 나타난 대적자들의 '다른 복음'과 바울의 '복음'이라는 두 가지 범주 혹은 두 개의 전선(two-front) 안에서 바울의 복음이 지니는 정치 사회학적 함의(含意)를 규명하고자 한다.

II. 로마 제국의 복음과 갈라디아서의 다른 복음

1. 로마 제국의 복음

　예수가 태어나기도 전에 그리고 실제로 똑같이 1세기에, 같은 지중해 세계 안에서 또 다른 인간이 이미 '하느님의 아들'(Son of God), '성육신한 하느님'(God Incarnate), '주님'(kyrios, Lord), '구세주'로 선포되었다. 예수와 관련된 거의 모든 신적인 호칭들(titles)이 실제로는 기원전 31년부터 기원후 14년까지 로마 제국을 통치했던 카이사르 아우구스투스와 이미 연관된 호칭들이었다.[3]

---

[3] 마커스 J. 보그 & 존 도미닉 크로산, 『첫 번째 바울의 복음』, 김준우 옮김 (고양: 한국기독교연구소, 2010), 127.

주요한 정복 전쟁의 승리로 지중해 세계의 유일한 강대국이 된 이후, 로마는 100여 년에 이르는 내전에 빠져들었고, 마침내 기원전 31년 9월 2일 옥타비아누스는 악티움 해전에서 안토니우스(Marcus Antonius)와 이집트의 여왕 클레오파트라(Cleopatra)의 연합군과의 전쟁을 승리로 장식한다. 이 승리로 인해 헬레니즘 문화는 종식되고 옥타비아누스의 패권 확립을 위한 기초가 형성되었다. 이로써 1세기 이르는 로마의 내란은 끝나고 이른바 원수정(元首政) 체제를 거쳐 제정의 시대가 열렸다. 내전을 승리로 끝낸 옥타비아누스는 자신의 사령관 막사를 성지(聖地)로 만들고, 그 성소 위에 매우 커다란 라틴어 대문자로 선언문을 새기도록 지시했다. 그 선언문의 내용은 대략 다음과 같다.

> 임페라토르 카이사르는, 신의 아들(DIVI F)로서, 이 지역의 공화정을 위해서 그가 싸웠던 전쟁에서 승리한 후, 그가 다시 다섯 번째로 집정관(consul)이 되고 일곱 번째로 정복자(imperator)가 되어 육지와 해상에서 평화를 확보한 이후, 적군에 대한 공격을 명령했던 막사를 마르스(Mars, 軍神)와 넵튠(Neptune, 海神)에게 봉헌하면서 해전의 장식품들로 장식했노라.[4]

내전을 승리로 끝낸 옥타비아누스는 "임페라토르 카이사르 신의 아들 아우구스투스"(Imperator Caesar divi filius Augustus)로 불렸고, 세상에 평화를 주고 새로운 황금시대를 열었다고 선전하였다. 보그-크로산은 "이 성소 낙성식 선언문은 로마 제국 신학의 기본 구조를 종교 → 전쟁 → 승리 → 평화로 간명하게 요약한다"[5]라고 주장한다.

---

[4] 앞의 책, 143에서 재인용.

기원후 14년경 아우구스투스에게 마지막으로 '임페라토르' 칭호를 부여하고 있는 앙카라의 신전 벽에는 "신적인 아우구스투스의 업적"(Res Gestae Divi Augusti)이라는 본문이 있다. 그 '업적'은 그리스어와 라틴어로 새겨져 있는데, 로마/아우구스투스의 제국 신학의 똑같은 구조가 여기서도 나타난다. 아우구스투스는 기원전 31년에 자신의 사령관 막사를 기념비로 처음 봉헌한 것에서부터 기원후 14년에 자신의 업적들에 마지막으로 선포한 것에 이르기까지, 한결같이 종교가 전쟁으로 이끌고, 전쟁이 승리로 이끌고, 승리가 평화로 이끈다는 로마 제국의 신학을 구현한 것이다. 그 한결같은 주문(呪文, Mantra)은 "육지와 바다에서의 승리를 통한 평화"였다. 요컨대 전쟁의 "승리를 통한 평화"(peace through victory)였다.6

로마 제국의 성립은 막강한 군사력에 의한 것이었지만, 로마 황제와 제국은 제국의 질서를 '평화롭고 안전하게' 유지하기 위해 제국적 통치의 정당성을 이데올로기 차원에서 선전해야만 했다. 황제와 제국의 선전은 당시 지중해 세계에서 사용 가능한 여러 담론과 매체를 통해서 이루어졌다. 이들 중 하나는 앞서 언급한 아우구스투스 시대에 편만했던 비문(inscription) 외에, 베르길리우스(Publius Vergilius Maro), 호라티우스(Quintus Horatius Flaccus), 오비디우스(Publius Ovidius Naso)와 같은 시인들의 문헌이다. 베르길리우스의 『아이네이스』(Aeneis)에서 베르길리우스는 로마의 운명을 천명(天命), 오래된 혈통, 예언자

---

5 앞의 책, 144.
6 앞의 책, 144-146 ; 존 도미닉 크로산, "로마제국의 신학," 『제국의 그림자 속에서』, 리처드 호슬리 엮음/정연복 옮김 (고양: 한국기독교연구소, 2014), 101-128, 112-113; 존 도미닉 크로산, 『하나님과 제국』, 44-46.

의 약속 그리고 거룩한 승리의 네 가지로 극적으로 표현했고, 이를 통해 그는 로마 제국과 황제의 정복 전쟁을 정당화시켰다. 호라티우스는 그의『서정시집』(Odes)에서 아우구스투스를 신적인 존재로 찬양했고, 오비디우스는「로마의 축제일」이란 시에서 아우구스투스를 로마 신화의 최고의 신 유피테르(Iupiter, Jupiter)의 화신으로, 더 나아가서 지상의 유피테르라고 찬양한다.7

다음으로 황제숭배(emperor cult)를 들 수 있는데, 이것은 신적인 능력과 황제를 결합해서 광활한 로마 제국을 통합하기 위한 종교적, 정치적 도구로 사용되었다. 제국의 가장 문명화된 지역에서 황제숭배는 이질적인 도시들과 지역들을 함께 묶을 수 있는 주요한 수단을 제공해주었고 사회적 질서를 만들어 내었다. 비록 제국의 가문과 관리들은 아우구스투스와 그 이후의 로마 황제들을 기리기 위해 제단, 신전 그리고 축제들을 확산시키는 역할을 담당했을지는 모르지만, 황제숭배는 기본적으로 전통적인 그리스 종교의 형식 속에서 그리고 그것을 토대로 이루어졌다.8 로마의 황제숭배가 기원후 1세기에서 3세기 동안 소아시아(Asia Minor)의 그리스 도시들에서 수행되었다는 것은 신전, 동전 그리고 비문 등을 통해 충분히 입증되고 있다.9 그뿐만 아니라 조각상,

---

7 존 도미닉 크로산, "로마 제국의 신학,"『제국의 그림자 속에서』, 32-39. 아우구스투스 황제의 업적과 로마제국을 찬양하는 이들 시인에 관한 자세한 내용은 Dieter Georgi, "Who is the True Prophet?" in Richard A. Horsley ed., *Paul and Empire* (Harrisburg, Pennsylvania: Trinity Press International, 1997), 36-46.

8 Richard A. Horsley, "The Gospel of Imperial Salvation : Introduction," in Richard A. Horsley ed., *Paul and Empire*, 10-24, 인용은 20.

9 S. R. F. Price, "Rituals and Power," in Richard A. Horsley ed., *Paul and Empire*, 47-71, 특히 종교 의식(rituals)의 제도화로서 황제숭배의 종교와 정치의 연관 성에 관해서는 49-52.

제단 그리고 구조물 등도 로마 황제의 신성과 제국의 통치 이데올로기를 선전하는 물질적 매체였다.10

　요컨대 로마 황제의 탄생과 황제가 새롭게 취임할 때를 가리키는 제국의 복음은 로마 황제가 정복 전쟁의 승리를 통해 이 세상에 평화를 가져다주었고, 혼돈과 무질서의 세상을 구한 구세주라는 것이다. 황제는 신의 아들이자 구세주이고, 또한 그 자신이 신적인 존재로 숭배를 받았다. 하지만 로마 제국의 평화의 복음은 제국의 식민지 지배체제를 정당화하고 제국의 질서 유지를 위한 정치적 선전 도구에 불과한 것이었는데, 이것이 바로 제국의 복음의 정치적 기능이다.

2. 갈라디아서의 다른 복음

　바울이 갈라디아 공동체를 떠난 이후, 갈라디아 공동체의 일부 교인들은 자신들을 부르신 이를 빨리 떠나 "다른 복음"을 따른다(갈 1:6). 이에 바울은 "놀라지 않을 수 없습니다"라고 말한다. 더 나아가 "다른 복음"을 전하는 어떤 사람들이 갈라디아 공동체를 교란하여 "그리스도의 복음을 왜곡시키려고 한다"(갈 1:7)라고 바울은 주장한다. 이러한 공동체의 내분과 분열의 위기라는 긴박한 상황을 고려하면, 갈라디아서에서 시종일관 감정적이고 논쟁적인 바울의 논조는 충분히 이해할 만하다.

---

10 존 도미닉 크로산, "로마 제국의 신학,"『제국의 그림자 속에서』, 105-106, 113-122; John Dominic Crossan and Jonathan L. Reed, *In Search of Paul: How Jesus' Apostle Opposed Rome's Empire with God's Kingdom* (Harper/San Francisco, 2004), 90-95.

바울의 대적자들이 주장하는 '다른 복음'의 내용은 도대체 무엇인가? 갈라디아서는 전체적으로 바울에 의해 이해된 대적자들의 주장과, 그에 대한 바울의 과격한 반응이 표출된 논쟁적인 서신이다. "그리스도의 복음 외에 다른 복음은 없다"라는 바울의 단호한 명제(갈 1:6-10)에서 '그리스도의 복음'과 대조되는 '다른 복음'에 대한 언급은 대적자들이 예수를 메시아로 믿는 '그리스도인'이었다는 것을 암시한다.[11] 그들은 자신들의 복음이 그리스도의 복음을 참되게 대변한 것이라고 주장했고, 바울의 복음을 또 하나의 필요조건이 결핍된 온전치 못한 것으로 보았던 것 같다. 이 지점에서 우리는 그리스도를 믿는 믿음 외에 그들이 제시한 또 하나의 조건은 무엇인가, 라는 질문을 하지 않을 수 없다.

바울이 과거 예루살렘 회의 당시에 "몰래 들어 온 거짓 형제들"(갈 2:4)로 명명한 사람들의 할례 강요를 비판하고 있는 점을 고려할 때, 현재 갈라디아 교회에서 영향력을 행사하고 있는 보수적인 유대 그리스도인들이 주장하는 이른바 '온전한 복음'의 필요조건은 할례임이 분명한 것 같다. 바울에 의하면, 그들은 갈라디아의 그리스도인들에게 온전한 구원을 얻고 하나님의 백성이 되기 위해서는 그리스도에 대한 믿음 외에 할례를 받고(6:12-13) 율법 전체를 준수하여야 한다(5:2-3)고 주장한 것처럼 보인다. 갈라디아서에서 할례는 바울이 가장 예민하게 반응하고 철저하게 반대하는 율법과 연관된 항목일 뿐만 아니라 율법의 대표로 고려하는 항목이라 할 수 있기 때문이다.

던(James D. G. Dunn)은, "거짓 형제들"이 실제로 이방 그리스도인들에게 준수하도록 '강요하려고' 했던 할례(갈 2:3-4), 베드로와 다른

---

11 홍인규, 『바울의 율법과 복음』(서울: 생명의말씀사, 1996), 106.

유대 그리스도인들이 식탁 교제가 계속 유지되기 위해서는 이방 그리스도인들이 준수해야 한다고 '강요했던' 음식법(갈 2:14), 이 두 가지가 "율법의 행위들"(ἔργα νόμου)에 포함되었던 구체적 내용이라고 한다.[12]

율법의 행위들을 할례와 음식 규정에만 초점을 맞추는 것이 너무 편협한 것으로 보일 수도 있다고 생각한 던은 이 등식 안에 존재하는 제3의 요소인 '유대인처럼 사는 것'(judaising)을 연결한다. 바울의 시각에서 볼 때 베드로를 위시한 유대 그리스도인들의 행동은 사실상 이방 그리스도인들도 '음식 규정을 준수해야 한다' = 'judaize' = "율법의 행위들"을 행해야 한다고 주장하는 셈이었다고 던은 말한다. 다시 말해 율법의 행위들은 그저 그들의 언약 백성이라는 자격 때문에 언약 구성원들이 마땅히 행해야 하는 것들을 기술하는 방식에만 그치지 않았으며(언약적 율법주의, Covenantal nomism). 더 나아가 다른 민족과 구별되는 삶의 방식을 가리키는 말이기도 했다. '유대인처럼 사는 것'은 율법에 따라 사는 것이며, 율법이 의무로서 부과하는 율법의 행위들을 행하는 것이다.[13]

율법의 행위들은 하나님께서 이스라엘을 그의 선민(選民)으로 택하시면서 이스라엘과 맺은 계약에서 이스라엘의 몫, 즉 하나님의 은혜에 대한 이스라엘의 응답이었고, 하나님이 자기 백성에게 요구한 순종이었으며, 이스라엘이 하나님의 백성으로 살아가야 할 길이었다. 하지만 이렇게 이해된 율법은 결국 이스라엘의 특권의식을 강화하게 되었고, 이 백성이 하나님께 구별되었다는 우월의 표지가 되었다. 다시 말해

---

12 제임스 던, 『바울에 관한 새 관점』, 최현만 옮김 (평택: 에클레시아북스, 2013), 22-23.
13 앞의 책, 37-38.

던은 은혜의 계약인 율법과 율법의 행위들이 가지고 있는 긍정적 의미 (언약적 율법주의)가 유대인의 우월적 지위와 배타적 특권을 보호하는 부정적인 의미로 변질되었다고 말한다.14

서중석에 의하면, 갈라디아서에서 유대 그리스도인들은 갈라디아서를 쓰기 이전에 있었던 '예루살렘 회의' 당시에 "거짓 형제들"로 명명된 사람들과 그 사상이 유사한 사람들이었을 것이라고 한다. 그들은 예루살렘 회의에 "몰래 침투해 들어왔다"(갈 2:4). "바울이 과거의 그 '거짓 형제들'을 비판하는 것은 현재 그들과 유사한 생각을 가지고 갈라디아 공동체에 들어와 영향을 끼치고 있는 유대 그리스도인들의 활동을 견제하고 그들을 이상적인 모델로 간주하려는 갈라디아 교인들의 근거를 거부함으로써 그들과 갈라디아 교인들의 연결을 차단하기 위한 것이었다"라고 서중석은 주장한다.15

서중석은 던이 율법의 행위들의 내용을 율법의 특정한 부분, 즉 제의적 행위들로 축소했고, 이는 유대인들을 이방인들과 특징적으로 구분 짓게 하는 행위들로 규정짓고 싶은 던의 희망 때문이라고 비판한다. 서중석은 "던의 희망은 '율법의 행위들'을 율법 중 제의적 행위만이 아니라 율법 전체의 행위로 확대시켜도 여전히 지속될 수 있다"라고 주장한다.16 서중석에 의하면, 바울에게 있어서 '율법'과 '율법의 행위들'은 상호 교환이 가능한 용어들이고, 바울이 특별히 율법의 '행위들'을 강조한 것은 율법을 여러 측면 중 하나의 측면으로 보기 위함이며,

---

14 제임스 D. G. 던, 『바울신학』, 박문재 옮김 (고양: 크리스챤 다이제스트, 2003), 491-492.
15 서중석, 『바울서신해석』 (서울: 대한기독교서회, 1998), 155.
16 앞의 책, 157.

"따라서 바울은 율법의 근본적인 특성을 드러내기 위하여 '율법의 행위들'을 선택했다"라고 주장한다. 즉 "바울에게 있어서 율법의 특성은 '율법의 행위들'로 요약되고 있다"라고 한다.[17] 게다가 구원의 조건으로서의 율법 행위를 거부한 종파인 '언약적 율법주의파', 즉 바리새파 유대교와 율법 행위가 구원의 조건이 된다고 주장하는 종파인 이른바 '율법 행위 구원파'를 구분하고, 후자와 또는 이들의 사상에 동조한 '예루살렘 사도들' 또는 '유대 그리스도인들'을 바울은 반대하고 있다고 지적한다.[18] 하지만 서중석은 '율법 행위 구원파'의 정체성, 인적 구성, 형태, 다른 종파들과의 관련성 등에 관한 세부적인 설명은 제시하지 못하고 있다.

바울에 의해 이해된 대적자들의 '다른 복음'은 예수 그리스도에 대한 믿음 이외에 구원의 필수 조건으로 할례를 포함하는 '율법의 행위들'을 요구한 것은 분명한 것 같다. 던(Dunn)이 주장하는 바대로, '율법의 행위들', 즉 율법은 유대인과 이방인을 구분 짓는 경계 표지의 종교적 기능뿐만 아니라, 이방인을 차별하고 배제하는 장벽으로서의 사회적 기능을 포함한다. 이 점에서 "율법의 행위들은 유대인들로 하여금 이방인들에 대해 우월감이나 특권의식을 갖게 하는 방편이 되었다"[19]는 서중석의 주장은 설득력을 얻게 된다. 하지만 율법의 행위들을 정치적 기능으로까지 확장한다면, 바울의 대적자들이 바울의 복음을 비판하고 '다른 복음'을 선전한 목적은 그들의 신분적 특권을 유지하는 동시에, 이를 통해 그들 중심의 위계질서 안에 이방 그리스도인들을 예속시키

---

17 앞의 책, 158.
18 앞의 책, 159-160, 171.
19 서중석, 『바울서신해석』, 160.

고 통제하려는 정치적인 의도가 숨어 있다고 할 수 있겠다.

III. 바울의 복음

1. 그리스도의 십자가와 예수 죽음의 정치적 의미

바울의 복음에서 가장 두드러진 반(反)제국적인 측면은 로마 제국에 의해 십자가에 죽임을 당한 그리스도에 대한 그것의 집중이었다.[20] 나사렛 예수가 로마에 대항한 정치범으로 그 위에서 고문받고 처형된 십자가는 신약성서의 핵심일 뿐만 아니라 바울의 복음 선포에서도 중심에 위치한다.[21] 그렇다면 바울 복음의 알짬인 그리스도의 십자가는 무슨 의미인가?

보그-크로산은 바울과 그의 청중들의 1세기 상황에서 '십자가에 달리신 그리스도'는 제국에 반대하는 의미를 지니고 있었다고 주장한다. 바울이 자신의 복음을 요약한 말은 '예수가 죽었다'도 아니며, '예수가 살해당했다'가 아니라, "십자가에 달리신 그리스도"였다. 즉 예수는 단지 죽은 것도 살해당한 것도 아니라, 십자가에 처형당한 그리스도이다. 이것은 예수가 로마 제국에 의해 처형되었다는 것을 뜻했다.[22] 보그-

---

20 Richard A. Horsley, "Paul's Counter-Imperial Gospel: Introduction," in Richard A. Horsley ed., *Paul and Empire*, 140-147, 인용은 141.

21 Neil Elliot, *Liberating Paul: The Justice of God and Politics of the Apostle* (Minneapolis: Fortress Press, 1994), 227.

22 마커스 J. 보그 & 존 도미닉 크로산, 『바울의 첫 번째 복음』, 177-178.

크로산은, 예수가 로마에 의해 처형되었다는 사실은 그 세계 통치자들의 성격을 폭로한다고 한다. 즉 그들은 "영광의 주님을 십자가에" 못 박았기에(고전 2:8), 예수를 살해한 지배체제의 폭력성을 적나라하게 드러낸다. 하지만 하나님께서 죽임당한 예수를 살리셨다. 즉 하나님은 예수의 정당성을 확증하셨다. 이는 예수가 주님이지, 예수를 처형한 권력이 결코 주님이 아니라는 것을 뜻했다. 요컨대 '십자가에 달리신 그리스도'는 로마 제국의 지배 이데올로기에 대항하는 선언으로, 세상의 주님은 카이사르가 아니라 예수라는 것이다.[23]

보그-크로산은 역사적 바울을 추구하는 동시에 로마 제국이라는 역사적 전경 속에서 바울의 메시지를 해석하려고 천착하였지만, 십자가의 의미에 대한 두 번째 논의에서 십자가를 '참여하는 속죄'와 연관 지어 그리스도인의 내적 죽음과 부활의 의미를 강조한다. 다시 말해 예수의 십자가 처형에 대한 정치적인 해석을 하는 동시에, 그 의미를 비정치적이고 개인주의적으로 해석하는, 일관적이지 못한 논리적 모순을 보여주고 있다. 그들은 다음과 같이 말한다.

> 바울에게는, 십자가에 달리셨다가 부활하신 그리스도는 "그리스도 안에서"의 새로운 삶의 길을 계시하셨다. 여기서 그것은 개인적인 변화의 길에 대한 은유로서 작용한다. 즉 그것은 내적인 죽음과 부활, 곧 옛 정체성과 생활방식에 대해서 죽고, 새로운 정체성과 생활방식으로 부활하는 변화의 길을 뜻한다. 이런 이해는 참여를 통한 하나 됨(at·one·ment through participation)을 강조한다. 즉 우리는 예수의 죽음과 부활에 참여하여, 그

---

23 앞의 책, 179.

리스도와 함께 죽고 부활함으로써, 그리스도 안에서의 새로운 삶으로 들어가는 것이다. … 참여하는 속죄는 우리가 그리스도와 함께 죽고 부활해야만 한다는 뜻이다. 그것은 철저한 내면적인 변화의 과정을 가리키는 은유적인 언어이다.[24]

… 바울의 "십자가 처형"은 은유적인 표현이다. 즉 예수는 문자적으로 십자가에 처형되었지만, 바울은 그렇지 않았다. 그 은유적인 의미, 즉 그 문자적인 의미 이상의 의미는 분명하다. 즉 바울은 십자가 처형, 내적인 죽음을 경험했다는 뜻이다. 예전의 바울은 죽었으며, 새로운 바울이 태어났다. 그래서 그는 "이제 살고 있는 것은 내가 아닙니다. 그리스도께서 내 안에서 살고 계십니다"라고 말할 수 있었다.[25]

바울이 바라본 그리스도의 십자가에서 정치적 의미를 배제하고 그것을 개인의 신비주의적 경험으로 보는 관점에 반대해서, 로마 제국의 세계에서 십자가가 지니는 정치적 중요성을 철저하게 밝힌 대표적 학자는 엘리엇(Neil Elliot)이다. 그는 예수의 십자가 처형은 신약성서에 기록된 가장 명백한 정치적 사건 중 하나라고 주장한다. 예수의 십자가 처형을 '우리를 위한' 죽음으로 본 초기의 신학적 해석 너머, 십자가 처형을 종종 기괴한 감상주의로 덧씌운 수 세기 동안의 전통적 신앙 너머, "가장 비종교적이고 끔찍한 복음의 특징"[26]이 있는데, 그것은 제국적 테러의 도구로서의 십자가라는 야만적인 사건이다. 엘리엇은,

---

24 앞의 책, 185-186.
25 앞의 책, 186.
26 J. 크리스찬 베커, 『사도 바울』, 장 상 옮김 (서울: 한국신학연구소, 1991), 270.

"바울이 그의 신학화 작업에서 정치적으로 만들어진 십자가의 공포를 누그러뜨리거나 감추었다면, 우리는 바울 자신이 그의 '십자가의 말씀'을 그 죽음을 가져온 바로 그 정권의 관심사에 맞추면서, 예수의 죽음을 신비화했다고 결론 내릴 수밖에 없지만"[27], 바울은 십자가를 신비화하지도 않았고, 또한 예수 죽음의 정치적 특성을 덮어 감추지도 않았다고 주장한다.[28]

로마 세계에서 실행된 십자가 처형에 관한 마틴 헹엘(Martin Hengel)의 책[29]은 십자가의 정치적 중요성을 드러낸 또 하나의 탁월한 연구이다. 극악한 범죄에 대한 사형 제도의 수단으로서 십자가 처형은 "로마 최고의 형벌"이지만, 그것은 "거의 항상 하층 계급에만 가해졌다; 상층 계급에 가해진 최고의 형벌은 더 '인도적인 형벌'(참수형과 같은)을 기대할 수 있었을 것이다." 십자가 처형은 "노예들에 대한 전형적인 형벌"이었으며, "무엇보다도 분쟁을 진압하기 위하여" 실행되었는데, 이런 것을 가장 잘 보여주는 예는 기원전 71년 스파르타쿠스(Spartacus) 노예 반란 때 그 추종자 6천 명을 십자가에 처형한 것이다.[30]

헹엘이 십자가 처형에 관한 요점을 요약한 것처럼, 십자가 형벌을 사용한 주된 이유는 억제 수단으로서 최고의 효율성 때문이었다. 로마에 의해 십자가형에 처한 집단들은 무엇보다도 국가의 법과 질서를 보호하기 위해서 모든 가능한 수단을 동원해서라도 그들의 발전을 억제해야만 했던 집단들이었다[31]

---

27 Neil Elliot, *Liberating Paul*, 93.
28 앞의 책, 105-114.
29 마르틴 헹엘,『십자가 처형』, 이영욱 옮김, (서울:감은사, 2019).
30 앞의 책, 75-85, 109-131.

서중석은 바울이 고린도전서 15장 3-4절에서 자신이 전한 복음의 내용에서 예수 처형의 사회적, 정치적 이유에 대해서는 침묵하고, 예수 죽음의 종교적 이유에 대해서만 언급한다고 주장한다.

> … 우선, 고린도전서 15장 3-4절에서 바울은 예수 죽음의 이유를 "우리 죄를 위하여"로 천명한다. 물론 여기서 "우리 죄를 위하여"는 역사적 사건이 아니라 예수의 죽음의 의미에 대한 바울의 해석이다. … 바울은 여기서 예수의 죽음만을 언급했을 뿐, 그를 죽지 않을 수 없게 한 사회적·정치적 요인은 철저히 누락시켰다.[32]

물론 바울의 서신들은 예수의 말씀 혹은 행위를 열거하는 데 거의 관심을 보이지 않는다.[33] 그는 또한 예수 그리스도를 십자가에 이끌었던 역사적 과정을 다시 되풀이하지 않는다. 하지만 그것이 바울이 예수의 죽음에 대한 역사적 이유를 모르고 있었다거나 또는 무관심했다는 것을 의미하지는 않는다고 엘리엇은 주장한다.[34] 이 점에서 바울과 복음서를 비교하는 것은 오해를 유발할 수 있다. 반로마 유대 독립전쟁 이후의 상황에서 복음서 저자들은 예수를 극적인 메시아로 제공할 필

---

31 Neil Elliot, *Liberating Paul*, 96.
32 서중석, 『바울서신해석』, 22.
33 바울 서신들은 이미 세워져 있던 공동체들에 쓴 것이기에, 우리는 그 편지들이 바울이 처음 선포한 것과 "가르친 것"의 내용이나 그가 전해 받은 "전승" 또는 예수의 전승에 대해 그가 알고 있는 모든 것을 재현하고 있다는 추측을 해서는 안 된다. 오히려 바울은 그리스도인들이 기억하고 고수하기를 기대한 "가르침"에 대해 자주 언급한다(롬 16:17; 롬 6:17; 살전 2:13). Neil Elliot, *Liberating Paul*, 109, 각주 84.
34 앞의 책, 109.

요가 있었지만, 바울은 그럴 필요가 없었기에 예수의 말과 행동을 설명하는데 그들보다 덜 관심을 가졌을지도 모른다. 오히려 바울은 그리스도인 공동체가 미래에 오실 메시아를 대망하도록 지속적인 관심을 가졌다(롬 8:18-25; 고전 15:35-58; 살전 5:1-11). 복음서와는 대조적으로 바울은 예수가 "순종했다"는 것, 이 순종이 그의 죽음의 원인이었다는 것 이상으로 예수에 관해서 말하지 않지만, 그 죽음이 십자가 처형에 의한 것이었음을 분명히 한다(빌 2:6-8). 하나님과 동등한 한 사람의 순종(빌 2:6)은 단순히 사람이 되는 데서가 아니라, 종으로서 인간 속에서 특수한 위치를 차지하는 데에 있다(빌 2:7). 단지 죽어야 할 운명을 받아들이는 것이 아니라, 로마의 지배하에서 반란을 도모한 노예들에게 행해지던 사형 집행의 형태인 십자가 처형, 즉 가장 수치스러운 죽음을 받아들일 만큼 그렇게 낮추는 데서 나타난다(빌 2:8). 수치스럽고 무시무시할 뿐만 아니라 암시적으로도 불가피하게 정치적인 의미를 지니는 예수의 죽음을 바울이 이처럼 강조한 것은 바울이 예수의 죽음을 모호하게 하거나 신비화하려고 노력했다는 견해와는 날카로운 긴장 관계를 유지한다. 바울에게 예수 그리스도의 십자가는 예수를 죽인 세력의 역사적인 서명이고, 동시에 그의 말을 듣고 있는 사람들의 관점에서 볼 때, 뚜렷한 서명이었다.35

바울 시대의 다른 저자들과 달리, 바울은 유대 지역에서 빌라도의 만행을 일일이 상세하게 언급하지 않지만, 빌라도의 개인 성품을 '이 세상의 통치자들'이라는 묵시적 범주 안에 포함하였다. 하지만 이것이 십자가 처형이 갖는 정치적 힘을 바울이 완화하였음을 의미하는 것은

---

35 앞의 책, 110.

아니라고 엘리엇은 지적한다36. 바울과 가까운 동시대에 살았던 유대인인 알렉산드리아의 필로(Philo)와 요세푸스(Flavius Josephus)는 로마 체제의 합법성을 논박하지 않았지만37, 바울은 전혀 그러한 제한을 보이지 않는다. 그에게 예수의 십자가 처형은 묵시적 사건이다. 그것은 '이 세상의 통치자', 실제로 '모든 통치와 권위 그리고 권력'—총독, 왕, 황제뿐 아니라 그들의 배후에 있는 초자연적 '권력'—을 하나님에 대해서 적대적일 수밖에 없는 것으로 그리고 '종말'에 메시아에 의해 멸망당할 운명인 것으로 드러낸다. 요컨대 바울에게 예수의 십자가 처형은 이 세상의 권력을 폭로하고 전복시키기 위한 하나님의 계획의 핵심이다.38

이런 점에서 "바울의 사고방식의 근저에는 유대 묵시 사상이 있고, 예수의 죽음에 대한 바울의 해석은 묵시 사상적이다"39라고 말한 베커

---

36 앞의 책, 112.

37 Neil Elliot, "The Anti-Imperial Message of the Cross," in Richard A. Horsley ed., *Paul and Empire* (Harrisburg, Pennsylvania: Trinity Press International, 1997), 167-183, 174-175.

38 Neil Elliot, *Liberating Paul*, 113.

39 베커에 의하면, 바울은 유대 묵시 사상을 강화할 뿐만 아니라 그것을 변형시킨다고 한다. 묵시 사상가처럼 바울은 하나님의 분노와 심판을 우주적-묵시적 사건으로 본다. 그러나 바울은 묵시 사상적 시간표들(Timetable), 하늘의 구조에 대한 묘사들 혹은 악마들과 천사들에 대한 설명들을 사용하지 않으며, 또한 축복받은 자들의 보상과 악한 자들의 고통을 기뻐하지도 않는다고 한다. 베커는 바울이 하나님의 분노뿐 아니라 죄와 죽음의 세력들("마지막 적")을 급진화함으로써 유대 묵시 사상을 변형시킨다고 주장한다. 바울에게서 유대 묵시 사상적 세력들은 현세에서 인간의 어떤 상황들을 결정하는 존재론적 세력들(육체와 죄와 율법, 롬 6-7장)이며, 그리스도의 죽음은 묵시적 세력들의 패배를 의미한다고 한다. J. 크리스찬 베커, 『사도 바울』, 247-254. 하지만 바울 사상의 유대 묵시 사상적 배경을 지적하는 베커의 주장에 동의하는 엘리엇의 의하면, 바울은 죄, 죽음 또는 율법의 실존적 권력들이 패배했다고 결코 선언하지 않는다고 한다. 오히려 바울은 죽음이라는 우주적 권력이, 그것이 더 이상 그리스도인들을 지배하지는 못하지만, 정복되

의 주장은 타당하다고 할 수 있겠다. 호슬리도 부활을 통해 십자가에 처형된 예수에 대한 변호에 관한 바울의 묘사가 유대 묵시 사상에 그 뿌리를 두고 있고, 제국의 통치자에 의해 처형된 한 인물, 즉 예수에 관한 바울의 복음도 역시 그렇다고 주장 한다.[40] 게다가 유대 묵시 문학은 유대 문학 중에서 가장 신랄하게 반제국적이라고 한다. 실제로 유대 묵시 문학적 저서의 전체적인 목적과 기능은 전통적인 유대인의 생활방식을 고수하고, 지배적인 제국의 정치와 문화에 순응하라는 공개적이고 비공개적인 압력에 저항하는 유대 서기관 집단들과 다른 사람들을 지지하는 것이었다. 대부분의 유대 묵시 문학의 본질적인 메시지는 제국의 지배로부터의 해방 또는 구원에 집중된다.[41]

호슬리에 의하면, 바울의 서신들은 유대 묵시 문학처럼 하나님이 제국을 정복하고 그 백성을 구원하는 방향으로의 똑같은 기본적인 역사적-종말론적 지향(orientation)을 지니고 있지만, 두 가지 측면에서 중요한 차이를 보여주고 있다고 한다. 첫째, 유대 묵시는 하나님의 개입

지 않은 채로 남아 있음을 분명히 밝힌다(고전 15:26)고 주장한다. 그는 또한 바울이 한층 더 "전통적으로 묵시적인" 언어를 사용하는 때에도, 권력들이 정복되지 않은 채로 남아 있다고 분명하게 주장한다(고전 15:24)고 말한다. Neil Elliot, Liberating Paul, 114-115.

40 Richard A. Horsley, "Rhetoric and Empire—and 1 Corinthians," in Richard A. Horsley ed., *Paul and Politics: Ekklesia, Israel, Imperium, Interpretation, Essays in Honor of Krister Stendahl* (Harrisburg, Pennsylvania: Trinity Press International, 2000), 72-102, 인용은 93.

41 앞의 책, 93-95. 호슬리는 그 기본적 메시지(종종 묵시적 종말론이라고 부르는 것의 핵심)는 두 가지 또는 세 가지 상호 관련된 미래의 사건에 초점을 두고 있다고 한다. 하나님의 최종 개입에서 1) 억압적인 통치자들은 심판받거나 혹은 파멸되고, 2) 하나님의 백성은 구원되고/되거나 회복되고, 3) 전통적인 생활방식을 고수하고 억압에 저항하다 순교한 사람들은 그 백성의 최종적으로 회복된 삶에 합류하기 위하여 변론 받고/받거나 살아나게 될 것이다. 앞의 책, 95-96.

을 간절히 기다리는 반면, 바울은 하나님이 그리스도의 십자가와 부활에서 이미 결정적인 개입을 시작했다고 선언한다. 둘째, 아마도 그 자신의 계시적인 체험(Apokalypsis, 갈 1:15-16) 속에서, 바울은 제국의 예수 처형과 그에 대한 하나님의 변호 속에서 시작된 하나님의 최종적 구원은 이스라엘의 자손들뿐 아니라 세상의 모든 민족을 포함한다는 것을 확신하게 되었다.[42]

이처럼 바울에게 있어서 예수의 죽음과 그리스도의 십자가는 개인의 내적이고 실존적인 은유, 신비주의적 또는 영지주의적이기보다는, 오히려 다른 어떤 세계에서 발생한 것이 아닌, 로마 제국이 세상을 통치하고 있던 역사적 현장의 한복판에서 벌어진 철저히 억압적인 정치적-역사적인 사건이다. 바울은 그리스도의 십자가를 유대에 국한하지 않고, 그것을 국제화했고[43], 나아가서 우주적인 역사적 사건으로 확장하여 해석한다. 바울은 유대 지역에서 멀리 떨어진 로마 제국의 식민지인 고린도에서도 유대 지역에서 일어난 예수의 죽음과 십자가를 기억해야 한다고 주장한다. 왜냐면 예수의 십자가 처형과 죽음을 통해 하나님은 하나님께 적대적인 권력의 임박한 종말을 보여주었고 "이 세상의 계획"은 끝이 나기 시작했기 때문이다(고전 7:31). 로마 제국은 실제로 예수를 처형했지만, 예수의 십자가 처형은 마침내 로마 제국에 대한 저항과 투쟁의 상징이 되었으며, 예수를 그리스도로 믿고 따르는 예수 운동 공동체들의 대안 사회(alternative society)를 향한 열망에 영감을 불어넣어 주었다.[44]

---

[42] 앞의 책, 97.
[43] Neil Elliot, *Liberating Paul*, 113.

2. 바울의 복음의 정치학

1) 평화의 주 예수 그리스도: 제국에 반대하는 복음

바울의 복음에서 가장 현저한 반제국적인 형태는 폭력적인 로마에 의해서 십자가에 처형당한 예수 그리스도이다. 바울의 복음은 십자가에 못 박히고 부활한 나사렛 예수가 이스라엘의 메시아일 뿐 아니라 세상의 주라는 선포이다. 바울은 그의 순수 서신들에서, 예수에 대해 항상 두 가지 표현을 사용하는데, "주"(the Lord)와 "우리 주"(our Lord) 이다. 로마서에서 예수는 "주"(1:7; 13:14)와 "우리 주"(5:1, 11)로 언급되고, 고린도전서에서 "우리 주"(1:2)와 "주"(1:3)로 언급되며, 고린도후서에서도 "주"(1:2)와 "우리 주"(1:3)로 언급된다. 데살로니가 또한 예수를 "주"(1:1)와 "우리 주"(1:3; 5:9, 23, 28)로 묘사하고 있다.[45]

이처럼 바울이 "주"와 "우리 주"를 번갈아 가면서 사용한 이유는 카이사르, 즉 로마 황제가 '유일한 주'(the Lord)가 아니라, 우리 주 예수 그리스도가 "유일한 주"라는 것을 폭로하기 위함이라고 보그-크로산은 주장한다. 로마 제국에서 다른 사람을 '주' 또는 '우리 주'라고 부르는 것은 전혀 문제가 되지 않았고, 그런 호칭 사용은 매우 일상적이었으며, 죄가 없는 것으로 받아들여졌다. 하지만 황제는 '유일한 주'이기에 "우리 주" 예수 그리스도를 "유일한 주"라고 주장하는 것은 로마 제국에 대한 반역행위이자 제국을 모욕하는 것이었다.[46] 실제로, 예수를 kyr-

---

44 리처드 호슬리, 『예수와 제국』, 220.
45 마커스 J. 보그 & 존 도미닉 크로산, 『바울의 첫 번째 복음』, 148.

ios(Lord, 주), '하나님의 제국의 주'로 표현한 바울의 선포는 로마의 정치적 개념들에 상당히 의존한 것이고, '카이사르의 칙령'을 명백한 방식으로 위반하는 것으로 쉽게 이해될 수 있었다.[47]

수 세대 동안 예수의 메시아 됨(messiahship)은 바울의 사상에서 거의 또는 전혀 어떠한 역할도 하지 않는다는 것이 상당수 학자의 주장이었지만, 라이트(N. T. Wright)는 이사야 11장 10절을 인용한 로마서 15장 12절을 근거로, 바울 복음의 핵심에는 예수의 다윗적 메시아 됨이 있다고 강조한다.[48] 바울은 그리스도가 육신으로는 다윗의 후손으로 태어났고 성령으로는 죽은 사람들 가운데서 부활하심으로 나타내신 권능으로 하나님의 아들로 확정되신 분이라고 분명하게 말한다(롬 1:3-4). 유대인에게는 추문이 되고 이방인에게는 어리석을지라도, 부활한 나사렛 예수가 이스라엘의 메시아이고 세상의 유일한 주라는 바울 복음의 핵심은, 바울의 관점에서 볼 때, 성서 예언의 성취이자 카이사르의 제국적 복음을 전복시키는 왕적인 선언인 것이다. 바울이 kyrios라는 용어를 사용해서 예수의 '주됨'을 말할 때 70인 역의 야훼(YHWH)라는 네 글자를 마음에 두고 있었다는 것은 상당히 분명해 보인다. 야훼에게 돌려진 것이 이제 모두 예수에게 돌려진다. 이사야의 의도적인 인용을 통해, 바울은 창조주와 계약의 하나님만의 특권, 즉 야훼께서

---

46 앞의 책, 148-150.

47 Neil Elliot, "Paul and the Politics of Empire: Problems and Prospects," in Richard A. Horsley ed., *Paul and Politics: Ekklesia, Israel, Imperium, Interpretation, Essays in Honor of Krister Stendahl*, 17-39, 인용은 25.

48 N. T. Wright, "Paul's Gospel and Caesar's Empire," in Richard A. Horsley ed., *Paul and Politics: Ekklesia, Israel, Imperium, Interpretation, Essays in Honor of Krister Stendahl*, 160-183, 인용은 166-167.

유일하다고 주장하는 것이 이제 예수와 공유된다고 바울은 선언한다. 즉 "모두가 예수의 이름 앞에 무릎을 꿇게 하셨다"(빌 2:10)라고 바울은 말한다.[49] 예수가 메시아라면, 그는 또한 주이다. 라이트에 의하면 '주'라는 칭호의 적절한 맥락은 한편으로는 그것의 유대적 뿌리이고, 다른 한편으로는 그것의 이교도에 대한 도전이라고 한다. 로마 황제의 '주됨'에 대한 바울의 도전은 정치적일 뿐 아니라 종교적이었다. 황제는 세속적인 복종뿐 아니라 숭배도 요구하였다: 세금뿐 아니라 희생 제사도 요구하였다. 국가의 종(servant)이 됨으로써 황제는 온 세상에 정의와 평화를 주었고, 따라서 '주'와 '구원자'로 칭송되었다. 바울이 예수를 '구세주'와 '주'라고 선포하였던 곳은 바로 이 로마 세계였다.[50]

카이사르가 '주'가 아니라 예수가 '주'라는 예수와 카이사르의 대조는 무엇을 의미하는가? 라이트는 그 대조를 "다른 충성에의 도전"이라고 한다. 예수가 실재(reality)이고, 카이사르는 모방(parody)에 불과하다는 것이다. 동시에 진정한 주의 진정한 제국으로서 그리스도인 공동체의 정당화이기도 하다. 다시 말해, 그것은 예수와 로마 황제, 그리스도인 공동체와 로마 제국의 대립 관계를 의미하는 반제국적인 암호이다. 라이트는 빌립보서 3장을 제국에 대항하는 바울의 암호화된 도전이라고 주장한다.

> 3장 20절의 함축적 의미는 예수가 주이지, 카이사르는 주가 아니며, 빌립보가 그 식민지 주둔기지(a colonial outpost)인 카이사르의 제국은 모방에

---

49 앞의 책, 167-169.
50 앞의 책, 168.

불과하고 예수의 왕국이 실재이다. … 빌립보서에서 바울은 유대주의와 이교주의, 특별히 황제숭배를 동시에 마음속에 두고 있고, 이교주의에 대한 경고의 암호로서 유대주의에 대한 경고를 이용하고 있다. 바울의 주된 관심은 빌립보 공동체에 유대주의 또는 반바울적(anti-Pauline) 유대 그리스도인 선교에 반대하도록 경고하는 것이 아니라, 빌립보 공동체에 황제숭배와 이교도 제국의 갑옷과 투구에 대해 반대하도록 경고하고 있는 것이다. … 빌립보 공동체에 경고하고, 또한 그들에게 예수의 대안 제국(counter empire)에 굳건한 입장을 권고하는 바울의 방법은 대부분 암호로 주어지고 있다. … 3장 2-16에서 빌립보서의 수신자들은 카이사르에 대한 불충(disloyalty)을 권고받고 있다. 이것은 암호화된 전복적 전략의 메시지이고, 3장의 요점이다.[51]

여기서 바울은 빌립보의 크리스천들에게 죽음과 부활을 통해 메시아가 된 예수를 유일한 '구세주', '주'로 믿고, 따라서 카이사르 혹은 로마 제국의 이데올로기적 주장들을 부인할 수 있는 용기와 확신을 가지도록 권고한다. 메시아 예수의 죽음과 부활은 새로운 메시아 시대를 개시했고, 거기서 예수의 고난, 죽음과 부활의 메시아적 사건은 이제 하나님의 의로운 백성의 결정적인 특징이 된다.[52]

폭력적인 정복 전쟁의 승리를 통해 이룩한 로마의 평화도 예수 그리스도의 평화와 대립 관계에 놓인다. 로마 제국의 평화 이데올로기는 오랫동안 로마 제국의 실행과 선전의 힘이 되어 왔고, 그것은 아우구스

---

51 앞의 책, 173-175.
52 앞의 책, 180.

투스가 정복 전쟁의 승리를 통해 세계에 놀라운 평화를 가져다주었다는 것이다. 로마 제국의 평화 선전은 네로 황제 당시, 곧 바울의 선교 활동 시대에 극에 달했다. 로마 황제를 '주'로 부르는 것이 승리를 통한 로마의 평화 프로그램이었다면, 그 대신에 예수를 '주'로 부르는 그리스도의 평화의 내용은 무엇이며, 그 의도는 무엇인가?

바울은 데살로니가 교인들에게 "사람들이 '평안하다, 안전하다'(eirene kai asphaleia=pax et securitas) 하고 말할 그때에 갑자기 멸망이 그들에게 닥칠 것이니, 그것을 피하지 못할 것이다"(살전 5:3)라고 말한다. '평안하다, 안전하다'라는 구호는 바울이 만들어 낸 것 같지는 않다. 왜냐면 첫 번째 용어인 eirene의 경우, 바울은 잘못된 환상을 설명하기 위해 이 단어를 사용한 적이 없고, 두 번째 용어인 asphaleia도 바울의 서신 전체에 다시 나오지 않기 때문이다. 하지만 그것은 '도시의 안전'이나 '안전한 행위'와 같은 협정이나 약속 또는 강력한 방어를 통해 보장받는 안전을 의미하는 것으로 널리 사용되었다. 그 구호가 이런 정치적 의미로 사용된 경우는 70인 역에서, 특별히 마카비전후서에 나타난다. 따라서 정치적 구호로서 eirene kai asphaleia는 로마 제국의 선전 용어에서 유래한 것으로 보이며, 바울은 주님의 날의 도래를 로마의 거짓 평화와 안전을 끝장내는 사건으로 지적하고 있다.[53]

"평안하다, 안전하다"라는 정치적 구호 이외에, 바울은 모든 순수 바울 서신에서 첫인사와 마지막 인사로 "은혜"(charis)와 "평화"(eirene)를 언급한다(살전 1:1, 5:23; 갈 1:3, 6:16; 빌 1:2, 4:9; 몬 3; 고전

---

53 Helmut Koester, "Imperial Ideology and Paul's Eschatology in 1 Thessalonians," in Richarf A. Horsley ed., *Paul and Empire* (Harrisburg, Pennsylvania: Trinity Press International, 1997), 158-166, 인용은 161-162.

1:3, 16:11; 고후 1:2, 13:11; 롬 1:7, 16:20). 이 인사말에서 바울은 로마 제국의 정치적 선전 문구로 사용되는 '평화와 안전'(pax et securitas)의 대립 용어로 '은혜와 평화'를 사용한다. 로마의 '평화와 안전'은, 제국의 질서 유지를 위해 온 세상이 제국의 통치하에서 제국의 질서에 순응할 때 민족들의 안녕과 평화가 보장된다는 로마 제국의 선전 용어이다. 바울 서신의 인사말에 나오는 평화는 히브리적 인사말이고, 은혜는 그리스적인 인사법이다. 바울이 로마의 '평화와 안전'과 대립하는 '은혜와 평화'를 말하는 이유는 무엇인가? 그것은 아마도 로마 제국의 안전한 질서 유지를 통해 보장된다는 제국의 평화 이데올로기의 허구성을 폭로하고, 진정한 평화는 예수 그리스도의 십자가 사건을 통해 하나님의 은혜로 주어지는 구원의 사건임을 그리스도인 공동체에 끊임없이 상기시키기 위함일 것이다.

보그-크로산은 카이사르의 계획과 그리스도의 계획 사이의 중요한 차이점은 폭력적인 승리를 통한 평화와 비폭력적인 하나님의 정의를 통한 평화 사이의 차이점이라고 주장한다. 카이사르는 평화를 단지 선포한 것이 아니라 폭력적인 승리를 통해서 구현하며, 그리스도 역시 단지 평화를 선포한 것이 아니라 십자가에 달리신 예수 그리스도에 나타난 하나님의 비폭력적 정의를 통해 평화를 구현한다. 보그-크로산은 이러한 그리스도의 평화의 구조적 핵심을 종교 → 비폭력 → 정의 → 평화로 요약한다.[54]

사실상 로마의 평화는 폭력적인 정복 전쟁의 승리로 이룩한 평화이며, 로마 제국의 질서 유지와 식민지 지배체제의 정당화를 위한 지배자

---

54 마커스 J. 보그 & 존 도미닉 크로산, 『바울의 첫 번째 복음』, 164-165.

의 거짓 평화이다. 하지만 비폭력적인 하나님의 정의를 통한 예수 그리스도의 평화는 피조물과 온 세상을 구원하고 해방하며, 그리스도의 하나님에 대한 순종을 통해 하나님과 인간, 인간과 인간을 화해시키며 이루는 참 평화다.

2) 평등의 주 예수 그리스도: 차별에 반대하는 복음

갈라디아서에서 '다른 복음'으로 갈라디아 공동체를 교란한 적대자들의 주된 요구는 할례이다. 바울의 적대자들이 갈라디아 교인들에게 할례를 강요했다는 사실은 갈라디아서 6장 12-13절에 나타나며, 할례 받은 것에 대한 논리적 귀결로서 율법 전체에 대한 준수를 주장했다는 것은 갈라디아서 5장 3절에서 추론할 수 있다. 이에 대해 바울은 극렬하게 반대한다. "여러분이 할례를 받으면 그리스도는 여러분에게 아무런 유익이 없습니다"(5:2). "할례를 가지고 여러분을 선동하는 사람들은 차라리 자기의 그 지체를 잘라 버리는 것이 좋겠습니다"(5:12). "육체의 겉모양을 꾸미기를 좋아하는 사람은 여러분에게 할례를 받으라고 강요합니다. 그것은 그들이 그리스도의 십자가 때문에 받는 박해를 면하고자 하는 것입니다"(6:12). 이처럼 바울은 할례가 그리스도의 십자가에 배치되는 것이기에 할례받는 것에 대해 결사적으로 반대한다.

할례로 대표되는 '율법의 행위들'에 대한 적대자들의 주장이 어떤 결과를 초래하기에 바울은 그렇게 극렬하게 반대하는 것인가? 적대자들이 이방인의 할례를 강요하는 것은 유대인의 시각에서 이방인을, 유대 그리스도인의 시각에서 이방 그리스도인을 차별하는 것이고, 근본적으로 유대인의 민족적 특권을 고수하여 이방인과 이방 그리스도인을 그들의 권위 밑에 예속시키려는 입장이다. 반대로, 바울이 이방인의 할례를 반대하는 것은 하나님의 선민으로서의 유대 민족의 특권을 거부하고, 유대인과 이방인이 모두 하나님 앞에서 평등하다는 것을 의미한다.[55] 따라서 바울이 할례를 문제 삼는 것은 바로 할례로 대표되는 율법의 차별적 기능과 유대인의 특권에 대한 반대이며, 유대인에 대한 이방인의 평등한 권리를 옹호한다는 것을 의미한다.

더욱이 할례가 구원의 필수 조건이 되면, 여성은 구원의 문제에서 소외되고 말 것이다. 할례 문제로 야기되는 차별은 유대인과 이방인의 인종 차별뿐 아니라, 남자와 여자 사이의 성차별[56]로 연결되며, 종과 자유인의 계급 차별로까지 확대된다. 갈라디아서 3장 28절에서 바울이 유대인과 이방인 사이에, 남자와 여자 사이에 그리고 종과 자유인 사이에 차별이 없으며 모두가 하나라고 말한 이유이다. 바로 이런 현상을 주목했기에[57], 바울은 제국의 노예제도에 의한 착취와 억압적인 로마 사회의 법과 관습을 반대할 뿐만 아니라 하나님과 사람들 앞에서, 사회와 가정에서 모두가 똑같은 권리와 의무를 지닌 온전한 하나님의 백성이 된다고 주장한 것이다.

할례 문제로 바울과 대척점에 서 있는 바울의 적대자들은 갈라디아의 그리스도인들이 진정한 아브라함의 후손들이 되기 위해서는 그리스도에 대한 믿음 외에 할례와 율법을 받아들여야 한다고 요구했고, 그 근거로 할례를 언약의 표지로 제공하는 창세기 17:9-14를 제시했을

---

55 김창락, 『다마스쿠스 사건—무슨 일이 일어났는가?』 (서울: 다산글방, 2002), 166.
56 유대교에서는 율법에 따라 사람들 사이에 종교적, 성적 차별이 있었고, 이방인이 유대교로 개종했을지라도 여자들은 남자들이 가지는 것과 똑같은 지위와 특권을 가지지 못했다.
57 김창락, 『새로운 성서해석과 해방의 실천』, 312-316.

것이다. 즉, 그들은 아브라함의 참된 후손이 되고 약속을 유업으로 받기 위해서는 아브라함처럼 행하고 할례를 받아야 한다고 주장했을 것이다.58 적대자들에게 있어서 율법 준수는 "유대인이 되는 규정을 의미하며, 따라서 할례는 아브라함에서 출발하여 그리스도 안에서 그 성취를 찾은 구원사의 반열로 들어오는 표지"59인 것이다. 그들은 "아브라함과 그의 축복을 받은 상속자로서 그리스도가 모두 할례를 받았기 때문에, 할례를 통한 아브라함의 후손들만이 축복의 범위에 속한다"60고 주장했을 것이다.

바울은 아브라함이 이스라엘 백성의 조상이며, 아브라함의 자손이 되는 것이 아주 중요하다는 적대자들의 생각에는 동의하지만, 그도 역시 구약성서의 전거(典據)를 통해 아브라함의 이야기에 대하여 완전히 다른 해석을 제시함으로써 적대자들의 주장을 반박한다. 바울은 "아브라함을 '율법'과 '율법의 행위들'로부터 분리하고, 그를 이방인을 위한 믿음의 '앞선 복음 전수자'로"61 연결한다. 바울은 창세기 15장 16절을 인용해서 "아브라함이 하나님을 믿으니, 하나님께서 그것을 의로운 일로 여겨 주셨다"(갈 3:6)라고 한다. 갈라디아서 3장 7-9절에서 바울은, 아브라함의 후손이 되고 그의 상속자가 되는 것은 혈육으로나 율법 준수에 의해서가 아니라, 아브라함의 믿음을 공유한 모든 믿음으로 말미암은 자들(οἱ ἐκ πίστεως)은 유대인뿐만 아니라 이방인도 "믿

---

58 E. P. 샌더스, 『바울, 율법, 유대인』, 김진영 옮김 (고양: 크리스챤 다이제스트, 1994), 35-36.
59 J. 크리스챤 베커, 『사도 바울』, 62.
60 앞의 책, 68.
61 앞의 책, 79.

음을 가진 아브라함과 함께" 복(의롭다 함)을 받게 된다고 말한다. 즉 할례가 아니라 믿음에 의해 아브라함의 자손이 된다는 것이다.

그렇기에 믿음으로 말미암은 자들은 곧 아브라함의 자손이요, 하나님으로부터 의롭다 함을 받은 자요, 하나님의 백성이 되는 것이다. 사실 하나님의 약속에 대한 전적인 수용인 아브라함의 믿음(창 15:5-5)은 율법과 전혀 상관이 없었다. 왜냐면 율법은 약속 이후 430년에 왔기 때문이다(갈 3:17).[62] 아브라함에 대한 축복의 약속은 아브라함의 배타적 씨로서(갈 3:16) 약속을 성취시키는 그리스도 안에서만 실현되고, 십자가에 달리신 그리스도의 죽음으로 인해 그 약속이 이방인에게 흘러 들어가는 것이다. 따라서 구원사는 아브라함으로부터 율법과 할례를 거쳐서 그리스도에게 이동하는 연속성에 의한 것이 아니라, 아브라함에 대한 하나님의 약속과 '율법' 혹은 '율법의 행위들'과 대립하는, 그리스도에 대한 믿음 안에서만 설정되는 것이다.[63]

할례를 포함한 '율법의 행위들' 또는 '율법'에 대한 바울의 비판은 두 가지 경우에만 한정된다. 첫째는 그것을 '구원의 조건'으로 간주하는 경우[64]이고, 둘째는 그것이 '차별과 배제의 장벽의 수단'으로 이용되는 경우이다. 첫 번째 바울의 비판은 "바울 당시의 유대교의 종파 중 구원의 조건으로 율법의 행위들을 주장한 유대교의 한 종파인 '율법 행위 구원파' 또는 이들의 사상에 동조해서 그 배후 세력이 된 '예루살렘 사도들' 또는 '유대인 크리스천'의 입장에 대한 거부"[65]였다. 바울에게

---

62 홍인규,『바울의 율법과 복음』, 142-143.
63 J. 크리스찬 베커,『사도 바울』, 79-80.
64 Paula Fredriksen, *From Jesus to Christ: The Origins of the New Testament Images of Jesus*, 2nd ed. (New Haven and London: Yale University Press, 2000), 163.

는 십자가에 달리신 그리스도에 대한 믿음 외에는 그 어느 것도 구원의 조건이 될 수 없기에 그들의 주장을 거부한 것이다. 두 번째 바울의 비판은 전통적인 유대인의 선택 교리이다. 바울은 유대인들로부터 이방인을 소외시키고 배제하는 유대인의 특권을 거부한 것이다. 갈라디아서에서 약자인 이방인에 대한 강자인 유대인의 특권을 거부할 때, 바울은 인종 차별, 성차별, 계급 차별의 장벽을 무너뜨리고 평등한 그리스도인의 공동체 실현을 지향하는 보편적인 복음을 선포한 것이다.

IV. 나가는 말

바울의 복음을 올바르게 이해하기 위해서는 로마 제국과 유대교를 두 개의 축으로 하고, 그 안에 디아스포라 유대인 바울을 위치시켜야 할 것이다. 이것이 바로 바울의 복음 이해를 위한 필수적인 상황적 좌표이다. 디아스포라 유대인이자 이방인의 사도 바울이 그 안에서 살았던 두 세계가 바로 로마 제국과 유대교이기 때문이다.

바울의 복음은, 황제가 '신의 아들'이고 '주님'인 로마 제국에서 황제가 아니라 십자가에 못 박히고 부활한 예수 그리스도가 '하나님의 아들'이고 '주님'이라고 선포한다. 바울에게 로마에 의해 십자가에 죽임을 당한 예수, 즉 그리스도의 십자가는 개인의 내적 혹은 실존적인 은유가 아닐 뿐 아니라 신비주의적인 의미를 지니는 것도 아니다. 십자가 처형이 주로 피정복 민족들 가운데 노예들과 반란자들에게 주어지는 형벌

---

65 서중석, 『바울서신해석』, 171.

이었다는 점을 고려할 때, 예수의 죽음과 그리스도의 십자가는 로마 제국 지배체제의 야만성과 폭력성을 폭로하는 역사적이고 정치적인 사건이다. 동시에 예수의 죽음과 그리스도의 십자가는 로마 제국에 대한 저항과 투쟁의 상징이며, 바울의 복음이 반제국적 복음임을 분명하게 보여준다.

로마 황제의 탄생과 새롭게 황제가 취임할 때를 가리키는 '제국의 복음' 또는 '황제의 복음'은 황제가 정복 전쟁의 승리를 통해 이 세상에 평화를 가져다주었고, 혼돈과 무질서의 세상을 구한 '구세주'이자 '주님'이라고 선전했다. 하지만 바울은 로마 황제가 아니라 십자가에 죽임을 당하고 부활하신 나사렛 예수가 이스라엘의 '메시아'이자 '구세주'와 '주님'이라고 제국의 도시(들)에서 선포한다. 제국의 세계에서 황제는 '유일한 주'이기에, 예수 그리스도를 '유일한 주'라고 선포하는 것은 로마에 대한 반역 행위이자 정치적 선전포고가 아닐 수 없다. 이런 의미에서, 잘못 읽힐 수도 있고 또 누구 손에 들어가게 될지도 알 수 없는 상황에서, 바울의 편지는 "정치 신학이며, 카이사르에 대한 정치적 선전포고"라고 타우베스(Jacob Taubes)는 강조한다.[66]

제국의 정치 선전에 따르면, 정복 전쟁의 승리를 통해 로마의 정의와 평화가 구현되었다고 한다. 따라서 로마는 정의의 도시임을 자랑스럽게 여겼고, 거기서 정의가 흘러넘쳐 세상으로 들어가는 원천이라고 보았다. 하지만 바울에 의하면, '로마의 정의'는 제국 선전의 겉치레 또는 엄숙한 공식 칙령에 불과하며, '로마의 평화'는 폭력적인 정복 전쟁의 승리를 통해 구현되고, 식민지의 억압과 착취를 통해 유지되기에

---

66 야콥 타우베스, 『바울의 정치신학』, 조효원 옮김 (서울: 그린비, 2012), 45.

로마 제국만을 위한 거짓 평화일 따름이다. 그와 반대로, 십자가에 달리신 예수 그리스도의 복음에 나타난 "하나님의 의"(롬 1:17)는 하나님의 신실하심과 하나님이 인간에게 또는 인간과 인간 사이에 이룩하시는 정의로운 구원 사건을 의미한다. 그렇기에 하나님의 비폭력적 정의를 통해 구현되는 '그리스도의 평화'는 인간과 피조물의 온 세상을 구원하고 해방하며, 하나님과 인간, 인간과 인간을 화해시키는 참 평화이다. 반제국적 평화의 복음과 더불어 바울의 편지, 특히 갈라디아서에 나타난 바울의 복음이 드러내는 또 하나의 특징은 차별과 특권을 반대하는 복음의 평등성이다. 바울이 갈라디아 공동체를 떠난 이후, '다른 복음'을 주장하는 바울의 적대자들로 인해 갈라디아 공동체가 분열의 위기에 처하게 되었다. 이들은 구원을 얻고 아브라함의 후손, 곧 하나님의 백성이 되기 위해서는 그리스도를 믿는 믿음 외에 할례를 받고 '율법의 행위들'을 지켜야 한다고 주장했다. 이에 바울은 '율법의 행위들'과 '그리스도에 대한 믿음'을 대립시켜 적대자들의 주장을 반박한다. 바울의 해석에 의한 아브라함의 믿음은 율법과 전혀 상관이 없고, 율법 전에 믿음으로 말미암아 하나님에 의해 의롭다고 인정받았다. 따라서 아브라함과 믿음을 공유하는 모든 믿는 이는 그리스도를 믿는 믿음에 의해 하나님에 의해 의롭다고 인정받은 자요, 아브라함의 후손이요, 하나님의 백성으로 구원받은 자들이다.

바울이 할례를 포함한 '율법의 행위들'을 격렬한 논조로 비판하는 이유는 기본적으로 갈라디아 공동체에 적대자들의 '다른 복음'이 확산하는 것을 차단해서 공동체의 분열을 막기 위함이다. 하지만 더 중요하게는 차별과 배제의 장벽을 무너뜨리고 약자를 위한 당파성을 통한 보편적인 평등의 공동체를 실현하기 위함이다.

바울이 전하는 평등의 복음은 로마 제국의 도시 한복판에서 로마 황제가 아니라 십자가에 달리고 부활하여 고양된 예수 그리스도가 세상의 유일한 '주님'이라고 선언한다. 더욱이 정복 전쟁의 승리를 통해 이루고 식민지에 대한 억압적인 테러로 유지되는 로마의 평화는 제국의 지배질서 유지를 위한 거짓 평화라고 폭로한다. 반면에 바울이 전한 그리스도의 평화는 인간과 피조물의 온 세상을 구원하고 해방하며, 그리스도의 하나님에 대한 순종을 통해 하나님과 인간, 인간과 인간을 화해시키며 이루는 참 평화이다. 바울의 참 평화의 복음은 정복과 테러, 황제숭배와 선전 매체를 도구로 하는 로마 제국의 거짓 평화의 복음을 전복시키는 저항 담론이다. 동시에 우월감과 특권의식을 기반으로 하는 차별과 배제의 다른 복음을 차단하고 평등의 공동체를 실현하기 위한 대안 담론이다.

생명의 길, 죽음의 길 (에스겔 18장)

민유홍**

I. 시작하는 말

　기원전 596년 예루살렘이 바빌로니아의 군대에 의해 함락됨으로써 유다 왕국은 멸망하고 소수의 비천한 자들을 제외한 대부분의 주민이 바빌론에 포로로 끌려갔다. 이 전대미문의 재앙은 이스라엘 백성을 큰 충격과 절망에 빠뜨렸다. 만일 이 사건에 대한 올바른 신학적 이해가 없었더라면 수많은 나라들이 흥망성쇠를 반복하는 역사의 소용돌이 속에서 이스라엘도 물거품처럼 사라지고 말았을 것이다. 이스라엘을 죽음에서 다시 새롭게 '부활'[1]시키는 데 결정적인 역할을 했던 것은

---

* 이 소고는 2020년 『성경과 교회』 19권에 실린 논문, '범죄하는 그 영혼은 죽으리라 - 하나님의 공의의 원리(겔 18장)', 『성경과 교회』, 20 (2020), 61-89을 부분적으로 수정한 것임을 밝힌다.

** 에스라성경대학교대학원 구약학 교수 겸 학장. 복음교단 목사로 한국그리스도교 신앙과 직제협의회 신학위원이다.

[1] 필자는 신약적 색채를 띠고 있는 이 용어를 Gowan, 「구약 예언서 신학」, 39에서 가져왔다. 에스겔 37:1-14의 마른 뼈의 부활에 관한 환상은 이스라엘의 회복을 '부활'로 묘사하는

역사의 이면에서 세상사를 주관하시는 하나님의 주권적 의지와 영원한 계획에 관한 예언자들의 선포였다. 바빌론 포로지에서 활동했던 예언자 에스겔은 이스라엘에 밀어닥친 대재앙을 이스라엘 백성이 저지른 죄에 대한 하나님의 징벌로 선포하였다. 이 선포가 효력 있는 진정한 하나님의 계시가 되기 위해서는 이스라엘 백성이 스스로가 재앙의 원인임을 인정할 수 있어야만 했다. 그런데 과연 그들은 자신들이 겪고 있는 재난의 근본 원인이 자신들의 죄 때문이라는 에스겔의 선포를 쉽게 받아들일 수 있었을까? 인간은 누구나 자신의 잘못을 인정하기를 거부하고 남에게 책임을 돌리려는 본성을 가지고 있다. 더구나 이스라엘 백성은 자신의 잘못에 대한 책임을 회피할 수 있는 이유와 근거를 제공해 주는 다양한 전통과 종교적 배경 속에 살고 있었다. 그러나 죄의 고백이 없는 곳에 구원도 없다! 이스라엘 백성이 자신의 책임을 깨닫고 인정하지 못할 때 죄로부터 돌이키는 회개가 불가능하며 이에 따라 새로운 회복으로 나가는 길도 막히게 된다. 이스라엘이 자신의 책임을 인정하느냐, 인정하지 않느냐는 그들의 미래가 달린 중차대한 문제이다.

에스겔은 18장에서 이스라엘 백성의 책임이라는 주제를 다룬다.[2] 여기서 그가 씨름하고 있는 두 가지 핵심적인 문제는 당시 세대가 직면하고 있는 재난이 앞선 세대의 잘못 때문에 받는 하나님의 징벌이라는 '세대 간 책임의 전가' 혹은 '대리적 징벌'이라는 사고 방식과 인간의

것이 적절함을 보여준다.

[2] 에스겔 연구에서 18장은 오랫동안 '개인의 책임에 관한 대헌장(charter for individual responsibility)'으로 간주되어 왔다. 최근의 연구 경향은 18장을 '개인의 책임'이 아닌 '이스라엘의 집단적 책임'에 관한 본문으로 이해한다(이에 대해 Joyce, *Ezekiel*, 24를 참조하라). 하지만 어떤 입장을 취하든 상관없이 18장이 '인간의 책임'에 관해 다루고 있는 구약의 대표적인 본문이라는 사실에는 변함이 없다.

선행이 악행을 상쇄시킬 수 있다는 '공로주의적 사고'이다. 이 두 가지 사고 방식 모두 하나님과 올바른 관계를 방해하는 왜곡된 현실 인식을 초래한다. 에스겔은 이스라엘 백성의 잘못된 생각에 맞서 하나님의 공의(righteousness)의 원리를 선포함으로써 이스라엘 백성을 하나님 앞에서 책임 있는 존재로 서게 만든다. 이와 함께 이스라엘이 회개를 통해 새로운 회복으로 나갈 수 있는 희망의 근거를 제시하고 있다.

본 소고에서는 에스겔 18장에 대한 주석적 분석을 통해 에스겔이 선포하고 있는 하나님의 공의의 원리를 알아보고자 한다. 이어지는 2장에서는 에스겔서 전체의 흐름 속에서 본문이 놓인 위치와 역할 그리고 본문의 구조를 살펴보고, 3장에서 본문을 자세히 주석한 후에, 4장에서 핵심적인 메시지를 정리하고 오늘날 교회에 주는 교훈을 생각해보도록 하겠다.

II. 문맥과 구조

에스겔서의 내러티브 속에서 18장은 예루살렘이 바빌론에 의해 함락되기 전인 기원전 592~591년, 유다 왕국 말기를 역사적 배경으로 한다.3 에스겔은 기원전 597년에 포로로 붙잡혀 와서 니느웨성 근처 그발 강가의 델아빕이라는 포로 정착촌에서 살고 있던 유다 백성에게 이 말씀을 선포하였다.4 에스겔서는 크게 세 부분으로 구성되어 있다.

---

3 에스겔 18장은 연대 기록을 가지고 있지 않다. 이 연도는 에스겔 8장의 연도(기원전 592년 9월)와 에스겔 20장의 연도(기원전 591년 8월)로부터 추정된 것이다.

이스라엘에 대한 심판 예언들(겔 1-24장) – 이방 민족들에 대한 심판 예언들(겔 25-32장) – 이스라엘에 대한 회복 예언들(33-48장). 이스라엘의 멸망을 예고하고 있는 첫 부분의 중심부에는 특별히 이스라엘의 역사 전체에 대한 신학적 조망을 제시하고 있는 다섯 개의 본문(16-20장)이 위치해 있다. 이 본문들은 대칭적인 구조로 배열되어 있다. 이스라엘의 역사를 결혼 메타포를 사용하여 은유적으로 묘사하고 있는 16장과 사실적으로 기술하고 있는 20장이 가장 바깥층을 이루고 있고, 유다 왕정의 운명을 기술하고 있는 17장과 19장이 안쪽 층을 이루고 있다. 이 본문들은 이스라엘의 역사 전체를 하나님께 반역하는 죄악의 역사로 그리면서 이스라엘에 대한 하나님의 심판이 정당함을 증거한다. 이와 함께 여기에는 또한 이스라엘이 '죽음'을 넘어서 다시 '부활'하게 된다는 비전이 제시되어 있다(16:60-63, 17:22-23, 20:40-44). 이 본문들 한 가운데 위치한 18장은 하나님이 세상을 통치하시는 공의의 원리를 선포함으로써 이스라엘의 죽음과 부활을 위한 신학적 근거를 제시하고

---

4 본문에 짙게 배어 있는 절망과 낙담의 분위기는 이 본문이 쓰인 때가 예루살렘 함락 이전이 아니라 이후일 것이라는 추측을 불러일으킨다. 그래서 많은 학자들은 포로기 때 형성된 본문이 현재의 위치에 이차적으로 삽입되어 있는 것으로 본다(Zimmerli, *Ezechiel*, 1-24, 401; Garscha, *Studien zum Ezechielbuch*, 304; Pohlmann, *Ezechielstudien*, 135 이하; Allen, 『에스겔 1-19』, 517). 반면에 Block, 『에스겔 I』, 695은 본문이 증언하고 있는 대로 첫 번째 바빌론 포로들에게 선포된 말씀이고, 포로기 이전의 배경에서도 본문의 내용과 분위기를 충분히 이해할 수 있다고 본다. 본문이 형성된 시기는 본문에 담긴 신학적의 의도와 밀접하게 연관되어 있다. 만일 본문이 예루살렘 함락 후에 쓰였다면 본문에는 이스라엘 백성에게 미래에 대한 새로운 희망을 주려는 의도가 담긴 것으로 해석될 수 있다. 반면에 본문이 예루살렘 함락 이전에 쓰였다면 본문의 초점은 미래에 대한 희망보다 이스라엘의 죄를 더욱 선명히 부각시키는 수사적 의도에 놓여 있을 것이다. 여기에 역사적 접근법의 어려움이 놓여 있다. 불확실한 역사적 배경을 가정하고 본문을 해석하는 것은 적절한 방법론으로 보기 어렵다. 때문에 필자는 본 논문에서 18장을 에스겔서의 최종 본문의 문맥 속에서 해석하고자 한다.

있다.

　18장은 논쟁 담론의 형식으로 쓰여 있다. 이스라엘 백성에 의해 제기된 문제에 대하여 하나님이 응답하신다. 논쟁 담론은 하나님의 심판과 관련하여 이스라엘 백성이 제기하는 신학적 문제들을 효과적으로 다룰 수 있는 문학 장르이다. 본문은 마치 치열한 토론의 현장을 중계하듯이 예언자가 이스라엘 백성의 항의에 맞서 하나님의 말씀을 선포하는 현장을 생동감 있게 묘사하고 있다. 이런 장르적 특징은 독자로 하여금 본문의 내용에 깊이 몰입되도록 하고 이스라엘 백성의 주장과 하나님의 반박을 숙고하며 판단할 수 있도록 이끈다.

　본문은 주제에 따라서 1-20절과 21-32절 두 부분으로 나눌 수 있다. 첫 번째 부분에서는 '대리적 징벌'의 문제가 다뤄지고, 두 번째 부분에서는 '운명의 전환'이라는 주제가 다뤄진다. 이런 상이한 내용 때문에 때로는 본문의 통일성이 의문시되기도 한다.[5] 하지만 18장이 에스겔서 전체의 맥락에서 하나님의 심판과 이스라엘의 회복을 위한 이중적 근거를 제공하는 역할을 하고 있음을 감안하면 본문의 통일성을 전제하는 것이 해석을 위한 적절한 접근법으로 보인다.

III. 본문 연구

1. 서두 (1절)

---

[5] Fohrer, *Ezechiel*, 101는 두 부분이 편집에 의해서 이차적으로 결합되었다고 본다.

본문은 '여호와의 말씀이 내게 임하여 이르시되'라는 구문으로 서두를 시작하고 있다. '말씀 사건 정형구'(Wortereignisformel)로 불리는 이 구문은 에스겔서에서 새로운 본문의 시작을 알리는 문학적 기능과 함께 본문의 내용이 하나님으로부터 비롯된 계시임을 천명하는 역할을 한다. 많은 경우 말씀 사건 정형구 뒤에는 말씀을 수령할 특정한 대상이 언급되면서 이들에게 말씀을 전하거나, 선포하거나, 예언하라는 위임 명령이 뒤따른다. 하지만 현재 본문의 경우에는 말씀 수령자에 대한 언급이나 위임 명령 없이 곧바로 하나님의 말씀이 이어지고 있다. 그럼에도 불구하고 본문의 내용이 이스라엘 백성의 문제에 대한 하나님의 응답이라는 사실로부터 하나님의 말씀이 의도하는 대상이 이스라엘 백성 전체라는 것을 어렵지 않게 파악할 수 있다(특히 30절을 참조하라). 물론 에스겔서의 내러티브 속에서 이 말씀의 일차적인 수령자는 기원전 597년에 에스겔과 함께 바빌론으로 끌려온 유다의 포로들이다. 그러나 이 포로들이 멀지 않은 미래에 유다 왕국의 멸망과 포로 유형을 경험하게 될 이스라엘 백성 전체를 대표하고 있기에 포로들에게 선포된 말씀은 곧 이스라엘 백성 전체에 선포된 말씀으로 간주될 수 있다.

2. 이스라엘 백성의 절망과 하나님의 응답 (2-4절)

2절에서 이스라엘 백성이 하나님께 던지는 항의가 속담의 형태로 제시되고 있다. '아버지가 신 포도를 먹었으므로 그의 아들의 이가 시다.' 여기서 속담으로 번역된 히브리어 '마샬(מָשָׁל)은 대중 속에 널리 퍼져 있던 담론을 표현하고 있는 간결한 문장을 가리킨다.[6] 2절의 속담이 의미하는 바는 '당시 세대가 이전 세대의 잘못이나 죄악에 대해 대가를 지불하고 있다'7는 것이다. 유다 왕국 말기에 바빌론에 포로로 끌려온 이스라엘 백성은 이 속담을 사용하여 그들이 겪고 있는 재난이 자신들의 책임이 아닌 조상의 책임 때문이라고 주장하고 있다. 알렌(L. C. Allen)은 이 속담에 표현된 사고가 당시 예루살렘의 정통 교리에서 비롯된 것으로 본다.[8] 블록(D. I. Block)은 한 걸음 더 나가서 고대 근동 세계의 종교사적인 배경 속에서 이 사고의 출발점을 찾는다.[9] 세대 간 책임 전가라는 생각은 이스라엘만의 고유한 사고가 아니라 인간의 오랜 경험에서 형성된 사고임이 분명하다. 아마도 고대 셈족 세계의 특징적인 사유 방식인 '집단 인격'(korporative Persönlichkeit)이라는 개념이 이런 사고의 뿌리였을 것으로 추정된다.[10] '집단 인격'이란 개인과 공동체의 운명이 서로 불가분하게 연결되어 있어서 어느 한쪽의 변화가 다른 쪽에 영향을 미친다는 생각을 말한다. 이로부터 현재의 공동체(가족, 친족, 국가)가 그 조상의 확장된 자아라는 생각, 조상의 책임이 후손에게 전가되고 후손이 조상을 대신하여 징벌을 받을 수 있다는 생각 등이 파생되어 나온다.

그런데 세대 간에 책임이 전가된다는 사고를 2절에서와 같이 비유적으로 신 포도를 먹는 행위로 표현했을 때 여기에는 어떤 의도가 숨어

---

6 '마샬'은 비유의 형태를 띠고 있기도 하고(16:44), 사실적으로 기술되기도 한다(12:22). 또한 17:2에서처럼 우화가 '마샬'로 불리기도 한다.

7 McKane, W., *Proverbs: A New Approach*, Philadelphia: Westminster Press, 1970, 29-30; Allen, 「에스겔 1-19」, 518에서 재인용.

8 Allen, 「에스겔 1-19」, 518. 알렌은 출 20:5, 34:7; 민 14:18; 신 5:9; 7:9에 이 정통 교리의 흔적이 남아 있다고 주장한다.

9 Block, 「에스겔 I」, 698.

10 Scheffcyzk, *Urstand*, 21; Grund, *Sünde*, 1874.

있는가? 아버지가 신 포도를 먹을 때 그 영향이 아들에게 나타나는 것은 일반적인 상식으로부터 벗어나는 매우 특이한 사건이다. 이런 이해할 수 없는 사례를 비유로 사용한 이유가 어디에 있는가? 조상의 책임이 후손에 전가된다는 전통적인 사고에 의문을 제기하기 위한 목적 때문인가? 혹은 이런 방식으로 죄에 대해 보응하시는 하나님의 심판 방식을 비난하거나,[11] 조상의 죄 때문에 고통을 받는 자신들의 억울함을 호소하고 있는가?[12] 19절에서 이스라엘 백성은 아들이 아버지의 죄 때문에 죽지 않으리라는 하나님의 말씀에 저항하면서 '아들이 어찌 아버지의 죄를 담당하지 아니하겠느냐'라고 반문하고 있다. 여기서 이스라엘 백성이 주장하고 있는 내용은 속담에 내포된 의미와 정확히 일치한다. 2절에서 19절로 오는 동안 이스라엘 백성의 생각이 완전히 달라질 수 있다는 극히 희박한 가능성을 받아들일 생각이 아니라면 이스라엘 백성이 처음부터 '대리적 징벌'이라는 전통적인 사고를 인정하고 있었다고 보아야 한다. 그렇다면 속담을 통해 이스라엘 백성이 표현하고자 했던 것은 전통적인 사고에 대한 비판이 아니라 자신들의 운명이 조상의 행위에 의해 결정되어 버린 현실에 대한 좌절과 절망이라고 볼 수 있다.[13] 이런 운명론적인 사고는 현재 발생하고 있는 문제들의 원인을 과거로 돌림으로써 당시 세대가 자신의 책임을 진지하게 성찰하지 않

---

11 Zimmerli, *Ezechiel I*, 402는 이 속담이 아버지의 잘못을 자녀에게서 찾으시는 하나님의 '정의'를 조롱하고 있다고 해석한다.

12 박철우, 「에스겔」, 351.

13 Block, 「에스겔 I」, 701은 이 속담에 반영되어 있는 생각이 '포로들을 소망도 없고 하나님도 없는 상태로 만들어 놓은 물질주의 운명론, 인과관계라는 불변의 우주적 규칙을 체념한 채 받아들이는 것, 괴로운 영혼의 마비 같은 것'이라고 말한다. Allen, 「에스겔 1-19」, 519도 유사하게 속담에 표현된 것을 포로들 사이에 퍼져 있었던 허무주의로 본다.

고 쉽게 회피할 수 있는 핑계거리를 제공한다. 그뿐 아니라 정해진 운명으로부터 벗어나려는 모든 적극적인 시도와 노력을 무의미한 것으로 만들어버린다. 만일 이스라엘 백성이 자신들에게 내려진 하나님의 심판에 대하여 자신들의 책임을 인정하지 않는다면 죄의 길을 떠나서 하나님께로 돌아오는 회개가 불가능하게 되며 결국 죄의 용서가 수반되어야 하는 이스라엘의 회복도 불가능하게 된다. 따라서 운명론적인 사고는 에스겔서가 예고하고 있는 하나님과 이스라엘 백성 사이의 관계 회복을 방해하는 심각한 장애물이다.

이런 이스라엘 백성의 생각에 대한 하나님의 반박이 3-4절에 나온다. 3절은 חַי־אָנִי;('하이 아니', '나의 삶을 걸고!')라는 감탄사와 불변사 אִם ('임')에 의해 유도되는 미완료 명사절로 이루어진 맹세문이다.[14] 감탄사 속에 덧붙여진 נְאֻם אֲדֹנָי יְהוִה ('느아도 나이야웨', "주 여호와가 말하노라")라는 구문은 맹세의 내용을 강조한다. 여기서 하나님은 이스라엘 백성이 속담을 다시는 쓰지 못하게 되리라고 선언하신다. 이는 속담에 내포된 의미에 대한 완전한 거부를 의미한다. 4절에서 하나님은 "모든 영혼이 다 내게 속한지라 아버지의 영혼이 내게 속함 같이 그의 아들의 영혼도 내게 속하였나니"라고 말씀하신다.[15] 모든 영혼이 하나님께 속해 있다는 진술은 인간의 생명에 대한 하나님의 주권을 의미한

---

14 히브리어 맹세문의 문장 구조에 관해서는 Joüon 외, 「성서히브리어 문법」, 678-679.
15 여기서 '영혼'으로 번역된 '네페쉬'는 살아서 활동하는 인간 존재 전체를 가리키는 개념이며 결코 그리스 철학의 이원론에서 말하는 육체에 대립되는 요소로서의 비물질적이며 정신적인 실체를 의미하지 않는다. 네페쉬의 의미에 관해서는 구약의 인류학적 개념들에 관한 Jacob, Theology, 156-166의 논의를 참조하라. 김덕중, 「거룩」, 83-84은 레위기에서 '네페쉬'가 '생명' 혹은 '사람'을 의미하는 용어로 남자와 여자를 지칭하는데 사용되고 있음을 지적한다.

다.16 다시 말하면 사람의 생명과 죽음을 결정하는 분은 하나님이시지 세대간 책임의 전가와 같은 비인격적이고 기계적인 자연의 원리가 아니라는 의미이다. 하나님의 주권은 아버지의 영혼과 아들의 영혼에 동등하게 미친다. 이렇게 하나님은 생명에 대한 주권을 선포하신 후에 곧바로 인간을 심판하시는 근본 원칙을 법정에서 죄인에게 사형을 선고하는 형식으로 선포하신다. '범죄하는 그 영혼은 죽으리라.' 죄를 저지른 당사자가 자신의 죄에 대한 대가를 지불하는 것, 이것이 하나님의 공의(righteousness)이고 하나님께서 요구하시는 윤리 질서이다. 간결한 이 선언은 속담에 내포된 운명론적이고 결정론적인 사고 방식을 무효화시키고 인간 각자에게 자신의 운명에 대한 책임을 돌린다. 또한 인간이 마주 서야 할 심판대가 자연의 원리가 아닌 살아 계신 하나님 앞이라는 사실을 일깨워준다. 4절과 동일한 공의의 원리가 신명기 24:16('각 사람은 자기 죄로 말미암아 죽임을 당할 것이니라')과 예레미야 31:30('누구나 자기의 죄악으로 말미암아 죽으리라')에도 등장한다.17 신명기의 진술은 고대 세계에서 널리 행해졌던 연좌제나 피의 보복과 같은 과도한 대리적 징벌의 남용을 억제하기 위한 목적을 지닌 사법 제도의 기본 원칙에 관해 말하고 있다.18 여기서 죽음은 인간 법정에 의해서 집행되는 사형을 가리킨다. 반면에 에스겔은 동일한 원칙을 보편적인 원리로 확장시키고 있다. 에스겔서의 문맥에서는 죽음은 약속의 땅으로부터 추방되어 포로로 끌려가는 것이다. 예레미야의 진술

---

16 박철우, 「에스겔」, 351.
17 Fishbane, b*iblical interpretation*, 337-341은 에스겔서의 원리가 신 24:16에 의존하고 있는 것으로 본다.
18 Block, 「에스겔 I」, 704.

은 공의의 원리가 종말론적으로 성취될 것임을 예고하고 있다.

다른 한편 구약 내에서는 이러한 공의의 원리로부터 벗어난 듯한 구절들이 존재한다. 대표적인 예로서 십계명의 두 번째 계명에는 하나님이 그분을 '미워하는 자의 죄를 갚되 아버지로부터 아들에게로 삼사 대까지 이르게' 하시는 분으로 묘사되고 있다(출 20:5; 신 5:9). 만일 이 진술을 세대 간 책임 전가의 원리에 대한 증언으로 이해한다면 구약 내에는 서로 모순되는 두 개의 주장이 대립하게 된다. 비록 에스겔이 사역하던 당시에 이스라엘 백성이 이 진술을 세대 간 책임 전가의 원리에 대한 증언으로 이해했을지라도 현재 이 진술이 위치한 구약 정경의 맥락 속에서는 여호와 하나님에 대한 정경적인 이해에 부합되게 해석될 필요가 있다. 이런 견지에서 십계명의 진술을 재해석한다면 부모의 죄가 실제로 자식에게 전가되는 것을 표현하고 있는 것으로 이해하는 것보다 부모가 저지른 죄가 자녀에게 지속적으로 영향을 미치게 되는 것을 경고하고 있는 것으로 이해할 필요가 있다.[19]

3. 심판의 원리를 설명하는 세 가지 사례(5-18절)

하나님은 세 가지의 구체적인 사례를 들어서 4절의 심판의 원리를 자세하게 설명하신다. 세대 간의 책임 전가 원리를 반박하기 위한 목적으로 아버지(5-9절)와 아들(10-13절) 그리고 손자(14-18절)의 세 세대가 예로 선택되고 있다. 이 세 세대는 실제로 존재했던 역사적 인물들이 아니라 생명과 죽음의 운명이 앞선 세대와 상관없는 각 세대의 책임임

---

19 박철우, 「에스겔」, 350; Block, 「에스겔 I」, 699.

을 논증하기 위해 고안된 가상적인 인물들로 보는 것이 적절하다. 이와 함께 논쟁을 위해 두 개의 증거를 제시하고 있는 이러한 구성은 재판이 효력을 발휘하기 위해서 최소한 두 명의 증인이 필요하다는 율법조항의 요구를 따르고 있다고 볼 수 있다(민 35:30; 신 19:15). 세 세대는 의인인 아버지로부터 시작해서 악인인 아들, 의인인 손자의 순으로 이어진다. 침멀리(W. Zimmerli)는 이 사례들에서 '의로움-생명'의 경우가 '불의함-죽음'의 경우보다 많다는 사실에 근거하여 본문의 강조점이 '의로움-생명'에 놓여 있다고 보았다.[20]

각 세대를 설명하는 단락은 유사한 구조로 이루어져 있다. 먼저 각 세대에 대한 전체적인 평가가 서두에 나온다. 이어서 제의적이고 윤리적인 지침들과 관련하여 각 세대가 어떻게 행동했는지가 묘사된다. 마지막으로 각 세대에 대한 최종적인 판단과 함께 생명 혹은 죽음이 선고된다. 각 단락은 전체적으로 제사장 관련 율법에서 많은 부분을 차지하고 있는 사례법(case law)의 패턴을 따르고 있다.[21]

각 세대를 판단하는 데 사용되고 있는 범죄 목록의 출처에 관해서는 진위를 가릴 수 없는 다양한 의견이 존재한다.[22] 하지만 어느 정도 그럴 듯한 추정은 이 목록이 에스겔 당시에 전문가의 영역에서 비롯되었기 보다는 일반 대중들이 잘 알고 있었던 제의적, 윤리적 지침들을 반영하고 있다는 것이다. 그럴 경우 이 말씀은 당시의 이스라엘 백성에게

---

20 Zimmerli, *Ezechiel 1-24*, 403.
21 특별히 첫 번째 단락(5-9절)이 이런 연관성을 뚜렷이 보여주고 있다. 여기에서는 주어로 אִישׁ ('이시')가 사용되고 있고(5절), כִּי ('키') 접속사에 의해 유도되는 조건절에서 구체적인 범죄 행위가 제시되며, 주절에서 이에 대하여 징벌이 선고된다. 참조 Zimmerli, 'Eigenart', 1-26.
22 Block, 「에스겔 I」, 707 각주 57에 이에 관한 다양한 의견들이 잘 요약되어 있다.

즉각적인 호소력과 공감을 불러 일으킬 수 있었을 것이다.

1) 첫 번째 사례(5-9절)

이 단락은 서두에 접속사 אִם(임)에 의해 유도되는 가정법 구문으로 시작된다(사람이 만일 의로워서 정의와 공의를 따라 행하면). 여기서 먼저 한 사람을 의롭다고 가정하고 이야기를 시작한다. 무죄와 유죄에 대한 판결은 먼저 사람의 행위들을 점검한 후에 그 결과에 근거해서 마지막에 내려지는 것이 보통의 재판 절차이다. 그런데 현재 단락에서는 행위들을 점검하기에 앞서 먼저 그 사람의 의로움이 선언되고, 9절에서 이를 다시 재확인하는 방식으로 이야기가 전개되고 있어서 특별한 주목을 끈다. 이런 구성을 서로 다른 구조를 가진 두 개의 본문이 결합함으로써 만들어진 단순한 동어 반복으로 설명하는 침멀리는 이 구성 뒤에 숨어 있는 중요한 신학적 의미를 간과하고 있다.[23] '의롭다'(צַדִּיק, 찻디크)라는 개념은 원래 법정 용어로써 사회 규범에 부합되게 행동하는 것을 말한다.[24] 하지만 하나님과의 언약 관계와 관련하여 사용될 때 '찻디크'는 단순히 주어진 규범들을 완벽하게 지키는 것 만을 의미하지는 않는다. 신학적으로 그 의미가 확장된 '찻디크'는 하나님과의 관계에 관한 개념이며 성취에 관한 개념이 아니다.[25] 어떤 사람이 하나님과 상관없이 소위 '의로운' 일들을 행했을 때가 아니라 하나님의

---

23 Zimmerli, *Ezechiel 1-24*, 403.
24 Block, 「에스겔 I」, 188.
25 Allen, 「에스겔 1-24」, 522.

주권을 인정하고 하나님과 신뢰에 바탕을 둔 인격적 관계를 맺으며 자발적인 의지로 하나님의 뜻에 순종할 때 의롭다고 불린다. 현재 본문의 핵심적인 관심사인 죄와 징벌 사이의 관계에 관한 논쟁에서는 자칫 의로움이 법정적인 의미로, 다시 말하면 사람이 성취한 일들에 대한 보상으로 이해될 우려가 있다. 이에 대해 본문에서는 '의로운 사람'이라는 전제로부터 출발하여 이 사람이 행한 의로운 행위들과 그에게 약속된 생명을 기술함으로써 의로움이 보상으로 잘못 이해되지 않도록 차단막을 치고 있다. 요컨대 이 단락의 주된 목적은 사람의 행위로부터 의로움과 불의를 판단하여 적절한 징벌을 내리는 심판 과정을 보여주는 것이 아니라 하나님과의 언약 관계에서 의로운 사람이 어떤 사람인지 그리고 그 사람이 누리는 축복이 무엇인지 기술함으로써 의로운 사람의 삶에 대한 이상적인 모델을 제시하는 것이다. 이와 유사한 본문으로 시편 1편을 들 수 있다.

5절에서 의로운 사람은 '정의와 공의'(מִשְׁפָּט וּצְדָקָה, 미슈파트 우 체다카)를 따라 행하는 자로 묘사된다. 코흐(K. Koch)에 따르면 미슈파트(מִשְׁפָּט)는 공동체의 제도적인 질서를 의미하기도 하고, 공동체의 순전하고 역동적인 존재 모습을 의미하기도 한다.[26] 체다카(צְדָקָה)는 '미슈파트'를 지향하는 자발적인 행동을 가리킨다. 따라서 '정의와 공의'를 따라 행한다는 것은 공동체의 질서와 평안을 위한 자발적인 행동을 의미하는데, 많은 경우 이것은 사회-윤리적인 규범을 준수하고 어려움에 처한 공동체 구성원을 돕는 모습으로 나타난다. 코흐가 잘 논증하고 있는 것처럼 '체다카'는 사람이 소유하고 있는 것이 아니라 하나님으로

---

26 Koch, 「예언자들 1」, 100.

부터 사람에게로 흘러가는 것이다.27 시편 89편의 기자는 '공의와 정의가 주의 보좌의 기초'(89:12) 라고 노래하면서 '공의와 정의'의 실행을 하나님의 통치의 핵심 요소로 보고 있다. 체다카는 본래 하나님께 속한 것이다. 하나님은 그분께 순종하는 자, 즉 의로운 자에게 체다카를 부으시고 그가 자발적인 헌신으로 미슈파트를 지향하며 살도록 하신다. 이렇게 사람이 '정의와 공의'를 따라 행할 때 공동체는 질서와 생명의 공간이 되고 샬롬(שׁלוֹם, 평안)으로 충만한 공간이 된다. 의로운 자는 하나님의 체다카에 참여하여 공동체의 미슈파트를 구현하는 통로가 된다. 여기서 우리는 '의로움'이라는 개념이 갖고 있는 실천적인 성격을 분명하게 인식할 수 있다.28 구약에서 의로움은 '하나님과의 수직적인 관계 안에만 머물러 있지 않고 공동체의 미슈파트를 지향하는 실천과 불가분하게 결합되어 있다.

6-8절에는 '정의와 공의'를 따라 행한다는 것이 무엇인지 구체적인 사례들을 들어 설명하고 있다. 여기에는 모두 11가지 사례가 언급되고 있는데, 처음 여덟 개의 사례는 두 개씩 그룹을 이루고 있고, 마지막 세 개의 사례가 한 그룹을 이루고 있다.

첫 번째 그룹의 두 사례들은 우상 숭배의 문제와 관련되어 있다. 에스겔서에만 등장하는 "산 위에서 먹는다"는 표현은 산당(בָּמָה, 바마)에서 우상을 대상으로 행해졌던 제의를 가리키는 듯 보인다(겔 6:13;

---

27 Koch, 「예언자들 1」, 99-100는 하나님의 체다카가 올바르게 실행된 제의를 통해 사람에게 부어진다고 설명하면서 제의의 성례전적인 역할에 주목하고 있다.
28 김덕중, 「거룩」, 31은 제사장의 신학에서 의로움과 유사한 역할을 하는 개념인 거룩함도 실천적인 의미를 갖고 있음을 강조한다. 그는 거룩함의 개념에 제의(예배)와 윤리(삶)가 통합되어 있다고 말한다.

20:28). "우상에게 눈을 든다"는 것은 우상에게 도움을 구한다는 의미로 여호와가 유일한 도움이심을 인정하지 않는 불신의 행위이다. 에스겔은 우상을 길루림(גִּלּוּלִים, 똥 덩어리)으로 표현함으로써 우상 숭배의 역겨움과 무의미성을 강조하고 있다.[29] 두 번째 그룹에는 이웃의 아내를 더럽히지 않고 월경 중의 여인을 가까이하지 않는다는 성행위와 관련된 사례들이 포함되어 있다. 이 사례들은 개인의 성윤리에 관한 규정으로 볼 수도 있다. 그런데 여기에 제의적인 의미가 있는 용어인 더럽히다(טָמֵא, 티메)가 사용되고 있는 점과[30] 오경 율법에서 정결-부정의 문제와 관련된 월경 중인 여성과의 성행위가 다뤄지고 있다는 점을[31] 감안할 때 이 두 번째 그룹의 관심사는 제의적인 정결의 문제에 놓여 있다고 볼 수 있다. 즉 의로운 사람은 하나님의 거룩하심에 합당하도록 자신의 삶을 정결하게 만든다는 것을 암시한다. 첫 번째와 두 번째 그룹이 하나님과의 수직적인 관계를 다루는 사례들이라면 세 번째 그룹부터는 공동체 구성원과의 수평적인 관계를 다루는 사례들로 이루어져 있다. 세 번째 그룹의 사례들에서 의로운 사람은 사람을 학대하지 않고 저당물을 돌려주는 자로 묘사된다. 학대하다(יָנָה, 요네)는 물리적인 폭력을 행사한다는 의미가 아니라 다른 사람의 재산을 부당하게

---

[29] 길루림은 우상을 가리키는 에스겔서의 특징적인 용어로서 어근 גלל에서 파생되었다. Kutskow, Between, 33-34는 동일한 어근에 속하는 단어 גַל(갈, 돌덩어리)과 גֵל(겔, '똥')에 근거해서 길루림을 똥 같은 돌덩어리로 해석한다.

[30] 김덕중, 「거룩」, 35. 부정(טָמֵא, 타메)은 정함(טָהוֹר, 타호르)과 함께 속됨의 영역을 나타내는 제의적 개념이다. 부정은 거룩과 양립할 수 없다. 따라서 레위기는 부정한 사람이 거룩한 성소에 들어올 수 없도록 규정한다.

[31] 김덕중, 「거룩」, 322은 남녀의 생식기가 생명을 창조하는 기관이기 때문에 생식기에서 나오는 피는 죽음의 현상으로서 심각한 부정의 요인으로 간주된다고 설명한다.

빼앗는 것을 의미한다. 의로운 사람은 자신의 힘과 지위를 이용하여 약한 자의 소유를 함부로 강탈하지 않는다. 바로 이어서 이에 대한 보다 구체적인 예로서 하볼라(חֲבֹלָה)의 처리 방식이 언급되고 있다. 에스겔서의 하팍스레고멘논(hapaxlegomenon)인 하볼라는 어떤 사람이 빚을 질 때 보증으로 채권자에게 주는 담보물을 말한다.[32] 신명기 24:13에 따르면 가난한 자의 전당물은 해지기 전에 돌려주어야 하고, 레위기 6:2에 따르면 전당물을 도둑질하거나 착취해서는 안 된다. 에스겔 본문이 어떤 규정과 연관되어 있는지 확실하지 않지만[33] 이와 상관없이 의로운 사람은 저당물을 강탈하지 않고 올바른 방식으로 처리한다는 것을 말하고 있다. 네 번째 그룹은 의로운 사람의 삶의 모습으로 강탈하지 않고 주린 자에게 음식물을 주고 벗은 자에게 옷을 입히는 것을 들고 있다. '강탈하다'는 '학대하다'와 마찬가지로 남의 소유를 강제로 빼앗는 것을 의미한다. 의로운 자는 남이 소유하고 있는 것에 욕심을 내지 않고 오히려 가난한 자를 위해 자신의 소유를 나눈다. 마지막으로 다섯 번째 그룹을 이루고 있는 세 개의 사례는 계속해서 이웃과의 관계에서 의로운 사람이 취하는 모습이 어떠한지를 보여주고 있다. 첫째로 의로운 사람은 '변리를 위하여 꾸어 주지 아니하며 이자를 받지' 않는다. 이 묘사는 레위기 25:36-37과 신명기 23:19에서 이스라엘 공동체 구성원에 대한 대부 이자를 금지하는 규정에 근거하고 있다.[34] 둘째로 의로

---

32 하볼라의 어원에 관해서는 Block, 「에스겔 I」, 714.
33 Greenberg, *Ezekiel 1-20*, 329는 채무자가 빚을 갚은 후에 담보물이 다시 원주인에게 되돌려져야 함을 의미하는 것으로 이해한다.
34 하지만 이것을 상업적인 이윤을 목적으로 하는 모든 대부 행위를 금지시키는 것으로 이해할 필요는 없다. 율법의 이 규정이 말하고자 하는 것은 가난한 이웃을 대상으로 이윤을 추구해서는 안 된다는 것이다.

운 사람은 '손을 금하는' 자이다. 손을 금한다는 것은 일종의 관용구로써 남에게 해가 되는 행동하지 않는다는 의미가 있다. 셋째로 의로운 사람은 사람과 사람 사이에 진실되게 판단한다. 이 사례는 법적인 영역과 관련된 것으로 보인다. 공동체 구성원 사이의 분쟁을 조정하며 판단하는 위치에 있는 사람은 사건에 대해 진실되게(מִשְׁפַּט אֱמֶת, 미슈파트 에매트) 판결을 내림으로써 억울하게 피해 입고 고통을 받는 사람이 없도록 해야 한다.

여기에서 언급된 열한 가지의 사례는 개인적인 신앙과 성윤리의 문제로부터 시작해서 사회, 경제, 정치의 공적 영역에 이르기까지 삶의 모든 영역을 포괄하고 있으며, 하나님과의 수직적인 관계와 이웃과의 수평적인 관계 전체를 아우르고 있다. 9절에서는 이 사례들을 종합해서 "내 율례를 따르고 내 규례를 지켜 진실되게 행한다"고 요약한다. 이어서 "그는 의인이니"(צַדִּיק הוּא, 찻디크 후)라는 선언이 뒤따른다. 이 선언을 앞에서 열거된 사례들에 근거한 판결로 보아서는 안 된다. 이보다는 이 단락의 서두에서 전제조건으로 제시된 '사람이 의롭다'는 진술을 환기시키고 확증하기 위한 목적의 반복으로 보아야 한다. 끝으로 의로운 자에게 "반드시 살리라"(חָיֹה יִחְיֶה, 하요 이흐예)는 약속이 선포되고 있다. 절대부정사를 사용한 강조 용법(*figura etymologica*)으로 표현된 이 약속은 의도적으로 사례법에 등장하는 "반드시 죽으리라"(יוּמַת מוֹת, 모트 유마트)는 판결에 상응하도록 문장이 구성되었다(출 21:12, 15, 16, 17; 레 20:2, 9, 10, 15).

그런데 여기서 산다는 것이 어떤 의미일까? 현재의 문맥에서 죽음이 이스라엘에게 내려진 하나님의 심판, 즉 포로 유형을 의미하기 때문에 산다는 것은 이와 반대로 포로 유형을 모면하는 것을 의미할 수 있다.

그런데 이렇게 이해한다면 포로 유형 중에 있는 이스라엘 백성에게 동일한 생명의 약속이 주어지고 있다는 사실과 모순된다(33:15). 이뿐 아니라 포로 유형을 경험하고 있거나 이미 경험했을 것으로 보이는 에스겔서의 잠재적인 독자인 포로기 또는 포로기 이후의 이스라엘 백성에게 이 약속은 아무런 의미가 없게 된다. 따라서 '산다는 것'을 단순히 포로 유형을 피하는 것만으로 이해하는 것은 적절치 않다. 알렌은 이 약속이 신명기 5:33과 8:1에 나오는 약속의 땅에서의 삶과 '샬롬'에 대한 약속을 종말론적인 의미로 되풀이하고 있다고 주장한다.35 에스겔 사역의 많은 부분이 모세의 사역을 연상시키다는 점에서 생명을 모세가 전했던 약속의 땅에서 삶과 동일시하는 해석은 어느 정도 타당성이 있다. 하지만 생명의 궁극적인 근거가 하나님이심을 감안한다면 (신 30:20) 약속의 땅에 이르기 전에 생명을 누릴 수 있는 가능성을 부정하는 듯한 알렌의 주장은 다소 지나친 느낌이 든다. 에스겔 11:16에서 포로들에게 주어진 첫 번째 회복의 약속(그들이 도달한 나라들에서 내가 잠깐 그들에게 성소가 되리라)은 포로들 가운데 하나님의 임재를 포로 유형이라는 죽음의 상황을 극복할 수 있는 길로 제시하고 있다. 이를 감안하면 9절의 "반드시 살리라"는 선포를 하나님의 임재에 관한 약속으로 해석한 침멀리의 입장이 더 적절해 보인다.36

---

35 Allen, 「에스겔 1-19」, 525.
36 Zimmerli, *Ezechiel 1-24*, 525.

2) 두 번째 사례(10-13절)와 세 번째 사례(14-18절)

10-13절은 의로운 아버지로부터 태어난 악한 아들에 관해 다루고 있다. 서두에 이 아들에 대한 전체적인 평가가 나온다. 그는 파리츠(פָּרִיץ)이고 피를 흘리는 자(שֹׁפֵךְ דָּם, 쇼페크 담)이다. 파리츠는 폭력을 사용하여 남에게 해를 끼치는 사람을 가리킨다(시 17:4). '피를 흘린다'는 표현은 살인을 암시한다.[37] 따라서 파리츠와 피를 흘리는 자는 정의와 공의를 따라 행하는 아버지와 정반대의 삶을 살아가는 아들의 모습을 묘사하고 있다. 그의 이러한 삶의 태도는 구체적인 범죄 행위를 통해 가시화된다. 11-13a절에는 이 아들이 저지른 범죄의 사례들이 제시되고 있다. 이 사례들은 앞서 의로운 아버지가 행했던 사례들을 부정적인 형태로 바꾼 것들이다. 13절에서 제의적인 범죄와 사회 윤리적인 범죄 전체가 제의적인 개념인 가증한 일(תּוֹעֵבוֹת, 토에보트)로 불리고 있다. 이는 제의적인 범죄와 사회-윤리적인 범죄 사이의 경계를 없애고 전체를 하나님의 거룩과 양립할 수 없는 악으로 규정하기 위한 에스겔서의 수사적인 전략이다. 13절 하반절에 이 아들에 대한 판결이 내려진다. '그가 반드시 죽을지라.' 그리고 마지막에 '자기의 피가 자기에게로 돌아가리라'는 선언을 통해 이 아들의 죽음은 그가 흘린 피 때문이라는 사실이 다시 한번 확증된다.[38]

14-16절은 악한 아들에게서 태어난 세 번째 세대의 아들에 관해 다룬

---

37 Kutskow, *Between*, 71.
38 Koch, 'Spruch', 396-416는 제사장 율법의 사례법(레 20:9)에 등장하는 이 선언이 본래는 사형 집행자의 책임을 면제하기 위한 목적이라고 주장한다. 하지만 현재의 문맥에서는 범죄자의 죽음이 자신이 행한 범죄의 결과임을 강조하기 위한 목적으로 사용되고 있다.

다. 서두에 이 아들은 아버지가 행한 죄를 보고 두려워하여 그대로 행하지 않는다고 소개된다. 그의 삶의 방식이 15-17a절에 구체적인 사례들을 통해 묘사되고 있는데, 여기에서 열거되고 있는 사례들은 그의 의로운 할아버지가 행했던 사례들과 거의 동일하다. 마지막에 그의 할아버지의 경우와 마찬가지로 그의 행실도 '내 규례를 지키고 내 율례를 행했다'고 요약되고 있다. 이러한 전체적인 묘사는 '의롭다'는 명시적인 선언이 없더라도 이 아들이 그의 할아버지와 마찬가지로 '의로운 자'라는 사실을 암시한다. 17b절에서 의로운 이 아들에게 '그의 아버지의 죄악으로 죽지 아니하고 반드시 살리라'는 약속이 주어진다. 이로써 그의 아버지의 운명이 할아버지의 선행에 영향을 받지 않은 것과 같이 그의 운명도 악한 아버지가 저지른 죄악에 의해 영향을 받지 않는다는 사실을 확증하고 있다.

4. 논증의 결론 (19-20절)

19절 상반에서 에스겔은 자신이 논쟁하고 있는 대상인 이스라엘 백성의 주장을 인용함으로써 자신이 다루고 있는 문제의 핵심을 다시 환기시킨다. 이스라엘 백성은 '아들이 어찌 아버지의 죄를 담당하지 아니하겠느냐'라고 반발하면서 죄에 대한 책임이 세대 간에 전가된다는 자신들의 주장을 굽히지 않는다. 이에 대해 에스겔은 세 세대의 예를 들어 설명했던 자신의 주장을 요약함으로써 최종적인 답변을 제시한다. 아버지가 죄를 지었더라도 아들이 정의와 공의를 행하고 여호와의 율법을 지켜 행하면 그는 반드시 살 것이다. 아들이 아버지 죄 때문에 죽지 않고, 반대로 아버지가 아들의 죄 때문에 죽지 않는다. 각자의 운명은 자신의 삶에 의해 결정된다. 결과적으로 '범죄하는 그 영혼이 죽을 것이다.' 에스겔은 이스라엘 백성을 사로잡고 있었던 운명론적인 사고 방식과 이로부터 비롯된 허무주의와 대결하여 이를 무너뜨린다.

그러나 만일 이스라엘 백성이 에스겔의 선포를 받아들여서 운명론적인 사고에서 벗어난다면 그들은 희망을 되찾을 수 있을까? 운명론적인 사고의 수렁에서 벗어난다고 하더라도 그들 앞에는 또 하나의 깊은 수렁이 도사리고 있었다. 그것은 그들이 자신들의 죄 때문에 하나님의 심판을 받았고 자신들에게 선언된 죽음의 운명에서 벗어날 수 없다는 현실 인식이다. 한 세대의 운명이 한번 결정된다면 다시는 되돌이킬 수 없는가? 죽어야 할 죄인이 다시 생명을 얻을 수 있는 가능성은 없는가? 만일 그렇다면 이것은 운명론적인 사고와는 다른 종류의 깊은 절망을 가져올 수 있다. 운명론과의 대결을 마친 에스겔은 이어지는 단락에서 이와 같은 또 다른 절망의 문제와 대결을 시작한다.

5. 운명의 전환이 가능한가? (21-29절)

한 세대가 앞선 세대의 죄에 영향을 받지 않는다는 사실이 명확하게 선포되었다. 그렇다면 한 세대 안에서는 어떠한가? 한 세대의 운명이 그 세대의 과거의 행위에 의해서 결정되면 결코 바뀔 수 없는가?[39] 이

---

[39] 하나님이 그분의 진노를 돌이키실 수 있는지 여부는 한때 이스라엘에서 논란이 되었던 문제로 보인다. 요나서는 이런 정황을 증거하고 있다. 요나서의 주요 주제들 가운데 하나가 '진노를 돌이키시는 하나님의 자유'이다(Gowan, 「구약예언서 신학」, 330; Blenkinsopp, 「이스라엘 예언사」, 243). 니느웨에 대한 심판을 두고 벌어진 예언자 요나와 하나님 사이의 갈등은 당시 이스라엘에 하나님이 한 번 내리신 결정은 취소될 수 없다는 생각이 널리 퍼져 있었음을 증언한다.

문제는 과거가 현재에 영향을 미친다는 점에서 세대 간의 책임 전가 문제와 유사하다. 하지만 세대 간의 책임 전가 문제는 각 세대가 앞선 세대의 연장이 아니라 하나님 앞에서 각자의 책임을 지는 독립적인 존재라는 인식을 통해 해결될 수 있는 반면에 한 세대 내에서 과거와 현재의 상호 관계는 이런 방식으로 해결될 수 없다. 에스겔은 21-29절에서 한 세대의 운명이 자신의 과거에 의해 영원히 결정되는 것이 아니라 바뀔 수 있는 가능성에 관해 논한다.

이 단락은 21-24, 25-29절 두 부분으로 나뉠 수 있다. 21-24절에서는 악인의 사례와 의인의 사례가 차례로 검토되고 있다. 25-29절은 21-24절에서 다루어진 내용에 대해 이스라엘 백성이 의문을 제기하고 이에 대해 하나님이 응답하시는 내용이다.

21절에 악인이 죽음을 벗어나 생명을 얻을 수 있는 길이 선포되고 있다. 그가 죄의 길로부터 돌이켜서(שׁוּב, 야슈브) 하나님의 율례를 지키고 '정의와 공의'를 행함으로써 하나님의 뜻에 순종해서 살 때 죽지 않고 '반드시 살게 된다.' 하나님을 거부하고 반역하는 삶에서 하나님의 주권에 순종하는 삶으로의 완전한 방향 전환이 운명이 전환을 이끈다. 우리가 '회개'라고 부를 수 있는 이 방향 전환은 죄의 길로부터 떠나는 것뿐만 아니라 5-9절에서 묘사된 의로운 자의 모습과 같이 그 삶에서 긍정적인 결과가 나타나는 총체적인 삶의 변화이다. 이런 운명의 전환은 악인이 죽지 않고 사는 것을 기뻐하시는 하나님의 인격적 성품 속에 그 궁극적인 근거를 가지고 있다(23절).[40]

---

[40] 비슷한 주제가 요나서에도 등장한다. 니느웨가 심판을 모면할 수 있었던 표면적인 이유가 '회개'였다면 궁극적인 근거는 생명을 아끼시는 하나님의 성품에 있다(욘 4:11).

악인의 경우에 운명의 전환이 가능하다면 의인의 경우에도 마찬가지로 운명이 뒤바뀔 가능성이 있다. 24절은 의인이 공의에서 떠나 악인의 삶을 살 때 그가 지은 죄 때문에 죽게 될 것이라고 선언한다. 이때 과거에 그가 했던 의로운 일들은 하나도 기억되지 않을 것이다. 악인의 경우와 정확히 대칭된다.

악인이 다시 생명을 얻을 수 있는 가능성에 관해 이야기할 때 잠잠했던 이스라엘 백성이 의인이 생명을 잃을 가능성에 관해 이야기하자 반론을 제기한다. "주의 길이 공평하지 않다"(25절). 여기서 "공평하지 않다"로 번역된 יִתָּכֵן (잇타켄)은 자의적, 무원칙이고, 예측 불가능하게 행동하는 것을 의미한다.[41] 이스라엘 백성은 도대체 무엇 때문에 이런 불평을 하고 있는가? 한번 내려진 신적 결정은 절대 바꿔어서는 안 된다는 확신 하에 하나님이 하시는 일이 너무나 변덕스럽고 믿을 수 없다고 생각한 것일까? 아니면 하나님이 이스라엘 백성과 맺으신 언약을 파기하신 것을 비난하고 있는가?[42] 여기서 우리는 이스라엘 백성의 불평이 의인이 생명을 잃을 가능성이 선포된 직후에 나왔다는 점과 하나님의 대답에서 의인이 생명을 잃는 사례가 먼저 거론된 점을 주목할 필요가 있다. 이 불평의 이유는 아마도 죄인이 용서받는 근거가 되었던 선한 행위가 의인의 경우에는 전혀 고려되지 않았다는 점일 것이다. 의인이 생명을 잃는 것과 함께 죄인이 용서받는 것도 문제 삼았을 수 있겠지만 사람은 보통 자신이 이익을 보는 문제에 관해서는 이의 제기하지 않는 법이다. 이스라엘 백성의 불평 뒤에 자리 잡고 있던 생각은 죄가 선한

---

41 Block, 「다니엘 I」, 730.
42 박철우, 「에스겔」, 360.

행위로 상쇄될 수 있다는 고대의 사고방식으로 보인다. 일종의 '공로주의 사상'이라고 부를 수 있는 이것은 고대 세계의 정치, 사법, 제의의 영역에 널리 퍼져 있던 사고방식이다.[43] 이런 세계 속에서 살았던 이스라엘 백성에게 의인이 과거에 행한 선한 행위가 현재의 운명을 결정하는 데 아무런 도움이 되지 않을 것이라는 하나님의 말씀은 받아들이기 어려웠을 것이고 심지어 불의하게 느껴졌을 수도 있다.

이스라엘 백성의 이런 불평에 대한 에스겔의 대응은 친절한 설득보다는 일방적인 선포에 가깝다. 악인과 의인의 운명 전환에 관해 선포하면서 에스겔은 의인과 죄인에 관하여 당시 사람들이 생각하고 있었던 것과 전혀 다른 혁명적인 신학적 사고를 도입한다. 그것은 '의인'과 '죄인'이 과거부터 현재까지 어떤 사람이 행했던 선한 일들과 불의한 일들의 총합으로 판단되지 않는다는 것이다. 과거가 아닌 현재의 상태가 결정적으로 중요하다. 현재 그가 하나님과의 관계에서 어떤 모습으로 살아가고 있는가가 그를 의인이나 혹은 죄인으로 판단 받게 만든다. 만일 그렇다면 과거에 어떻게 살았는가와 상관없이 현재의 모습에 의해서 그는 죄인에서 의인으로도, 의인에서 죄인으로도 운명이 전환될 수 있다. 이스라엘 백성이 생각하고 있던 심판이 과거의 삶에 기반한 일회적이고 최종적인 심판이라면 에스겔이 선포한 심판은 현재의 삶

---

[43] 공로주의적 사고를 보여주는 대표적인 예가 고대 이집트 사자의 서(Totenbuch)에 나와 있는 사후의 심판이다. 사자의 서는 일종의 사후 세계 안내서로서 파피루스에 기록되어서 시신과 함께 관 속에 봉인되었다. 사자의 서에서 가장 중요한 부분은 망자가 사후 세계를 주관하는 신인 오시리스와 42명의 심판관 앞에서 받게 되는 사후 심판에 관한 본문이다. 이 심판에서는 인간의 기억을 담고 있는 심장과 지혜의 여신 마아트의 깃털 무게가 저울로 비교되는데 이로써 망자가 살면서 행한 선행과 악행의 총합에 대한 평가가 이루어진다. Heerma van Voss, *Totenbuch*, 641-643.

에 기반한 가변적이고 지속적인 심판이라고 할 수 있다. 이러한 에스겔의 선포는 이스라엘 백성에게 과거의 실패로 인해 좌절하거나 과거에 획득한 어떤 보증에도 안주하지 말고 끊임없이 하나님께 순종하는 현재를 살아갈 것을 요구한다.

6. 너희는 스스로 돌이키고 살지어다(30-32절)

본문의 문체가 이제 이론적이고 논쟁적인 성격에서 이스라엘 백성을 향한 열정적인 호소로 바뀐다. 먼저 하나님 심판의 원리가 다시 한번 환기된다. 내가 너희 각 사람이 행한 대로 심판할지라(30절 상반). 여기서 '각 사람'으로 번역된 이시(אִישׁ)는 제사장 율법의 사례법에서 주어로 사용되는 용어이다(5절 참조). 때문에 이 표현에 근거해서 하나님이 말씀하시는 대상이 개인이라고 판단해서는 안 된다. 본문의 관심사는 여호와의 언약공동체인 이스라엘 백성 전체에 놓여 있다. 그가 행한 대로(כִּדְרָכָיו, 키드라카브, 직역하면 "그의 길에 따라서") 심판하신다는 것은 앞에서 논의된 바와 같이 단순히 개별적인 행위들의 합으로 심판하는 것을 의미하지 않는다. 현재 삶의 모습이 언약 관계에 신실한가, 그렇지 않은가에 따라서 심판이 이루어진다는 의미이다.

이어서 '모든 죄에서 돌이켜 회개하라'는 하나님의 명령이 이어진다. 이 명령은 이스라엘이 현재 그들의 죄로 인해서 죽음의 판결을 받았다는 것을 전제로 한다. 이스라엘이 지은 죄가 페샤(פֶּשַׁע)로 요약되고 있는데 이는 고의로 하나님을 거부하고 반역하는 죄를 의미한다.[44] 이

---

44 김덕중, 「거룩」, 114.

스라엘 백성에게 주어진 페샤로부터 돌이키라는 명령은 그들이 다시 마음을 돌이켜 하나님의 주권을 인정하고 하나님께 순종하는 언약공동체가 되라는 요구이다. 그럴 때 그들의 운명은 죽음에서 생명으로 뒤바뀌게 되고 이전의 죄가 더 이상 그들을 죽음으로 몰아가는 '걸림돌'(מִכְשׁוֹל, 믹숄)이 되지 않을 것이다.[45]

하나님은 또한 이스라엘 백성에게 마음(לֵב, 레브)과 영(רוּחַ, 루아흐)을 새롭게 하라고 명하신다. 구약의 인간론에 따르면 '레브'는 영적이고, 이성적이고, 감정적인 활동을 포함하여 인간의 포괄적인 내적 활동을 주관하는 기관이다.[46] 루아흐는 사람이 마음속의 생각을 실제 행동으로 옮기도록 동기를 부여하고 더 높은 단계의 숭고한 삶을 추구하도록 만드는 강한 내적 열망과 의지를 의미한다.[47] 건강한 '마음과 영'은 사람이 하나님과의 언약 관계를 지키는 것을 가능케 해 주는 원천이다. 에스겔은 이스라엘 백성이 하나님께 반역한 이유를 그들의 '굳은 마음' 때문이라고 말한 바 있다(2:4, 3:7). 따라서 그들이 다시 그들의 죄로부터 돌이켜 하나님께로 되돌아오기 위해서는 그들의 병들고 손상된 '레브'가 고쳐져야 한다.

그런데 에스겔서의 다른 곳에서는 '마음과 영'을 새롭게 하는 것이 이스라엘 백성에 대한 명령이 아니라 하나님이 하실 일로 묘사되어 있다(11:19; 36:26). 이로부터 '마음과 영'을 새롭게 하라는 명령과 죄로부터 돌이키라는 명령이 반드시 실현을 기대하고 내려진 명령은 아니

---

45 이는 에스겔 3:20에서 죄가 의인을 죽음에 이르게 하는 거치는 것(מִכְשׁוֹל, 믹숄)이 된다는 진술과 대조가 된다.
46 Jacob, *Theology*, 156–166.
47 Jacob, *Theology*, 156–166.

라는 것을 추측할 수 있다. 굳은 마음과 병든 영을 갖고 있는 이스라엘 백성이 어떻게 하나님의 명령에 응할 수 있겠는가? 그렇다면 이스라엘 백성에게 주어진 회개의 명령은 어떤 의도를 가지고 있는가? 이 명령에 담긴 신학적 의미를 다음과 같이 세 가지로 정리해 볼 수 있다. 첫째로 이 명령은 이스라엘 백성이 회개를 통해서 그들의 운명을 변화시킬 수 있다는 공의의 원리와 희망의 근거에 관한 천명이다. 둘째로 이 명령은 여호와 하나님을 그분의 언약 백성에게 죽음이 아닌 생명을 주기를 원하시는 분으로 드러낸다. 셋째로 이 명령은 이스라엘 백성에게 선포된 죽음이 그들 자신의 책임이라는 사실을 선명하게 부각시키고 하나님의 심판이 정당하다는 것을 확증한다. 현재의 문맥에서 이스라엘의 회개는 하나님의 말씀이 목적한 것이 아니다. 그들은 죽음을 피할 수 없다.

마지막으로 하나님은 이스라엘 백성에게 '어찌하여 죽고자 하느냐'라고 물으시면서 스스로 돌이키고 살라고 호소하신다. 그 분의 언약 백성을 향한 하나님의 마음을 표현한 이 간절한 호소 속에 이스라엘 백성의 죽음이 결코 모든 이야기의 끝이 아니며 그들이 다시 생명을 얻도록 하기 위해 하나님께서 직접 개입하실 것이라는 암시를 감지할 수 있다.

IV. 신학적 메시지

에스겔은 유다 왕국이 직면한 바빌로니아 제국의 위협을 이스라엘 백성의 죄에 대한 하나님의 심판으로 선포하였다. 하지만 혼란스러운 세상사가 하나님의 공의에 의한 결과라는 것을 이스라엘 백성에게 이해시키는 것은 쉽지 않은 일이었다. 당시 이스라엘 백성은 나름대로 자신들이 당하고 있는 고통의 이유와 이로부터 벗어나는 방법을 제시하는 세상적인 답안을 갖고 있었다. 그들은 앞선 세대의 책임이 후손에게 전가된다는 고대 세계의 보응의 원리에 입각해서 자신들이 경험하고 있는 현실을 해석했다. 그 결과 그들은 자신들의 운명이 앞선 세대의 죄에 의해 이미 결정되었다는 운명론과 허무주의에 깊이 빠지게 되었고 자신의 운명에 대한 그들 스스로 책임을 인정하지 않았다. 다른 한편에서 이스라엘 백성은 죄악이 선행에 의해 상쇄될 수 있다는 일종의 공로주의 사상을 가지고 자신의 운명을 선한 행위를 통해 바꿀 수 있는 가능성을 주장하였다. 이런 사고방식이 무너지지 않는다면 하나님의 공의의 원리가 인본주의적인 보응과 구원의 원리로 대체되어 버릴 위험이 있었다. 이에 에스겔은 18장에서 하나님의 심판을 왜곡시키고 무의미한 것으로 만들 수 있는 이스라엘 백성의 인본주의적인 사고방식과 대결하면서 하나님의 공의 원리를 분명하게 드러내고 있다. 이제 앞에서 본문 연구를 통해 자세히 살펴보았던 18장의 내용 가운데 중요한 신학적 메시지 몇 가지를 요약하면서 오늘날의 교회와 그리스도인들에게 적용할 수 있는 교훈이 무엇인지 생각해보고자 한다.

첫째로 "범죄하는 그 영혼은 죽으리라"(4절)는 슬로건에 단적으로 드러나 있듯이 각 세대의 운명은 각 세대의 책임이다. 하나님은 각 세대를 그들의 행위에 따라서(כִּדְרָכָיו, 키드라카브) 심판하시고 그들에게 생명 또는 죽음을 선언하신다. 이 심판의 원리는 이스라엘 백성을 운명론의 굴레에서 해방시키고 하나님 앞에서 스스로 운명에 대해 책임지는 존재로 서게 한다. 개인을 독립적이고 자율적인 존재로 보는 현대인에게 조상의 책임이 후손에게 전가된다는 이런 고대의 사고방식은 더 이상 받아들이기 힘든 낯선 개념이 되어버렸다. 그럼에도 불구하고 오늘날에도 사람들은 여전히 다양한 방식으로 자신의 운명을 다른 그 무엇의 책임으로 돌리며 자신의 책임을 축소시키고자 애쓰고 있다. 사회 환경이 개인의 삶에 결정적인 영향을 미친다는 사회학의 기본 원리나 인간의 운명이 유전자에 의해서 결정된다고 보는 생물학적 결정론이나 인간의 자유의지를 뇌의 화학적 활동이 만들어낸 부수적인 현상으로 보는 정신과학 이론과 같이 인간을 종속적인 존재, 제한적인 존재로 만드는 현대의 여러 사고가 이에 대한 빌미를 제공하고 있는 듯 보인다. 한편으로 종교의 영역에서는 놀랍게도 '가계에 흐르는 저주'와 같은 미신적인 사고가 여전히 사람들을 미혹하고 있다. 인간의 책임이 사라진 곳에는 진정한 구원도 없다. 죄는 강한 영향력과 전염성을 가지고 있어서 그 영향권 안에 있는 사람의 판단력과 의지를 손상시키고, 그로 하여금 죄의 길을 선택하는 것 이외의 다른 가능성을 생각할 수 없는 지경까지 이르게 할 수 있다. 그러나 어떤 상황에서도 인간은 선택하고 결정할 수 있는 자유가 있고, 그렇기에 자신이 선택한 죄의 길에 대한 책임이 궁극적으로 그 자신에게 있다는 것이 에스겔이 선포하고 있는 하나님의 공의 원리이다.

둘째로 인간의 운명은 한 번의 결정으로 영원히 정해지는 것이 아니라 바뀔 수 있다. 악인이 죄로부터 돌이켜서 하나님께 순종하면 생명을 얻게 되고, 반대로 의인이 의로운 길에서 돌이켜서 악을 행하면 생명을 잃고 죽게 된다. 이때 악인과 의인의 운명을 바꾸는 결정적인 요인은 그들의 현재의 삶이다. 현재 그들이 하나님의 주권을 인정하고 하나님께 순종하는가, 그렇지 않는가에 따라서 악인이 의인이 될 수도 있고, 의인이 악인이 될 수도 있다. 이때 그들의 과거가 어떠했는지는 현재의 판결에 아무런 영향을 미치지 않는다. 악인이 저질렀던 과거의 죄도, 의인이 행했던 과거의 선한 행위도 모두 잊혀지게 된다. 이런 하나님의 공의 원리는 선한 행위와 악한 행위의 총합에 의해 의인과 악인이 결정된다는 공로주의 원리를 정면으로 거부하고 있다. 대신에 지금 이 순간 어떤 삶을 살고 있느냐가 생명과 죽음을 나누는 심판의 결정적인 관건이 된다. 이러한 공의의 원리는 먼저 어떤 절망적인 상황에서도 삶을 포기하지 않고 새로운 회복을 꿈꿀 수 있는 희망의 근거를 제공한다. 이와 함께 이 원리는 우리의 신앙이 율법주의나 도덕주의로 환원되거나 공로주의로 떨어지는 것을 방지해 주고, 하나님과 지속적으로 동행하며 인격적인 교제를 나누는 삶의 과정이 되도록 한다.[48]

셋째로 생명이 약속된 의로운 자는 정의과 공의를 따라 행하는 사람이다. '정의와 공의'를 따라 행한다는 것은 언약공동체를 건강하고 생명력 있게 만들기 위해서 하나님이 요구하시는 사회-윤리적인 규범을 자발적으로 지킨다는 것을 의미한다. 정의와 공의가 지켜질 때 언약공

---

[48] 의인이 그의 생명을 잃을 가능성이 있다는 사실은 오늘날의 교회에 걸림돌이 될 수 있는 부분이다. 이것은 인간이 자신의 죄에 대해 책임을 져야 한다는 첫 번째 공의의 원리로부터 자연스럽게 나오는 귀결이다. 하지만 인간을 죄의 길로 유혹하는 수많은 강력한 미혹들이 존재하는 세상에서 의인이 끝까지 의로운 삶을 유지해야 살 수 있다는 것은 구원을 매우 불안정하고 의심스러운 것으로 만들 위험이 있다. 자신이 다시 생명을 잃을 가능성이 있다는 것을 알고 두려움과 불안을 느낀다면 이것이 하나님이 약속하신 진정한 생명의 삶인가? 이 문제와 관련하여 우리는 의인이 자신의 의로움을 유지하는 책임이 그 자신에게만 맡겨진 것은 아니라는 사실을 기억할 필요가 있다. 시편 23편의 기자가 여호와를 '사망의 음침한 골짜기'에서 자신을 지키고 보호하시고 그분께 순종하는 자를 '푸른 풀밭과 쉴 만한 물가'로 인도하시는 분으로 노래하고 있듯이 하나님은 그분의 음성을 듣고 따르는 자를 끝까지 보호하신다(요 10:27-29). 때문에 의인이 생명을 상실할 가능성에 대한 언급은 순전히 이론적인 것일 수 있다. 하지만 하나님과의 관계가 자발적인 선택과 의지적 결단으로 이루어지는 인격적 관계이기 때문에 한 때, 하나님께 순종했던 사람이라고 할지라도 특별한 계기로 하나님을 고의로 거부하고 떠날 가능성을 열어 둘 필요는 있다.

동체의 구성원들은 '샬롬'을 누릴 수 있다. 하나님과의 언약 관계는 하나님과 개인 사이에 맺어진 관계가 아니라 하나님과 공동체 사이에 맺어진 관계이다. 때문에 하나님과의 언약 관계에 신실하다는 것을 의미하는 '의로움'이란 개념 속에는 언약공동체의 복리(welfare)를 위하여 하나님께서 요구하시는 연대적 책임, 즉 '정의와 공의'의 실천이 포함되어 있다. 그런데 현대의 많은 그리스도인들은 신앙을 개인적인 것으로 축소하는 경향이 있다. 그 결과 그들은 하나님과의 수직적인 관계와 공동체적인 의무를 분리시켜서 전자만을 근본적인 것으로 보고 후자를 부차적인 것으로 바라본다. 심지어 이것을 신앙과는 상관없는 것 혹은 신앙을 방해하는 것으로 간주하기도 한다. 시내산에서 하나님이 이스라엘과 맺으신 옛 언약과 예수께서 제자들과 맺으신 새 언약은 근본적으로 동일한 하나의 언약이다.[49] 따라서 구약의 언약 관계가 갖고 있는 공동체적인 의미에 주목해서 우리의 신앙이 지나치게 개인주의적으로 기울어지지 않도록 주의할 필요가 있다.

 넷째로 의로운 자에게는 생명이 약속된다. 에스겔이 말하고 있는 생명은 종말의 때에 이루어질 최종적인 구원이 아니라 현재 하나님의 현존에 참여하는 것을 말한다. 생명의 원천이신 하나님의 현존에 참여하는 것이 곧 생명을 누리는 길이다. 에스겔 47장에서 성전에서 흘러나오는 생명수의 비유는 하나님의 현존으로 말미암아 죽었던 세상이 생명을 얻는 모습을 보여주고 있다. 필자가 볼 때 생명을 현재로 이해하는 것이 심판의 현재성을 강조하는 두 번째 공의의 원리에 더 잘 어울리는

---

49 예레미야의 새 언약에 관한 예언(렘 31:31-34)은 '옛 언약의 폐지가 아니라 완성을 예고한다. 이를 위해서 하나님은 이스라엘 백성이 언약을 더 이상 깨뜨릴 수 없도록 토라를 그들의 마음에 두고자 하신다. 이와 관련하여 Rendtorff, 「구약정경신학」, 68.

것 같다. 우리는 흔히 하나님이 구원받은 자에게 약속하신 '영원한 생명(영생)'을 현세가 아닌 내세에 받게 될 종말론적인 축복으로만 이해한다. 물론 생명에 대한 이러한 이해는 기독교 신앙의 핵심에 속한다. 그러나 이런 종말론적 축복과 함께 에스겔이 선포하고 있듯이 하나님의 현존을 통해 주어지는 현재 생명의 축복을 포착하고 누릴 수 있다면 세상 속에서 그리스도인의 삶은 더욱더 생동감 있고 풍요로운 여정이 될 것이다.

참고문헌

김덕중. 『거룩: 성소에서 만나는 하나님』. 용인: 킹덤북스, 2011.

박철우. 『에스겔』. 대한기독교서회 창립 100주년 기념 성서주석 24, 서울: 대한기독교서회, 2010.

Allen, L. C./김경열 역. 『에스겔 1-19』 (*Ezekiel 1-19*) WBC 성경주석 28 (WBC 28). 서울: 솔로몬, 2009 (1994).

Blenkinsopp, J./황승일 역. 『이스라엘 예언사』 (*A History of Prophecy in Israel*). 서울: 은성, 1992 (1983).

Block, D. I./신윤수 역. 『에스겔 I』 (*The Book of Ezekiel, Chapter 1-24*). 서울: 부흥과개혁사, 2019 (1997).

Fishbane, M.. *Biblical Interpretation in Ancient Israel*. New York: Clarendon Press, 1985.

Fohrer, G.. *Ezechiel mit einem Beitrag von Kurt Galling*. HAT 13. Tübingen: Mohr (Paul Siebeck), 1955.

Garscha, J.. *Studien zum Ezechielbuch. Eine redaktionskritische Untersuchung von 1-39*. Frankfurt am Mein: Herbert Lang, 1974.

Gowan, D. E./차준희 역. 『구약 예언서 신학』 (*Theology of the Prophetic Books: The Death & Resurrection of Israel*). 서울: 기독교서회, 2004 (1998).

Greenberg, M.. *Ezekiel 1-20*. AB 22. Garden City, N. Y.: Doubleday, 1983.

Grund, A.. "Sünde/Schuld und Vergebung." *RGG*[4] 7 (2004): 1874-1876.

Heerma van Voss, M.. "Totenbuch." *Lexikon der Ägyptologie* VI (1986): 641-643.

Jacob, E.. *Theology of the Old Testament*. London: Hodder & Stoughton, 1958.

Joyce, P.. *Ezekiel: A Commentary*. Library of Hebrew Bible/Old Testament Studies 482. New York: T&T Clark, 2009.

Joüon, P. 외/김정우 역. 『성서히브리어 문법』 (A *Grammar of Biblical Hebrew*). 서울: 기혼 2012 (2006).

Koch, K./강성열 역. 『예언자들 1: 앗수르 시대』 (*The Prophets: 1. The Assyrian*

Period). 고양: 크리스챤 다이제스트, 1999 (1982).

_____. "Der Spruch "Sein Blut bleibe auf seinem Haupt" und die israelitische Auffassung vom vergossenen Blut." *VT* 12 (1962): 396-416.

Kutsko, J. F.. *Between Heaven and Earth. Divine Presence and Absence in the Book of Ezekiel*. Biblical and Judaic Studies 7. Winona Lake: Eisenbrauns, 2000.

Pohlmann, K.-F.. *Ezechielstudien. Zur Redaktionsgeschichte des Buches und zur Frage nach den ältesten Texten*. BZAW 202, Berlin: de Gruyter, 1992.

Rendtorff, R./하경택 역. 『구약정경신학』 (*Theologie des Alten Testaments* Band 2). 서울: 새물결플러스, 2009 (2001).

Scheffcyzk, L.. *Urstand, Fall und Erbsünde: von der Schrift bis Augustinus*. Handbuch der Dogmengeschichte II/3a Teil 1. Freiburg u.a.: Herder, 1981.

Zimmerli, W.. *Ezechiel 1-24*. BK XIII/1, 3. Aufl. Neukirchen-Vluyn: Neukirchener Verlagsgesellschaft, 2011.

_____. "Die Eigenart der prophetischen Rede des Ezechiel. Ein Beitrag zum Problem an Hand von Ez, 1-11." *ZAW* 66 (1954): 1-26.

21세기 교회의 선택,
'혐오의 공론장'인가, '사랑의 공론장'인가

김진호*

I. 대전환

칼 폴라니(Karl Polanyi)의 대작 『대전환』(*The Great Transformation*, 1944)이 출간된 지 한 세기도 못 되었는데, 최근 새로운 대전환(new great tranformation)을 논하는 이들이 적잖다. 폴라니의 거대한 전환은 효율성의 혁신(efficiency innovation)이 일으킨 사회 전반의 유토피아적인 양상에 포개져 있는 디스토피아적인 변화를 다루었다. 전대미문의 세계 전쟁으로 모든 것이 잿더미가 된 바로 그 현장에서 그는 18~19세기의 자본주의적 대전환이 어떻게 모두를 위험에 빠뜨릴 수 있는지를 진단하고 그 속에서 인류가 살아남을 가능성이 무엇인지,

---

* 전 기장교단 한백교회 담임목사, 홀가분출판사 대표, 민중신학 연구자. 제3시대 그리스도교연구소 이사이다. 한국신학연구소 연구원, 계간 「당대비평」 주간을 역임했고, 『극우주의와 기독교』 등 여러 권의 책을 썼다. 인권연대가 수여하는 '종교인권상'을 수상한 바 있다.

또 지구의 지속가능성(sustainability)의 길은 어떤 것인지를 논하고자 했다.[1]

하지만 그 이후 자본주의적 효율성의 혁신은 전례 없는 성공의 전리품을 세계에 선사했다. 부침이 없었던 것은 아니지만 자본주의는 민주주의와 비교적 잘 조합된 듯이 보였다. 효율성의 혁신이 내포하는 재앙적 측면을 감추기에 충분해 보일 만큼 말이다.

그러는 사이 2천년대가 막을 내리고 새로운 천년대가 시작될 즈음, 다시 대전환론들이 속출했다. 이때는 자본주의적 효율성의 혁신이 한 단계 더 진전했다. 아니 어쩌면 그 절정기를 향한 도약의 최종 심급에 도달한 것인지도 모른다. 그만큼 이제까지의 자본주의적 패러다임을 질적으로 넘어선 새로운 패러다임이 세계를 휩쓸었다. 세계화라고 부르는 자본 운동이 그것이다. 20세기 중반, 전후 세계를 주도했던 민주주의와 자본주의의 엮임이 시너지를 발생시켰던 호환 조합(compatible combination)이 그 세기의 끝자락에 오자 더 많은 불협화음을 일으켰고(상충 조합[conflicting combination]으로 작동), 자본+국가보다 자본+도시의 조합이 새로운 효율성의 혁신을 주도했다. 그것은 국민국가(nation-state)를 중심으로 구축되었던 민주주의적 제도의 후퇴를 야기했다. 또한 점점 더 세계화에 밀착된 도시들은 자본의 공간 운동이 일으키는 부가가치를 찾아 부유하는 유민(namad)들로 넘쳐나게 되었다. 그들 대다수는 국가 단위로 발전한 민주주의적 특권, 그러니까 국민의 특권을 포기하면서까지 도시에서 도시로 떠돌아다녔다.

각 도시들은 더 쾌적한 도시환경을 더 저렴한 비용으로 유지하기

---

1 김미경, 「포퓰리즘, 자본주의 그리고 민주주의 과거와 현재」, 『서양사연구』 65(2021).

위해 언제든 '용도 폐기될 수 있는', 아니 이미 '용도 폐기된 존재'[2]를 필요로 한다. 이것은 사회의 밑바닥에서 용도 폐기된 존재로 살아내기 위한 경쟁을 더욱 심화시켰다. 무엇보다도 국민이라는 앙상한 권리만을 보유한 밑바닥 정착민(rooted underclass) 사이에서 그것조차 없는 유민들(rootless underclass/ nomad)을 향한 혐오의 정치가 불타올랐다. 20세기 초와 21세기 초, 폴라니와 새로운 대전환론자들이 공통으로 주목한 것은 바로 이런 발광하는 극우주의의 출현이다. 이 현상은 세계를 위기에 빠뜨리고 있었다. 해서 대전환론자들이 체감하는 현재는 긴박한 파국의 시간(doomsday) 속으로 빨려 들어가고 있는 현재다.

바로 이런 문제의식을 출발점으로 하여 이 글은 시작한다. 여기서 이 문제의식의 장소가 한국이라는 점을 소홀히 할 수 없다는 사실이 중요하다. 폴라니가 고향인 헝가리를 바라보며 대전환론을 폈던 것처럼 말이다.[3] 해방신학자 구스타보 구티에레즈(Gustavo Gutierrez)는 "우리의 우물에서 생수를 마신다"(We Drink from Our Own Wells)고 말했다.[4] 미국이나 유럽의 시각이 아닌, 페루를 포함한 라틴아메리카, 그곳의 가난한 자들의 시선에서 신앙을 논하는 것이 진정한 해방신학이라는 얘기다. 그렇듯 우리도 한국이라는 현장에서 '용도 폐기된/될 존재들'이 겪어내야 하는 '새로운 대전환' 담론의 시대에 극우주의 현상을 읽고 그것 너머의 가능성을 모색할 필요가 있다.

---

2 용도 폐기된 존재들은 지그문트 바우만의 wasted lives을 옮긴 표현이다. 하지만 일반적으로 이 용어는 쓰레기가 된 삶들로 통용된다. 지그문트 바우만, 정일준 옮김, 『쓰레기가 되는 삶들: 모더니티와 그 추방자들』 (서울: 새물결출판사, 2008).
3 개러스 데일, 황성원 옮김, 『칼 폴라니: 왼편의 삶』 (서울: 마농지, 2019).
4 구스타보 구티에레즈, 김문호 옮김, 『칼우리의 우물에서 생수를 마신다』 (서울: 한국신학연구소, 1986).

II. 외환위기와 세계화, 혐오의 감정 동학 내력

세계화는 구조화된 이윤율 하락을 돌파하기 위한 자본주의의 또 하나의 실험이었다. 그 시기는 21세기 전후다. 한데 이것은 '치명적 리스크를 내포한 실험'이다. 이제까지 자본주의적 안전장치였던 국민국가를 판돈으로 내걸어야 하는 실험이기 때문이다.

아무튼 그 전개는 이랬다. 제2차 세계대전 이후 승리한 국가들은 극우 파시즘 체제가 끝났고 민주주의 시대가 도래했다고 믿었다. 한데 민주주의 체제는 두 범주, 곧 자유민주주의와 사회민주주의로 나뉘었다. 그리고 이른바 두 체제 간의 치열한 경쟁의 시대가 본격화됐다. 이 경쟁에서 자유민주 진영이 취한 외교 전략의 하나가 엄청난 파급력을 일으켰다. 그것은 소련으로부터 공산 중국을 디커플링시키는 것이었다. 이는 마오쩌둥 이후의 권력투쟁에서 개혁개방을 주장하는 세력이 공산 중국을 주도하게 하는 데 결정적 영향을 미쳤다[5]하여 죽의 장막(bamboo curtain)이 거두어졌고, 중국의 시장은 자유민주주의 진영을 향해 활짝 열렸다. 여기까지는 이 사건의 총기획자인 헨리 키신저(Henry Kissinger)가 만든 시나리오의 자장 안에 있었다.

한데 이 정치적 기획은 누구도 예상하지 못한 결과로 이어졌다. 데이비드 하비(David Harvey)가 말했듯이,[6] 중국이 끼어듦으로써 자본은 국경의 보호막을 넘어가야 할 강력한 동기가 생겼다. 물론 여기에 디지

---

[5] William C. Kirby, "The Two Chinas in the Global Setting: Sino-Soviet and Sino-American Cooperation in the 1950s," in Ross R., *Re-examining the Cold War: U.S. China Diplomacy, 1954~1973* (Cambridge, MA: Harvard University Asia Center, 2001), 25-46.
[6] 데이비드 하비, 최병두 옮김, 『신제국주의』 (서울: 한울아카데미, 2016), 제3장.

털화라는 온라인 기반의 매체 혁명이 보태져야 세계화가 비로소 실현될 수 있게 된다. 원재료의 수급에서부터 최종상품의 판매에 이르는 최적화된 시스템을 가리키는 글로벌가치사슬(global value chain)이 구축되었다. 이때 중국은 지구적 생산 매커니즘의 네트워크 거점(hub)이었다.7 이런 자본 중심의 세계화를 이상화하는 이데올로기가 신자유주의다. 그리고 신자유주의적 인간론의 하나로 자기 계발 담론이 널리 회자되었다. 자기 계발을 통해 기업이 생존하듯 개개인도 성공을 거둘 수 있다는 믿음이 세계 곳곳에서 맹렬하게 물결쳤다.

그런데 한국은 이런 세계화의 질서가 가장 빠르고 가장 깊게, 나아가 가장 폭력적으로 안착한 사회 중 하나다. 그것은 1990년대 말, 사실상의 국가모라토리엄 상태에 놓였던 '외환위기 사태' 때문이다. 당시 한국은 국제통화기금(IMF)의 강압으로 국가 차원의 대대적인 구조조정을 단행해야 했다. 그 과정에서 한국은 사회의 안정지향성(social stability orientation)이 크게 약화되었고 변화지향성(change orientation)이 극도로 활성화된 사회가 되었다. 게다가 세계화의 가장 강력한 허브였던 중국과 인접해 있다는 사실은 한국이 세계화에 가장 민감하게 반응하는 사회가 되었음을 의미한다.8 그 결과 초고속 성장을 구가하던 때에도 놀라울 정도로 계층분화 정도가 낮았던, 하여 상대적으로 평등한 사회였던 한국은 매우 빠르게 불평등화가 진행되었다.9 특히 계층 추락을 경험

---

7 홍진영·이준엽, 「글로벌생산네트워크에서의 중국의 위상에 관한 연구—휴대폰 및 자동차산업을 중심으로」, 『현대중국연구』 14(1)(2012), 193-230.
8 인접성에서 한국과 유사하지만 안정지향적인 사회적 장치가 과하게 발달해 있던 일본은 상대적으로 세계화에 대한 민감성이 한국보다는 현저히 적었다.
9 WooJin Kang, "Inequality, the welfare system and satisfaction with democracy in South Korea," *International Political Science Review*, Vol. 36, Issue 5. https://doi.org/

하는 과정에서 가족이 해체되고, 건강이 악화되며, 정신질환에 시달리는 이들이 매우 많았다.10 이 현상은 사회 전반적으로 특정 계층, 그러니까 '용도 폐기된 존재'로 간주된 이들에 대한 감정의 전이로 나타난다.

세계화 이전에는 혐오 감정이 동정심과 뒤엉켜 있었다. 한데 특정 계층에 대한 국민적 혐오 감정을 국가가 대행했고, 그것이 이른바 폭력적인 수용시설의 국가적 관리로 이어졌다. 국가는 이렇게 '용도 폐기된 존재'를 국민과 격리시킴으로써 혐오 감정의 표현을 국가가 대행했다. 그리고 그런 감정의 부스러기는 시민단체가 떠안았다. 이 단체들은 '동정심'의 대행자 역할을 수행했다.

한데 세계화 이후, 국가는 국민으로부터 그들을 충분히 격리시킬 수 없게 되었다. 위에서 말했듯이, 양극화가 심화되면서 그리고 국경을 넘나들면서 도시로 유입되어 들어온 이들의 규모가 격리의 가능 범위를 넘어서면서, 용도 폐기된 존재는 더 이상 사람들의 일상과 분리할 수 없이 엉켜 있게 되었다. 또한 온라인네트워크의 활성화로 정보의 유통이 국가의 관리 범위를 초과했다. 이런 상황에서 감정의 전이가 일어난다. 혐오적 존재는 국민의 일상으로 파고들었고, 국민은 그들에 대한 공포심 나아가 적대감을 갖게 되었다. 다른 한편으로는 정보의 홍수 속에서 공포심이 일상화되면서 무관심의 영역으로 내쳐지게도 되었다.11

10.1177/ 0192512114521053.

10 남은영, 「외환위기 이후 계층의 양극화—변화된 일상과 소비생활」, 『조사연구』 10(1)(2009), 17-22.

11 정수남, 「'잉여인간', 사회적 삶의 후기자본주의적 논리—노숙인, 부랑인을 중심으로」, 『한국사회학』 48(5)(2014), 285-320.

이는 2천년대 말 혐오범죄율의 폭발적 증가로 나타났다. 그리고 2010년대 말에는 이런 혐오 감정을 자양분으로 하는 혐오 정치가 활성화되었다. 한데 그 내막을 좀 더 세밀하게 살펴보기 위해 이 글은 이 시기에 한국 개신교에서 일어난 변화에 주목하려 한다. 한국 사회를 뒤흔든 이 모든 현상의 가장 중요한 배후의 하나가 교회이기 때문이다.

III. 세계화와 교회, 대이동

세계화가 한국 사회를 거칠게 덮치고 있던 시기 국민 개개인은 각자 가능한 생존전략에 집착하게 된다. 그중 가장 중요하게 떠오른 것이 사적 연줄망(private connection networks)에 대한 집착 현상이다. 한데 이와 관련해서 이 시기 한국 개신교의 특정 분파의 급성장이 주목된다.

개신교에 대한 사회적 평판이 급속도로 악화되고 있던 시절이다. 해서 급격한 성장세를 구가하던 개신교가 정체 상태에 놓였다. 이런 상황에서 급장장을 이룩하여 대형 교회 대열에 들어선 교회들이 속출했다. 이런 교회를 나는, 1980년대 전후 러시를 이루었던 대형 교회 현상과 대조하여, '후발 대형 교회'라고 부른 바 있다.(이하 '후발')[12]

---

[12] 김진호, 『대형교회와 웰빙보수주의. 새로운 우파의 탄생』(서울; 오월의봄, 2020). 하지만 이하의 내용은 이 책의 논지를 개신교 신자의 대이동 현상의 관점에서 재정리한 김진호, 「이젠 테러까지 걱정… 개신교는 어떻게 극우 온상이 됐나」, 『소셜코리아』(2025 04 23)에 의존하고 있다. https://socialkorea.org/society/%ec%9d%b4%ec%a0%a0-%ed%85%8c%eb%9f%ac%ea%b9%8c%ec%a7%80-%ea%b1%b1%ec%a0%95%c2%b7%c2%b7%c2%b7%ea%b0%9c%ec%8b%a0%ea%b5%90%eb%8a%94-%ec%96%b4%eb%96%bb%ea%b2%8c-%ea%b7%b9%ec%9a%b0-%ec%98%a8%ec%83%81/.

주목할 것은 '후발'은 강남권(강남·강동·분당 지역)에 집중되어 있다는 사실이다. 이와 연관된 사실은 후발은 학력 높은 중상위계층의 대대적인 집결소라는 점이다. 특히 가장 강력하게 작동하는 파워 엘리트의 권력 네트워크[13]의 하나가 바로 '후발'이다.

이것이 의미하는 바는 '후발'이 세계화 시대 한국 사회를 추동하는 핵심 장소의 하나로 작동하고 있다는 것이다. 이곳에서는 중상위계층의 욕구와 결합된, 통칭 '풍요의 신학'이 물결쳤다. 간단히 말하면 이는 "예수님이라면 어떻게 하실까"라는 신앙 윤리에 관한 담론이다. 그리고 이 윤리적 담론 뒤에 생략된 것은 예수가 성공한 이와 동일시되고 있다는 점이다.

이것은 1970~1980년대를 풍미했던 조용기의 '삼박자구원론'과 대비된다. 삼박자구원론(영+물질+질병의 구원)은 아무것도 가진 것 없는, 자산도 건강도 최말단으로 내몰린 자에게 부여된 축복의 담론이다. 해서 그렇게 풍요를 얻은 이는 종종 졸부적 축복으로 비난받곤 했다. 반면 '풍요의 신학'은 축복을 윤리로 대체한다. 해서 졸부는 더 이상 '풍요의 신학'의 주체가 될 수 없다. 문제는 졸부만 배제된 것이 아니라는 데 있다. 아무것도 없는 자, 터무니없이 선사되는 축복이 필요한 자는 신앙의 주체로서 믿음의 공동체에서 자존성을 가진 자가 될 수 없다. 즉 '후발'에서 그들은 동등한 공동체의 일원일 수 없다. 그들은 일종의 의존적 주체, 즉 하위주체(서발턴, subaltern)일 때에만 공동체

---

13 이것은 William G. Domhoff의 'elite nexus' 개념에 의존한 것인데, 그의 논문 G William Domhoff, Clifford Staples, & Adam Schneider, "Interlocks and interactions among the power elite," *Who Rules America* (2013) https://whorulesamerica.ucsc.edu/power_elite/interlocks_and_interactions.html].

의 일원이 된다.

　이것은 언더클래스(underclass) 계층[14]의 상당수가 교회에서 위로받을 수 없게 되었다는 것을 의미한다. 하여 언더클래스 신자들 다수가 교회를 떠났다. 앞에서 말했듯이 개신교 신자 전체는 정체되었는데 수많은 중상위계층 신자가 특정 교회들로 대대적으로 이동하고 있었다. 이는 '후발' 이외의 무수히 많은 교회는 신자의 심각한 유출 상황에 놓이게 되었다는 것을 의미한다. 한데 엎친 데 덮친 격으로, 위로받지 못한 언더클래스 신자들 다수도 교회를 떠나갔다. 이중 다수의 언더클래스 청년들이 신천지 신자가 되었다.

　개신교계 소종파인 신천지는 2000년부터 2016년 사이에 놀라울 정도의 급성장을 했다. 그중 개신교 신자였던 이들이 매우 많았다. 또 언더클래스 청년층이 많았다. 이것은 이 시기 개신교에서 이탈한 언더클래스 청년층 다수가 신천지로 유입되었다는 것을 의미한다.

　하지만 언더클래스 청년 신자층의 이탈을 이렇게 설명하는 것으로는 충분하지 않다. 브레이크 없이 질주하는 세계화 열차를 탄 한국 사회의 병리성을 결부시켜 생각할 필요가 있다. 말했듯이, 변화 지향성이 극대화된 가운데 완충장치가 거의 없이 전개된 세계화로 무수한 이들이 병들고 있었다. 그 안에서 상호 폭력이 난무한 상황이 벌어졌다. 바로 2천년대에 말이다. 가정폭력, 일터폭력, 학교폭력 등에 무방비로

---

14 여기서 사용한 언더클래스 개념에 대해서는 하시모토 겐지, 「언더클래스의 출현과 새로운 계급사회」, 『일본비평』 14(1)(2022. 2.). 나는 이를 민중신학의 '오클로스 민중'의 21세기적 번안 개념으로 사용한 바 있다. 김진호, 「민중신학과 비참의 현상학」, 김영석·김진호 엮음, 『21세기 민중신학: 세계 신학자들 안병무를 말하다』(서울: 삼인, 2013); _____, 「오클로스론의 '현재성'—안병무의 예수역사학 다시 읽기」. https://owal.tistory.com/605.

노출된 이들 다수가 교회로부터 위로받지 못하고 신천지로 유입된 것이 신천지 현상의 주요 양상인 것이다. 해서 폐쇄적 공동체가 유난히 신천지에 많았던 것은 상처받은 청년 다수가 '안전 공간'을 찾아 숨어들 곳이 필요했기 때문일 것이다. 어쩌면 소종파로서 신천지의 폐쇄성과 은둔 장소가 필요했던 이들의 요구가 결합된 결과일 수 있다.

한편 후발 현상은 또 다른 신자층의 유출과도 관련이 있다. '후발'의 급성장은 고학력 중상위계층 신자의 교회 안에서의 위상이 강화된 현상과 맞물린다. 나는 이것을 '주권신자화'라는 개념으로 설명한 바 있는데,[15] 성직자들의 목회자로서의 성공 욕구는 주권 신자들의 종교적 욕구에 얼마나 부합하는 교회를 만들어내느냐와 관련된다. 이 과정에서 많은 것이 부각되고 또 많은 것이 유실되었다. 앞서 언급한 축복 대신 윤리가 강화된 것도 그중 하나다. 이와 연관된 현상의 하나가 '샤먼적 종교성의 퇴조' 현상이다. 이런 종교성은 1970년대 어간 크게 성행했던 산(山)기도원 신앙과 불가분 연결되어 있다.[16] 교회에서는 이런 이들을 '부흥사'라고 불렀다. 한데 부흥사들과 산기도원이 빠르게 사라져갔다. 물론 여전히 적잖은 신자들은 부흥사와 산기도원을 필요로 했다. 그러나 1970~1980년대 크게 성행했던 신기도원 상당수가 경영난에 시달리다 사라졌다는 것은 의심의 여지없다.

이때 산기도원 신앙의 중독자로 그곳에 머물러 살던 이들은 다시 사회로 복귀하지 않으면 안 되었다. 하지만 그들 다수는 일상으로의

---

15 『대형교회와 웰빙보수주의. 새로운 우파의 탄생』 3장.
16 산기도원 중독자와 이하에서 언급할 거리의 전도자 그리고 아스팔트우파 현상에 대하여는 나의 글 「태극기집회, 다시 꿈틀거리는 극우주의」, 『황해문화』 (2017 여름).

복귀에 실패했다. 결국 그들은 쪽방의 빈민으로 살아가야 했다. 그들의 절대다수는 개신교 신앙을 가진 언더클래스 노년이다. 세계화에 실패한 개신교계 청년층이 대대적으로 신천지로 이동해 간 것처럼, 급속한 산업화 과정에서 실패한 개신교계 노년층 다수는 쪽방에 거주했다. 한데 주목할 것은 그들 중 적잖은 이들이 '예수 천국 불신 지옥'을 외치던 '거리의 전도자'가 되었다.

한편 세계화 시대 무한경쟁은 가족주의를 매우 강화시켰다. 특히 중상위계층의 가족주의는 매우 강화되었다. 치열한 경쟁사회에서 유리한 스펙 만들기를 위한 학대에 가까운 조기교육 현상이 중상위계층 가족주의와 결합되었고, 온 가족은 그것을 위해 총동원되었다. 이것은 수많은 청(소)년이 스펙 만들기와 무관한 교회적 활동에서 이탈하는 현상으로 이어졌다.

마지막으로 후발화되는 교회 혹은 그런 전환에 실패하여 열패감 속에 퇴행화되는 교회에 대한 실망신자들의 떠돌이화 현상이 광범위하게 일어났다. 신앙의 유목민화(religious nomadism) 현상은 교회간 이동뿐 아니라 종교 간, 나아가 종교와 비종교 간 이동을 강화시켰다. 한데 여전히 그런 이들 중 다수는 종교성이 필요했다. 이런 현상은, 종교적인 것(the religious)과는 구별되는, 영적인 것(the spiritual)의 추구 양상으로 해석되곤 한다.[17]

---

17 각주 12에서 인용된 나의 글 「이젠 테러까지 걱정… 개신교는 어떻게 극우 온상이 됐나」에 들어 있는 도표를 그대로 옮긴 것.

중상위계층의 대이동	이동A	→ 강남권대형교회 현상	재장소화
언더클래스 청년층의 대이동	이동B	→ 신천지의 급성장	
언더클래스 남성노년층의 이동	이동C	→ 거리의 전도자&아스팔트우파	
청년과 중산층의 대이동	이동D	→ 떠돌이신자 현상	탈장소화
청(소)년층의 대이동	이동E	→ 온라인극우 or 팬덤대중	

IV. 혐오 현상과 극우주의 정치

2천년대 첫 번째 10년 동안 한국 사회는 눈부신 성공시대를 구가했다. 특히 세계화 시대 소프트파워의 확대라는 차원에서 한국 자본주의의 눈부신 성장은 돋보였다.[18] 이런 성공과 더불어 자기 계발 담론의 열기가 맹렬히 불타올랐다하여 한국 사회는 세계화 메커니즘 속에 잘 통합되어 있는 것처럼 보였다. 하지만 같은 시기 한국 사회 도처에서 심각한 병증 현상이 숨길 수 없이 터져 나오고 있었다. 이른바 묻지마 범죄(unspecificied crime)라는, 동기로 측정되지 않는 범죄 건수가 2천년대 이후 빠르게 증가했고, 특히 2005년을 기점으로 급증했다.[19] 이제까지의 분류법으로는 측정되지 않은 범죄의 상당 부분은 일종의

---

[18] Minsung Kim, "The Growth of South Korean Soft Power and Its Geopolitical Implications," *Journal of Indo-Pacific Affairs* (October 31, 2022). https://www.airuniversity.af.edu/JIPA/Display/Article/3212634/the-growth-of-south-korean-soft-power-and-its-geopolitical-implications/.

[19] 석남준·안준용 기자, 「사회적 외톨이 '묻지마 범죄' 급증」, 『조선일보』(2012. 12. 11.). https://www.chosun.com/site/data/html_dir/2012/08/20/2012082000120.html.

혐오범죄(hate crime)로 해석된다. 이때 혐오의 대상은 대부분 문화 속에 체화된 혐오(culturally embedded hatred)에 기반을 두고 있다.[20]

그리고 2천년대 두 번째 10년대에 오면 정치화된 온라인 극우 유저들이 활동하는 사이트들(일간베스트저장소, 디시인사이드, 에펨코리아, 보배드림 등)이 대단히 활성화된다(극우적인 온라인 미시 동원 현상). 이들 사이트들은 종교 편향성을 보이지는 않았지만, 개신교 극우 세력들과 담론적으로 뒤섞이는 일이 허다했다. 또한 개신교 내의 일부 선교단체들에서 미디어선교 혹은 플랫폼선교라는 이름의 극우적 활동이 매우 강화되었다. 그리고 2020년대 어간 온라인 극우 유저 다수가 오프라인으로 활동공간을 확대하기 시작했고, 그중에는 기성의 보수 정당을 극우화하는 활동에 적극 참여한 이들도 적잖았다.

한편 언더클래스 노년층을 비롯한 중장년층의 극우 활동이 오프라인의 아스팔트우파와 유튜브 등 온라인 극우 공론장을 무대로 확산되는 시기도 2010년대다. 이들은 청년층보다 훨씬 강한 종교성을 드러냈다. 개신교는 한국 사회 중노년층 극우 정치의 거점이었다. 이때 주지할 것은 극우적 개신교 분파가 상대적으로 열패감에 휩싸인 교회의 일부라는 점이다. 후발은 이념적 보수주의 성향보다는 글로벌 보수에 더 가깝다. 글로벌 보수는 세계화와 더 연결되어 있다. 이런 보수주의의 기조는 혐오보다는 성공에 압도적으로 집중한다. 반면 이념적 보수주의는 이념적 혐오를 위해서 성공을 유보할 수 있다고 믿는다. 중요한 것은 글로벌 보수 성향의 '후발'이 만들어 놓은 극소수의 성공과 절대다수의 실패 혹은 예감된 실패의 체계가 다수 사람을 열패감 속으로 내몰

---

20 김민정, 「묻지마 범죄가 묻지 않은 것―지식권력의 혐오 생산」, 『한국여성학』 33(3)(2017. 9.).

아 버렸고, 그 좌절의 감정 속으로 증오가 파고들어 왔다는 사실이다. 그리고 증오가 정치화되면서 극우주의가 활성화되었다.

V. 사랑의 하위 공론장 대 혐오의 하위 공론장

여기까지만 보면, 한국 사회를 향해 세계 유수의 언론들(*BBC, The Guardian, AP News, Reuters, Washington Post, New Yorker, Le Monde, Der Spiegel* 등)이 한국민주주의의 회복탄력성(Resilience of Korean Democracy) 운운하며, 경의를 표한 것을 해독할 수 없다. 20세기 서구사회의 민주주의가 성공 가도를 달릴 때, 그것을 이론적으로 해명하는 대표적인 사회이론은 자원동원론(RMT, resource mobilization theory)이었다.21 이 이론은 강력한 노동조합과 강력한 진보정당이 거대한 선거연합을 만들어내기 위해 자원을 어떻게 활용했는지에 대한 분석에서 빛을 발휘했다.

하지만 1980~90년대 이후 자원동원론은 더 이상 설명력을 잃었다. 노동의 양상이 바뀌면서 강력한 노동조합도 사라졌고, 진보 이념을 기반으로 하는 정당 대신에 포괄정당(catch-all party)을 추구하는 이른바 '제3길'이 지배적인 양상이 되었기 때문이다. 또한 진보적 노동조합도, 진보 이념의 정당도 결여하고 있는 제3세계 국가들은, 자원동원론에 의하면, 결코 민주주의를 발전시킬 수 없다는 점도 이 이론의 한계다.

---

21 자동동원론의 이론적 배경과 적실성 그리고 그 한계에 관하여는 정현주, 「사회운동의 공간성—사회운동연구에 있어서 지리학적 기여에 대한 탐색」, 『대한지리학회지』 41(4)(2006).

한데 한국은 1990년대 이후 민주주의가 약진한 나라에 대표적 속한다. 특히 2024년, 세계 인구의 절반이 선거에 참여했고, 무수한 나라들에서 극우주의가 약진했으며 민주 진영이 크게 위축된 시기에, 한국은 친위 쿠데타를 무혈로 막아낸 기념비적 성과를 이룩했다. 해서 '회복탄력성'이라는 설명은 해석을 필요로 한다.

이에, 디지털 동원이론(DMT, digital mobilization theory)은 최근 한국 사회에 대한 유용한 설명을 제공해 줄 수 있다. 온라인공간이 가장 활성화된 사회인 한국은 세계의 어느 사회보다 온라인공간에서 사회 형성의 실천들이 가장 왕성하게 일어나고 있다는 것을 설명해주기 때문이다. 21세기 한국 사회는 거의 대다수의 시민이 온라인공간에서 무수히 많은 정치적 실천에 참여하고 있다. 요컨대 '온라인공론장'이라는 거대한 플랫폼에서 사람들은 단순한 담론 참여자가 아닌 정치 활동가로 전환된다는 것이다.[22]

그런데 한국 사회에서 문화적 실천이 일어나는 온라인 하위 공론장은 크게 두 유형의 범주가 두드러진다. 하나는 '혐오'를 기조로 하고, 다른 하나는 '사랑'을 기조로 한다.[23] 두 범주의 하위 공론장들은 정치적

---

22 이러한 주장을 한 대표적 이론가는 헨리 젠킨스(Henry Jenkins)다. 특히 그의 저작 『컨버전스 컬처―올드 미디어와 뉴 미디어의 충돌』(김정희원·김동신 옮김/ 비즈앤비즈, 2008)에서 그는 '디지털공론장'이라는 용어를 사용하면서, 이곳에서 문화적 실천이 정치적 실천으로 전환(convergence)되는 메커니즘을 분석한다. 디미털 동원이론의 관점에서 2016~2017년 촛불시위를 분석한 Hyun Tae Kim · Kyungbo Kim · Hyun Kyung Oh · JOO YEON KYOUNGA, "Matter of Trust and Utility? Perceptions of Online Political Content, Protest, and Political Participation in South Korea," *Asian Communication Research* 16(3)(2019). 45-74.

23 이하의 내용은 나의 글 「전광훈과 K-극우의 재구성」, 정원옥·이종임·김상규 외, 『광장의 문화정치―12·3 이후 광장을 읽다』(서울: 도서출판 동연, 2025)에 의존하고 있다.

실천으로 전환되면서 혐오는 극우주의 정치와, 사랑은 민주주의 정치와 접속했다. 한편 혐오 기조의 공론장은 온라인게임과 친화적인 경향을 지녔고, 사랑은 팬덤과 잘 밀접히 연결되었다. 흥미롭게도 게임 유저들은 점점 개체화되는 경향이 있었고, 대화보다는 상대의 허를 찌르는 전략에 익숙해졌다. 반면 팬덤 대중은 끊임없이 서사를 만들어 자신이 추앙하는 스타를 홍보하는 대화 마당을 열었다. 서사를 만든다는 것은 설득의 능력이 강화된다는 것을 뜻한다. 또한 그들은 스타의 매니지먼트 활동에도 관여했다. 이것은 팬덤 대중 사이의 수평적 연대를 강화시켰다.

한편 사랑 공론장과 혐오 공론장의 활동가 혹은 유저들은 각기 사랑을 연기하거나 혐오를 연기한다. 그럼으로써 자기 자신이 사랑과 관련된 혹은 혐오와 관련된 주체로 '구성'된다. 한데 그렇게 구성되는 과정에서 민주주의와 극우주의적 이데올로기가 끼어들었다. 하여 전자는 민주주의적 주체로, 후자는 극우주의적 주체가 되었다. 그런데 그 행위들은 각기 수익을 창출했다. 마음까지 상품화하는 세계화된 자본주의 시스템은 각각의 마음이 뒤얽힌 집단적 행동을 매개로 상품을 만들고 소비를 발생시킨다. 이것을 호혜경제(reciprocal economy)와 혐오경제(hate economy)라고 부를 수 있지 않을까. 아무튼 이렇게 상품이 만들어지고 수익이 발생하며, 행동이 사회적으로 조직되어 기성의 이데올로기적 정치인 민주주의와 극우주의로 연결되는 일이 펼쳐졌다. 이렇게 디지털동원은 정치과정에 강력한 변수로 작동했다.

현재 한국 사회는 사랑의 공론장이 혐오의 공론장을 압도했다. 전자는 지배적인 공론장과 더 잘 결합한 반면, 후자는 지배적 공론장과 심각한 부조화를 일으켜서 스스로 고립시켰다. 즉 사랑의 하위 공론장은 지배적 공론장의 형성에 순기능을 하였고, 혐오적 하위 공론장은 지배적 공론장 밖으로 내몰린 정치적 실천에 엮이게 된 것이다. 말했듯이 팬덤 대중이 더 서사적이고 더 사회성이 강한 사랑의 수행성을 보였기 때문이다. 이것이 현재 한국 사회가 민주주의적 회복탄력성을 보였다고 평가받은 중요한 이유가 아닐까 한다.

VI. '혐오 공론장'과 개신교, 다른 길은?

말했듯이 한국 개신교의 주류는 파워엘리트 중심의 글로벌 보수 분파로서 한국 사회에서 절망 계층의 대대적인 출현을 야기시킨 주범이다. 또 주류에서 밀려난 일부 이념적 보수개신교 분파는 절망 계층이 혐오의 정치세력으로 재주체화하도록 하는 극우적 퍼실리테이터(facilitators)가 되었다(중위동원활동가, meso-mobilization actors). 한국 개신교의 이들 두 보수 분파는 한국 민주주의를 파괴하는 원흉이었다. 그렇다면 민주주의를 수호한다는 점에서 교회가 거리를 두어야 하는 것은 이들 두 개신교 분파다.

한데 문제는 그런 교회가 생존 가능한가에 있다. 수많은 교회와 성직자들, 신자들이 다른 길을 택할 수 없는 이유는 바로 생존 가능성에 대한 두려움과 무관하지 않기 때문이다. 한데 여기서 앞에서 언급한 21세기 개신교 신자들의 이동 중 하나의 항목을 주목할 필요가 있다. 이 항목은 이제까지 개신교 현상을 다루는 논의들에서 별로 주목받지 못했다. 한데 내가 보기엔 이것은 개신교의 개혁운동에 매우 중요하다.

그 항목이란 떠돌이 신자 현상이다. 이것을 달리 말하면 신앙의 유목민화(nomadicization of faith) 현상이 그것이다. 최근 몇몇 진보적이나 리버럴한 교회들은 신자들 상당수가 일부가 떠난 자리에 새로운 신자들로 채워지고 있다. 한데 이들 새로 유입된 이들의 신앙 유형이 좀 다르다는 점이 흥미롭다. 그들은 여러 특정 교회에 항구적으로 귀속되기보다는 이곳저곳을 떠돈다. 즉 그들은 교회에 실망하고 떠돌이 신자 생활 과정에서 종교적으로 탈영토화(deterritorialization)되었다. 이것은 진리 추구 방식이 변화하고 있음을 의미한다. 고정되고 절대적인 진리를 찾으려 하는 게 아니라, 변화 가능하고 유동적이며 관계적이고 다원적인 진리를 찾으려 하는 이들이 그런 정교적 공간을 찾으려 몇몇 교회를 찾아온다는 것을 뜻한다. 물론 그들은 교회를 여기저기 찾아다닐 뿐 아니라, 종교 간을 오가고, 비종교적 영역에도 거리낌 없이 엮이는 실천에 참여한다. 이런 신앙 유형을 나는 멀티 신자(multi-believers)라고 불렀는데, 그들은 자신이 찾아간 교회가 자신들의 멀티적 진리 추구 행위에 부합하기를 요구한다. 그런 요구에 적절한 응답이 감지될 때 그들은 기꺼이 그 교회와 좀 더 적극적으로 얽힌다. 하지만 한곳에 귀속되는 것에는 여전히 동의하지 않는 경향이 있다.

주목할 것은 그 교회들이 멀티 신자들과 더 깊게 연결되면서, 좀더 다양한 담론들과 더 성찰적으로 대면하는 양상을 보인다는 데 있다. 어쩌면 교회와 신앙의 쇄신 가능성은 이렇게 모색될 수 있을 것 같다. 세계 속의 무수한 진리들과 연결되면서, 개신교 신앙 속에 응고되어 버렸던 차별과 편견의 벽을 허물고 이웃고 진리의 동반자가 될 기회를 얻을 수 있다는 것이다.[24]

---

[24] 기독교대한복음교회 제65회기(2025) 선교부 주최 정책협의회(7월 13-14일 익산 윤스테이 한옥펜션)의 사회선교부문 발제 원고이다.

구약성서 욥기 42장 5절과 낙골교회 전도사 김홍겸의 노래 〈민중의 아버지〉 간의 공명(共鳴) 연구

임의진*

I. 파두의 노래 소리와 욥

"내가 주님에 관하여 듣기만 하였사오나, 이제는 눈으로 주님을 뵈옵나이다"(욥기 42:5)에 이르기까지, 어쩌면 간곡하면서도 허탈한 이 궁지에서의 '밀설'을 토하기까지 인간 욥의 여정은 가히 극악한 파멸의 나락이었다. 욥은 하나님에 대하여 격렬하면서도 통렬하게 항변하는데, 견딜 수 없이 형편없는 처우와 대책 없는 침묵에 시종 원망하고 분노하면서도 깊은 심중은 하나님에 대한 애정과 신뢰를 놓지 않는다. 하나님의 역사하심에 대한 '원망과 분노'의 기술에서, 기존의 '경외와

---

* 순례자복음교회 담임목사. LP 음반 〈여행자의 노래〉, 〈정민아의 어메이징 그레이스〉(CBS) 등 선곡 음반을 다수 발매. 현재 경향신문 칼럼니스트이자 광주 시민자유대학 교수.

순종' 기술과는 다른 어법의 이러한 기술 양식은 특별하고 이례적이다. 혹자는 그래서 히브리 전통문학이 아니라는 설도 개진한다[1]. 게다가 욥이라는 사람의 이름은 기원전 2천 년쯤 메소포타미아, 이집트, 아라비아, 아시리아 전역에 알려진 국제적으로 쓰이는 성명(이름)이다.

특별히 성서는 '고난받는 의인'을 들어 기록하였는데 에제키엘서 14장 14절, 20절에 의하면 '노아, 다니엘, 욥'이라는 3인방을 중요 의인으로 거론한다. 기원전 5백 년 이전에 의인이라고 한다면 수명이 길고 (장수하고) 대가족을 거느리는 우두머리였으며 악인은 초라하고 반드시 단명한다는 게 보통 전언이었다.[2]

그러나 기원전 586년에 이르러 이스라엘이 바빌로니아에 점령 파괴되면서 죄인이나 의인이나 별반 다를 바 없이 동시다발로 참담한 최후를 맞게 된다. 이후로 기술 입장이 완전히 달라졌다. 심지어는 감사의 번제를 드려도 모자랄 임신 수태를 낙망하고 저주하기까지 한다.

내가 태어난 그 날은 지워질지어다. 사내아이를 배었다고 말했던 그 밤도, 어찌하여 모태에서 죽어 나오지 아니하였던가. 어찌하여 어미가 낳을 때에 내가 숨지지 아니하였던가?(욥기 3:1-11)

이런 이야기는 근대 파두 노래 가운데도 비친다. 포르투갈 전통가요 파두의 여신 아말리아 호드리게스[3]가 부른 노래 'Job', 구약성서의 주인

---

1 공저 「함께 읽는 구약성서」(서울: 한국신학연구소), 331-337.
2 잠언 10:27.
3 Amália da Piedade Rebordão Rodrigues.

공 '욥'의 이야기다.

> 내 영혼 깊은 곳은 차디찬 냉기뿐이예요
> 무수히 나를 향해 던진 돌멩이의 시련이죠
> 내 심장의 핏톨은 텅 비어 버렸어요
> 보세요 혈관마저 모두 말라버렸죠
> 내 이와 입술은 쓰디 쓴 맛을 느낄 뿐이죠
> 덜 익은 과일을 씹는 떫은 맛과 비슷하죠
> 심장은 피가 말라 쓰라리고 내게 그나마
> 있던 희망의 기회조차 모두 날려 버렸지요…

처절한 삶의 밑바닥을 경험한 욥은 앞서 파두풍 노래의 가사처럼 '피가 마른 상태', 희망이 고갈된 상태가 되어 비로소 납작 엎드리고 나서야 하나님을 제대로 목격한다. 욥의 목전에 나타난 하나님은 어떤 분이신가. 결코 인간의 수난과 관계없는, 온실 속의 화초와 같이 말쑥하며 불의와 죄를 방기하며 오로지 태평성대만을 바라는 무료한 천국의 주인인가.

욥은 하나님의 침묵을 인간의 고난에 동참하는 시간으로 점차 깨닫게 된다. 욥의 친구들은 현세의 상벌을 내리고 심판하는 하나님, 기존의 통속적인 인과응보의 가치관을 선호한다. 하지만 욥은 오로지 사람이 감당할 수 없는 시련과 역경 앞에서 할 수 있는 것이라곤 막무가내의 저항, 원망의 넋두리이거나 포기 각서, 역부족의 처지를 인정하는 길뿐임을 깨닫는다.

노래하는 전도사로 살면서 낙골교회의 청년부서와 공부방을 섬겼던 김홍겸 전도사는 그의 대표 작사 작곡 '민중의 아버지'를 통해 욥처럼 고통스러운 자신의 현실을 반추하고 뒤틀며 서럽게 운다. 그러면서도 역부족의 인정과 신앙으로 "그러나 당신은 하나뿐인 민중의 아버지"라고 실토한다.

연구자는 이 소논문식 에세이를 통해 욥의 노래와 김홍겸의 노래를 동시에 살피고 이 둘이 맺은 공명의 영역과 불굴의 쟁투를 세세히 짚어 보려고 한다.

II. '민중의 아버지' 노래의 탄생기

SF 소설가 허버트 조지 웰스[4]의 소설 『타임머신』엔 과거와 미래로 자유 왕래가 가능한 기계 타임머신을 발명하여 802701년의 미래 세계에 가보게 된다. 인간은 퇴화되어 엘로이족과 몰록족으로 나뉘어져 살게 되는데, 미모를 갖추었으나 체구가 작은 부르주아 계급의 자손 엘로이족은 지상에 부유한 상태로 머문다. 그러나 하류 계급의 자손 몰록족은 지하에 머물며 눈이 퇴화된 채 오로지 노동하면서 밤이 되어서야 지상 세계에 발을 디디곤 한다. 양극화는 멀리 미래 세계에까지 가지 않아도 우리 곁에 이미 다분한 현상이고 노골적인 현실이다.

몰록족은 동서남북 살길을 찾아보지만, 오로지 어둠뿐이고 그들의 눈은 더욱 캄캄해질 따름이었다. "내가 동쪽으로 가도 그분은 아니 계시

---

[4] 허버트 조지 웰스(Herbert George Wells, 1866~1946)는 영국의 소설가, 문명 비평가. 쥘 베른, 휴고 건스백과 함께 '과학 소설의 아버지'라 불린다. 『타임머신』, 『투명인간(소설)』 등 과학 소설 100여 편을 썼다.

고, 서쪽으로 가도 그분을 만나지 못하며, 북쪽에서 찾아도 그분을 볼 수 없고, 남쪽으로 향해도 그분이 보이지 않는도다(욥기 23:8-9)."

1980년대 신군부 독재 세력의 연장선, 대학가는 그야말로 시각장애인 맹인의 삶처럼 '어둡고 캄캄한 거리, 태양도 빛을 잃은 곳'[5]에 서성이며 고단하고 캄캄한 날들이었다. 빛과 소금이 되어야 할 대다수 조국 교회는 더욱 아찔한 반역의 나날이었다. 불의에 눈을 감고, 영락교회 한경직 목사 같은 경우 전두환을 칭송하는 자리에 가서 축사를 늘어놓기도 했고, 극동방송 김장환 목사는 미국 매파에 연줄을 대며 군부독재를 옹립한다.

종교적 기질이 무속적이고 신비한 무엇이어서 부흥회식 열광주의와 성령의 체험을 강조하며 정신적 귀족성, 형이상학적 기질에다 이조시대의 유학적 학문자주의 보수주의까지 겹친 영향으로 교회는 행동 없는 몽달 선생의 자리를 차지하고, 오로지 '예수 믿고 죽어서 천당가자'가 전부인 빈사 상태였다. 신학이 없어도 된다는 식으로, 지성이 전제되지 않은 체험과 감각, 감정적 신앙만을 부추겼다. 이러한 반지성의 결과 이승만의 독재와 박정희 그리고 전두환, 최근에는 윤석열의 계엄을 불러온 것이다. 이에 쐐기를 박는 한 신학도의 일갈은 그때도 유효하지만 안타깝게도 지금껏 유효하다.

"하나님, 이제는 당신이 회개해야 할 때입니다." 1983년 연세대학교 신과대 채플에 기도 순서를 맡은 김홍겸 전도사의 포효하는 이 기도는 눈을 감은 이들을 죄다 눈을 뜨도록 만들었다.

---

5 김민기의 노래 '금관의 예수' 중에서.

주여 당신의 뜻이 무엇입니까? 당신의 뜻을 더 이상 우리가 이 땅에서 실현할 자신이 없습니다. 아니 힘들어서 못해 먹겠습니다. 우리 보고 회개하라고요? 우리가 죄인이라고요? 정말 울며불며 회개해야 할 것은 당신이요, 죄인 중의 죄인은 바로 당신입니다. 우리들 보고 하라 마라 말고 당신이 한번 이 땅에서 당신 하고 싶은 대로 해봐요. 그래요. 우리는 아무것도 못해요. 그런 당신은 무엇을 했습니까? 독재자의 종말이 백주대낮에 수천 명을 학살하는 광주에서 당신은 무엇을 했나요? 학교를 보세요. 저 악의 무리들을 뚫고 당신을 믿지 않은 선배들이 목숨을 걸고 도서관 유리창을 깨고 나올 때 당신이 선택했다는 우리도 아무것 못했지만 당신은 또 무엇을 했는가요? 우리를 시키지 말고 당신이 직접 해보라니까요. 정말 회개해야 할 것은 당신의 실패작인 우리가 아니라 아무것도 하지 않는 당신, 바로 당신 야훼 하나님입니다.

그래요. 우리는 사실 당신의 선택을 받은 무리들이 아닙니다. 우리는 당신의 아들 예수처럼 살다 그렇게 죽기 위해 있는 게 아니에요. 사실은 이렇게 예수의 처참한 죽음을 예배드리며 팔아먹기 위해, 또 예수의 그 고통스런 삶과 당신의 이야기를 강의하며 팔아먹고 살기 위한 무리들이라고요. 그래서 우리가 당신을, 신앙을, 신학을 선택한 것뿐이라고요. 그래도 고맙지요. 당신과 예수가 있어서 그것으로 여러 사람이 2000년 동안 먹고 살게 해주시니…. 불쌍한 하나님, 우리 같은 것을 앞세워 하나님 나라를 만들겠다는 하나님, 당신이 그래도 절 사랑한다면 이 길을 가다가 변절하기 직전에 죽여주소서. 당신에게 간구하는 당신의 사람은 이 길을 가다 지쳐 쓰러져 돌아서려 할 때, 그 직전에 죽여주는 잔인한 축복을 허락하소서. 그렇게 사랑하셔서 당신이 죽인 예수 그리스도 이름으로 기도드립니다.

보통의 기도 화답 "아멘!"은 김홍겸 신학생, 저 혼자서만 했다. 모두가 기함하여 눈을 이미 뜨고 있었고, 뜨거운 감자를 먹은 듯 놀란 표정들이었다. 이러한 사건이 벌어진 뒤 연세대 신과대 채플에서는 3학년 학생 가운데서 이름 순서대로 기도를 맡는 일이 아주 사라졌다. 착하고 얌전한 학생만 선발해 기도 순서를 맡게 했다. 1980년 광주민중항쟁 이후 당시 연세대 채플 어디에서도, 어떤 목사와 신학생도 예배 시간에 이러한 광주와 민주화를 김홍겸 전도사만큼 격정적으로 상기하게 만들고 노래한 역사는 없었다. 이 기도는 장차 노래가 되어 전해지게 되었다.

우리들에게 응답하소서 혀 짤린 하나님
우리 기도 들으소서 귀먹은 하나님
얼굴을 돌리시는 화상 당한 하나님
그래도 내게는 당신은 하나뿐인
늙으신 아버지
하나님 당신은 죽어 버렸나
어두운 골목에서 울고 계실까
쓰레기 더미에 묻혀버렸나
가엾은 하나님
얼굴을 돌리시는 화상 당한 하나님
그래도 당신은 하나뿐인
늙으신 아버지
민중의 아버지

III. 김홍겸과 예수 십자가 수난극

1981년 입학을 해서 처음 그 친구를 만났을 때부터 인상적이었다. 큰 키에 검은 뿔테 안경을 끼고, 때로는 기괴한 인상을 풍기기까지 했다. 그렇게 겉으로 드러난 인상이 주목을 끌었던 그 친구는 알고 보니 아주 물건이었다. 풍기는 인상만큼 기기묘묘한 재주를 다 갖고 있었다. 낙서인지 시인지 종이만 있으면 끼적거리기를 즐겼고, 악기들도 제법 다루고 혼자서 자주 흥얼거리기도 했다. 소곤소곤 말하는가 하면 그야말로 포효를 할 때도 있었다. 철없이 헤헤거리기도 하고 하늘을 끌어내릴 것 같은 기세로 무겁게 사색에 잠기기도 했다. 아슬아슬하게 내 한 몸 추스르기에 급급했던 나로서는 견적을 내기가 어려운 인간이었다. 그처럼 기괴하지는 않지만 재기발랄한 친구들끼리 어울렸다. 지금 가톨릭의 평신도 신학자 박문수, 와세다대학에서 비교문학을 가르치는 시인 김응교, 영화에 빠진 목사 정혁현 등과 어울리며 신과대 안의 동아리 종교극회 활동을 했다. 당시 나 같은(최형묵) '정통파'가 보기에는 '리버럴한 딴따라'들이었지만, 그 친구들을 만나면 비로소 숨을 쉬는 같아 함께 절친하게 어울렸다. 그 가운데 김홍겸, 김응교, 박문수 셋은 주말만 되면 파주의 작은 교회에 함께 나다녔다. 가난한 동네 작은 교회에 세 신학생들이 봉사를 하였던 것이다. 그리고 언제부터인가 김홍겸은 파주의 백석교회를 그만두고, 신림동 달동네의 언덕빼기 난곡에 소재한 낙골교회를 다니기 시작했다(최형묵 목사 회고).

또 다른 첫인상의 이야기가 있다.

신입생 환영회에서 자기 소개를 하는 시간, 김홍겸은 자리에서 일어나 이런 얘기를 했다고 해. "집 근처에 창녀들이 사는데 그들의 친구가 되고 싶어. 아니면 교도소에서 재소자들 살피는 일을 하고 싶어. 내 이름 대신 나는 나 스스로 형(螢)으로 부르곤 해. 반딧불 형이라는 한자야." 우리는 환영회 이후로 재미있게 삐딱한 그를 눈여겨 보기 시작했다(김응교 교수 회고).

'민중의 아버지' 노래는 파주 백석교회를 다니면서 김홍겸 혼자 흥얼거리며 구상되었다. 이것이 처음 불리게 된 것은 1983년 연세대 축제의 일환이었던 창작 노래 경연대회였고, 결과는 그러나 예선 탈락이었다. 그러다가 그해 5월 학교 축제의 대미의 장식이 되었는데, 종교극회에서 준비한 마당극 <누가 예수를?>에 주인공 예수 역으로 김홍겸이 출연하게 되고, 신과대 학생들 전원이 이 마당극에 참여하면서 뮤지컬의 한 대목처럼 노래가 삽입되어 불리게 된다. 극은 1세기 예루살렘과 1980년 5월 광주, 1983년 5월 서울 신촌이 동시에 역사의 복판으로 전개되었다. 검은 안경에 가죽 장갑을 낀 사복경찰에게 체포된 예수는 검은 승용차에 납치되며 도서관 앞에 차려진 유대 법정을 거치고 교문 앞에 차려진 로마 총독 본디오 빌라도의 법정까지 이르도록 연출되었다.

예수를 심문하고 고문하던 로마 군대 대신 서대문경찰서 진압 경찰들이 실제 데모를 진압하러 학교 앞에 등장했고, 이들을 향해 신학생들은 "로마 군인 물러가라! 로마 총독 물러가라! 학살 원흉 전두환을 처단하자!" 한목소리로 구호를 외쳤다. 이러한 학생들 속에는 당시 신학생 신분이었던 현 군산복음교회 전진택 목사, 기장 천안살림교회 최형묵 목사 등도 포함되어 있었다.

그러다가 석양 무렵이 되자 이 예수 행렬은 대운동장 옆에 마련된 언덕의 골고다에 다다랐다. 여기에서 김홍겸이 분한 예수는 복음서에 기록된 것처럼 십자가 처형을 당한다. 처형의 순간 학생합창단이 부른 노래는, 기존의 어떤 성가와는 다른 가사를 지닌 노래, 민중의 아버지였다.

연세대학교 축제 중에서 예수 역을 맡은 김흥겸

IV. 노래는 멀리멀리 날아가리

악보가 없던 노래는 1년 후배 이종호가 마지막 대목을 '늙으신 아버지'에서 '민중의 아버지'로 고쳐 부르자는 게 옳거니 하면서 바꾸게 되고, 이게 곧바로 노래의 제목이 되었다. 민중신학의 귀퉁이에 이 노래가 단언코 앞장을 섰다. 당시 흔하게 불리던 운동권 교회 집단이 있었는데, 기청 감청 복청 장청(기독교장로회 청년회, 감리교 청년회, 복음교회

청년회, 예수교장로회[통합]청년회) 등에서 이 노래는 '구전가요'라는 이름으로 제각각 수록되었다. 그런데 제목도 멋대로 제각각이었다. '혀 짤린 하나님, 민중의 하나님, 우리에게 응답하소서, 늙으신 아버지' 등이 노동조합, 청년, 민중교회들의 노래집마다 수록되었다. 물론 지은이는 작자 미상, 전래가요, 구전가요라고 적힌 게 고작이었다.

노래는 터를 옮겨 울려 퍼졌는데, 서울 관악구 신림 7동 난곡마을의 낙골교회로 김홍겸이 사역지를 옮기며 더욱 높은 곳에서 낮은 곳까지 퍼트려졌다. 설익었던 노래가 제대로 된 '어두운 골목' 배경을 만나 빛을 또렷이 발했다. 지역명 난곡이란 무슨 뜻인가. 과거엔 어떤 옛날 옛적 한 장군이 심은 난초가 가득 피어있는 골짜기였다고 난곡이란 설이 있고, 어렵고 힘든 '고난'의 땅을 가리켜 난곡이라고 했다고도 전한다. 신림동 도시 빈민들에게는 제 뼈들이 흩어진 마을, 뼈를 추스르지도 못할 정도의 공동묘지 무덤터, 사람의 뼈마디가 굴러다니는 가난뱅이 달동네 해서 '낙골', 일명 뼈동네라 부르기도 했다. 복음서에 등장하는 골고타 언덕, 곧 십자가 처형이 빈번했던 장사터 해골 마을이라는 뜻과 같다. 이 동네에 사는 기독교인들에겐 예수 수난을 떠올리게 되는, 최후의 막다른 동네만 같았을 것이다.

김홍겸 전도사에게 그러나 낙골 생활은 그의 딸 이름 '봄'처럼 제 인생의 봄날과 같은 시절이었다고 한다. 김 전도사가 세상을 떠났을 때 '봄'이의 나이는 여섯이었다. 그 여섯 해 동안 김 전도사는 누구보다 많이 사랑하고 누구보다 많이 다짜고짜 미안해했다. 김 전도사는 항상 사랑한다와 미안하다는 말을 입에 달고 다녔다.

하나님 예수님, 모두를 사랑이라고 부르듯, 홍겸은 죽는 순간까지도 '더 사랑할 수 있었는데, 더 사랑할 수 없어 미안하다'고 말할 만큼 그 자신이 사랑이었고 우리가 기억하는 살아있는 예수였다.

김 전도사가 살아있을 때, 산자의 장례를 주관했던 복음교회 총회장과 민주화 운동을 이끌던 오충일 목사는 다음처럼 고백한다.

김홍겸은 곧 사랑이었다. 그 자신 사랑의 본체였던 예수처럼 그도 똑같이 예수를 닮았다.

김 전도사는 그의 나이 22세인 1983년 6월부터 1986년까지 낙골교회에서 교육 파트 전도사로 일했다. 그는 가난한 이들의 삶 속에 하나님이 임재하길 소망하며 기도하던 사역자였다. 학교에선 같은 과 학우 정혁현, 최형묵, 김은규, 박병철, 김경희 등과 민중신학을 공부했다. 학업성적도 우수해서 81학번 중 첫 번째로 교수가 될 것이라 다들 그랬다. 그도 그럴 것이 김 전도사의 아버지 김영윤 교수는 충남대 불문학과 교수였고, 어머니 탁순애 선생은 교편을 잡고 있었다. 훗날 연세대 총장을 지낸 송자 교수는 가까운 친척이기도 했다.

연세대학교 신과대 졸업 논문의 주제도 모세의 출애굽 이야기였다. 동기들은 저명한 독일의 유명 신학자들의 이론을 찾을 때 그는 민중해방 전승인 출애굽기를 탐독했고, 오로지 성서에서 해답을 찾고자 시도했다.

전도사 사임 이후에도 난곡 지역 공동체와 인연하며 지냈다. 때로는 달동네 철거 현장에서 용역들과 싸우다 구속되기도 했고, 배추나 가요 테이프 노점상도 했다. 1991년 한지원과 결혼하고, 1992년엔 월간 살림에 산문을 연재했다. 1994~1995년은 극단 현장의 배우로 공연에 참여했다. 와중에 영등포역 앞에서 불법 테이프 노점상을 시작, 철거민 대책위를 꾸려 신대방동 철거 현장에서 투쟁하다 체포되어 석 달간 옥살이를 하기도 했다. 굶기를 밥 먹듯 하던 연극단(극단 현장)의 배우가 되기도 했고, 리어카와 빌린 트럭에 야채를 놓고 파는 장사를 하기도 하고, 무명 민중가요 가수들을 도우며 음반 기획자로도 수고를 마다하지 않았다(가수 류금신 등). 그런 그가 1995년 위암에 덜컥 걸리고, 고통스러운 투병 생활을 하기 시작했다. 백방으로 벗들이 도왔고, 기도원 등을 찾아 요양하기도 했다. 당시 난곡의 달동네에 마치 간첩처럼 어두컴컴한 시간에 나타나곤 했던 오충일 목사는, 낙골교회에 방문하여 특유의 낙관적인 미소를 머금으며 이야기식 설교를 이어갔다. 그가 '일찍이 없었고 앞으로도 드물 일'을 제안하는데, 그것은 다름 아닌 "홍겸이가 아직 살아 있을 때 벗들이 함께 모여 미리 장례식을 치르자. 살아온 시간을 돌아보면서 자신의 장례식을 미리 하는 건 뜻 깊은 일이라고 생각한다." 산자의 장례식이었다. 그리하여 1996년 11월 연세대 세브란스 병원 채플실에서 '예비 장례식'이 열리게 된다. 김홍겸은 이 자리에서 "제 장례식에 찾아주셔서 감사합니다. 열심히 투병하여 건강을 되찾겠습니다" 인사했다. 벗들은 "힘내라. 좋아질거야. 언제 함께 놀러가야지" 덕담을 들려주었다.

야훼님!
한 사나이가 집으로 돌아왔습니다
오랜 추위와 각고를 끝낸 사나이가 집으로 돌아왔습니다
아주 멀리 멀리 떠날줄 알았던 그
이제는 다시 되돌아올 수 없는 곳으로 가버린 줄 알았던 그 사나이
누더기 옷을 걸치고 섬광같은 눈빛을 간직한 채
그의 기원을 묻어둔 집으로 돌아왔습니다
그가 돌아왔을 때
영원히 닫힌 줄 알았던 우리들
기도의 문이 열리는 소리를 들었습니다
그가 돌아왔을 때
영원히 끝난 줄 알았던 자유의 휘파람소리가
들판을 가로질러 가는 것을 보았습니다
그가 돌아왔을 때

우리들 기다림이 불기둥으로 일어서는 것을 보았습니다
그러나 야훼님
그가 돌아온 마을과 지붕은 아직 어둡습니다
그가 돌아온 교회당과 십자가는 더더욱 고독합니다
그가 돌아온 들판과 전답은
이 무지막지한 어둠과 추위 속에 누워있습니다
우리가 저 대지의 주인일 수 있을 때까지
재림하지 마소서
그리고 용서하소서
신도보다 잘 사는 목회자를 용서하시고
사회보다 잘 사는 교회를 용서하시고
제자보다 잘 사는 학자를 용서하시고
독자보다 배부른 시인을 용서하시고
백성보다 살이 찐 지배자를 용서하소서

이 김홍겸의 시는 통렬하고 장엄하다. 마치 욥기에 기록된 한 구절을 읊는 것과 같은, 이와 같은 시를 적으면서 그는 마음에서뿐만 아니라 몸으로도 민중의 아픔과 함께했고 주님의 뜻을 목격하여 서술하였다.

그를 기억할 때, 살아생전의 특별한 장례식은 민중의 얼굴, 민중의 프로파일(profile)을 짜 모으는 거대한 연희의 현장이었다. 그가 노래했던 화상 당한 이, 얼굴을 돌리시는 이, 늙으신 아버지, 병들어 죽게 된 이, 고통에 몸부림치는 이, 가족을 잃고 서럽게 우는 이, 울기도 하고 웃기도 하고, 분노하고 춤을 추는 모든 얼굴들에 담긴 고유한 경험과 투쟁, 해방의 주체들이야말로 곧 그리스도의 현현이라고 고백한다.

아직 살아 있는 자의 장례식에 참석한 벗들은 서로를 신뢰하고 제 생을 토로하며 증언하였다. 갸륵한 마음으로 기도하며 위로하는 시간을 가졌다. 십자가에서 처절하게 죽어갔던 나자렛 목수 예수, 신림 7동의 그 변두리 청년이 '도대체 노래로 부활하지 않으면 안 될' 충분한 인식의 심화가 이 괴이한(?) 장례식에서 펼쳐진 격이다.

다음해 1997년 1월 21일이었다, 2년여의 투병 끝에 서른여섯 꽃다운 나이의 김홍겸은 주님의 부르심을 받았다. 그리고 그해 6월 그의 남은 글들을 모아 「낙골연가」가 출판되었고, 2006년 같은 연세대학교 출신이자 후배인 가수 안치환의 기획 앨범 <Beyond Nostalgia>에 '민중의 아버지'가 녹음 수록되어 복음성가와 민중가요 사이 아슬아슬한 지점에 서며 큰 관심을 끌었다. 2007년 1월 7일 YTN 특집방송 <민주화 20주년 기획특집 진실 20부작>의 '미상, 당신의 누구십니까' 편에서 김홍겸의 노래 '민중의 아버지'가 선택되어 그의 삶과 노래가 다큐로 방영되었다. 이후 2007년 <아주 특별한 배웅>이란 제목으로 증보판 낙골연가가 출판되었다.

V. 낙골복음교회 역사 읽기

지난 2024년 4월 28일 난곡주민도서관 새숲에서는 낙골교회 40년을 기리는 특별한 시간을 '기억을 공유하는 이들'이 모여 가졌다. 오충일 목사에 이어 오랜 날 낙골을 섬겼던 김기돈 목사(온라인 낙골교회 담임, 작은 것이 아름답다 편집인)가 사회를 맡고, 김홍겸의 노래를 그날도 뜨거운 마음들로 불렀으며, 낙골교회를 마지막으로 이끌다가 괴산 들

꽃마을 사과농장을 일구고 있는 유정인의 얘기를 듣는 시간을 가졌다. 김홍겸의 아내였던 작가 한지원의 '난곡의 4계_난곡마을 기록영상'도 감상했다. 이어서 낙골공동체의 시작을 기억하는 성도 정규화, 낙골공동체와 마을 그리고 지역운동을 이야기한 낙골의 주축 멤버이자 시민활동가인 나효우(착한여행 대표), 낙골공동체와 도서관 운동에 대해서는 이용훈(현 책읽는 사회 문화재단 이사), 낙골 공부방과 야학에 대해서는 허준(현 영남대학교 교육학과 교수), 낙골공부방과 교육운동에 대해선 엄정민(전 낙골공부방 실무자), 낙골 공동체와 나눔운동에 관해서는 김준강(김수한/ 전 나눔운동 간사, 현 화폐민주주의 연대 사무처장), 낙골공동체와 일터나눔운동 역사는 곽충근(현 관악주민연대 상임이사), 낙골 예배공동체와 지역사회에 관하여 조목조목 알고있는 배지용(현 난곡사랑의집 이사), 낙골교회 공동체 40년에 대한 회고는 김혜경 (현 관악 정다운 의료복지사회적협동조합 이사장), 박종렬(현 한국기독교사회발전협의회 이사장), 박재천(전 제정구기념사업회 상임이사) 이상 3인이 했고, 여기에 낙골 풍경을 40년 동안 담아낸 김경덕 다큐 사진가도 함께 자리했다.

 1984년 그해 따뜻한 봄날, 이러구러 판자촌에 모인 청년들이 민중 예수에 관하여 한번 알아볼 필요가 있다고 생각하고 자리를 편 것이 교회의 시작이 되었다. 보통 교회라 함은 목사나 전도사가 교단의 명을 받아 개척하는 것이 선례인데, 낙골교회는 딴판으로 달랐다. 민중교회의 개척사도 대개 지식층 목회자가 민중해방신학을 발판으로 공단이나 빈민촌, 농촌에 자리를 트는 것이 그 출발인데, 낙골교회는 민중 스스로가 민중 예수에 대해 호감을 갖고 공동체를 꾸리며 자체적으로 목회자를 청빙한 특별한 사례다. 이는 본디박이 민중교회의 출현이라

할 수 있는 핵심 요점이다.

　민중들이 제 스스로 민중 예수에 대한 호기심에서 생겨난 자생교회 낙골교회는 여기에 서서히 복음교단 교역자들이 방문하게 되면서 기독교대한복음교회에 가입하게 되었고, 교회의 외형적 틀을 갖추게 된 기이한 역사를 지녔다. 야학운동기, 교회창립기, 중단기, 재건기, 또 중단기, 온라인 교회로 재건 등을 거치면서 낙골교회는 40년을 오늘에까지 흘러왔다. 이 교회를 섬긴 이들은 대다수 평신도 성도고 그들이 바로 교회의 주체였다. 이를 교회(교단) 내적 관점으로 볼 때 오충일 목사, 김기돈 목사, 나효우 전도사, 김홍겸 전도사, 이상선 목사, 배지용 목사, 공부방을 이끌던 이미화 선생 등이 수고하였지만, 거시적인 낙골공동체를 그밖에도 스쳐간 수많은 청년 학생과 공부방 교사들, 신학생들 포함 선명한 자국을 남기고 간 이들이 많다. 김기돈 목사의 목회시절, 학생운동으로 제적된 이들을 그러모아 민중신학을 가르치던 기장 총회 선교교육원(선교신학대학원)의 신학생이었던 필자도 가끔 그곳에 방문하여 두어 차례 설교를 했고, 고단한 머리를 누이기도 했다. 가난을 딛고 일어서 푸르른 잎을 드리운 작은 솔 낙골복음교회는 그렇게 40년 풍상을 민중이 주인인 교회로 버티고 견뎌내며 흘러왔다. 여기에 김홍겸 전도사도 그곳을 거치며 '한 소식을 전한' 인연이었던 게다.

　김홍겸은 낙골을 오가는 생활에서 '김해철'이란 예명을 사용해 빈민운동가로 변신했다. 김홍겸은 '민중의 아버지' 노래처럼, 노래를 닮은 사람이 되어 화상당한 하나님으로 살아가는 신인적 삶을 추구했다. "하나님은 보름달을 구름 뒤에 숨기신다" 욥기 26장 9절의 말씀은 달동네의 풍경을 담은 이야기만 같다. 신림 7동 낙골, 아니 본래의 난곡은 달마저 잘 보이지 않았다. 공동우물 그리고 공동화장실의 냄새 풀풀

나는던 판잣집과 연탄재가 뿌려진 가파른 산길, 구름 뒤에 숨은 달의 애처로움이 우리네 빈민의 모진 생애를 대신하여 끙끙 앓는 듯 보였다.

Ⅵ. 욥의 여생과 오늘의 민중 현실

성서 욥기에는 욥이 자신이 잃은 모든 것을 돌려받게 되는데, "주님께서는 욥의 여생에 지난날보다 더 큰 복을 내리시어, 그는 양 만사천 마리와 낙타 육천마리, 겨릿소 천 쌍과 암나귀 천마리를 소유하게 되었다. 또한 그는 아들 일곱과 딸 셋을 얻었다"(욥기 42:12-13).

과연 그러나 오늘의 민중은 어떠한가. 성서는 굳이 해피엔딩이 필요했었는지 모르지만, 자본주의라는 괴물 리워야단(욥기 41장)은 고삐가 풀려 도처에서 현재도 배회중이고, 사회적 약자들을 집어삼키며 기생한다.

안전 참사는 수시로 일어나고 아들 일곱이 돌연사하거나 노동현장에서 다 빨려 들어가 죽고, 딸도 서서히 객사하고 있다. 양과 낙타와 암나귀는 돌림병이 들어 암매장당하기 일쑤고, 불행하며 굶주린 날을 살고 있는(눅 6:20-25) 자영업자들은 울고 있고, 정부가 잘못 판단하고 운영하여 재정적자로 고갈시킨 국민연금 소식은 여생을 더없이 불안하게 짓누른다.

"아유슈비츠 이후에도 서정시는 가능한가?" 아도르노의 질문을 기억하는가. 팔십년 광주항쟁 이후에 세상의 노래들은 따뜻하고 정겨울 수만은 없다. "나는 저 80년대가 시작되는 오월을 피로 물들인 광주민중항쟁이 한국판 아우슈비츠라고 보기 때문이다. 히틀러 치하의 아우슈

바츠 사건과 한국판 아우슈비츠 사건이 다른 점이 있다면 전자는 나치의 학살에 순종했으며 후자는 군부독재에 맞서 (왜 우리에게) 일갈하며, 자유와 해방을 향한 투쟁의 댓가였다는 점이다." 고정희 시인의 절규가 새삼 쩌렁쩌렁 가슴을 울린다.[6]

 욥은 한없이 저항하며 '왜 왜 왜', 되묻는다. 욥이 원했던 인생 이야기의 결론은 앞서 아들 일곱과 딸 셋을 얻게 된 해피엔딩이 아니라 어쩌면 이 '왜'라는 질문에 대한 주님의 응답이었을 것이다. 김홍겸 전도사가 가난한 달동네의 교회들에서 겪은 체험, 빈민운동을 하며 겪은 경험담들 속에서 듣고 싶었던 것, 알고 싶었던 답은 무엇이었을까. 민중신학은 고난의 현장에서 발생하였으며, 민중들 스스로가 사회 전기를 쓰면서 이러한 '민중 사실'은 신학적 생동감에 힘입어 현장 예수를 만나게 만든다. 따라서 민중은 신학과 교회의 주체이며, 이념이 민중을 경도시키는 것이 아니라 민중이 새 역사를 짓고 창조해내는 것이다.

 고통의 현실 속에서, 파탄의 징조 안에서 주님을 믿는다는 것은 과연 무엇인가. 화상당하고 죽은 예수를 섬기는 교회는 저 황금 첨탑의 '번영 복음'을 판매하는 가짜 예수의 신전 백화점들 속에서 어떤 의미를 가지는가. 더러는 순교자가 되어 죽고, 또 죽어갈 민중의 아버지는 우리에게 어떤 질문을 시방 던지며 떠나가고 있는가.

---

6 월간 살림 11호 (한국신학연구소).

VII. 전사로서의 뜨거운 삶과 욥의 분투

카를 융 학파의 원형론자인 캐럴 피어슨에 따르면 인간의 원형 이미지가 고독자라고 한다. 그다음이 방랑자, 투사이자 전사, 이타주의자, 순수주의자, 마법사로 이상 여섯 가지 원형의 힘이 차례대로 이어지는 것이 인생인데, 한 원형이 극단으로 치달을 때 다음 단계 원형으로 갈아타면서 앞선 원형의 상함을 치유 회복해 나간다고 보았다. 그러고 보면 욥은 하나님 앞에서 고독한 사람이 되었고, 그 극단에 이르러 방랑자가 되고, 투사이자 전사로 변모한다. 그러다가 이타주의자, 순수주의자, 마법사에 이르게 되는데, 마법사란 주술적인 측면이 아니라 초월자를 뜻한다. 그 모든 수난을 겪고 "다 이루었다"라고 하신 예수처럼 초월의 말을 뱉을 수 있게 된 것이다. 욥은 그 자신 수난자로 살았고, 방랑자로 살았으며 고통스러운 현실 앞에 투사로 살았다.

산산이 부서진 욥의 생애는 자신의 운명을 벗어나 보려고 발버둥치는 전사적 삶이었다. 운명의 굴레와 그 고통에서 빠져나오려는 자유의 행위, 그 결과 깨달음을 얻은 존재론적 이중성과 실존을 경험하다. 못 박힌 몸의 비극적 이미지는 신약성서의 예수에게서 발견한다.[7] 그는 가룟 유다처럼 자살하지 않고 고통을 고스란히 짊어지며 십자가에서 죽어간다. 비극은 칼 야스퍼스의 말에서처럼 선악의 피안에 잇는 인간의 위대함을 보여준다.[8]

앞서 욥기 42장 4절에서 "제가 말씀하겠사오니(사역)"는 욥의 말이

---

[7] 김화영, 『비극을 견디고 주체로 농담하기』 (서울: NADA), 83.
[8] 칼 야스퍼스, 황문수 옮김, 『비극론, 인간론』 (서울: 범우사), 51.

기도 하고 하나님의 말로 해석되기도 한다. 후자는 4절 하반절에 "제가 묻겠으니 제게 알려달라(사역)"를 보았을 때 하나님의 말로 두 번 동일하게 주지시킨다. "내가 말하겠사오니 주는 들으시고 내가 주께 묻겠사오니 주여 내게 알게 하옵소서. 내가 주께 대하여 귀로 듣기만 하였사오나 이제는 눈으로 주를 뵈옵나이다(개역개정)" 들음을 넘어서 이제는 보게 된다는 뜻으로 해석할 수도 있고, 직접 듣고 보게 된다는 뜻으로도 해석이 가능하다. 하나님을 만나 뵙는, 곧 직접 친견하는 놀라운 경지를 가리킨다.

> 성서에서 하나님을 보았다거나 불교에서 진리를 보았다(견성)는 것은 몸으로 본 것을 뜻한다. (눈으로만 아니라 이는 몸으로 본다는 것이다) 생명 전체로 본다는 것이다. 몸으로 본다는 것은 대상과 몸이 하나가 되는 경지이고, 대상을 일그러뜨리거나 한쪽만 보지 않고 온전하게 있는 그대로 보는 것이다. 욥이 눈으로 하나님을 보았다는 것은 나와 무관하게 내 밖에 있는 존재로 하나님을 보았다는 말이 아니다. 만물 안에 계시고 만물 위에 계신 하나님은 내 밖에도 계시고 내 안에도 계신다. 하나님에게는 안과 밖이 따로 없다. ... 불교에서는 소리를 보는 관음 보살이 있다. 소리를 본다는 것은 소리만 듣고도 그 사람이나 집안의 형편과 처지를 다 꿰뚫어 본는 것이다. 소리를 본다는 것은 보는 대상을 보는 이의 몸과 마음 안에서 보고 느낀다는 말이다. 욥은 자신의 몸과 마음속에서 하나님을 보았다. 하나님과 욥 사이에 이제 아무 거리낌이 없개 되었다.[9]

---

9 박재순, 『바닥에서 하나님을 만난 사람-욥기 묵상』 (서울: 나눔사), 175-176.

민중신학자 박재순은 '소문으로 들은 하나님'이 아니라 '몸으로 직접 겪은 그리고 직접 만난 하나님'에 대한 욥의 보고라고 이 본문을 분석한다.

무고한 고통 가운데서 욥은 하나님을 만난다. 한국 민중의 현실에서 김홍겸은 하나님의 아들 예수를 만났고, 그 예수를 적나라하게 서술한 것이 '민중의 아버지' 노래라고 필자는 생각한다. 해방신학자 구티에레즈는 억압과 "고통스러운 가난 속에서 하나님에게 기도하는 법, 하나님과 대화하는 방법을 가르쳐주는 문서"라고 욥기를 설명했다.[10]

1986년 노벨평화상 수상자이자 문필가 엘리 위젤은 아우슈비츠에서 랍비들이 모여 하나님을 두고 재판을 했다고 증언하였다. 결과는 하나님의 유죄로 판결되었다고 한다. 위젤 역시 "나는(아우슈비츠에서) 기도를 멈추었다. 욥에게 공감했기 때문이다. 나는 하나님의 존재를 부인하지는 않았다. 하지만 그분의 절대적 올바름이라는 말엔 의심이 들었다."[11]

위젤은 1986년 노벨상 연설에서 저항이 신앙의 일부임을 다음처럼 이야기했다. "욥을 기억합시다. 그는 모든 것을 자녀들 친구들 재산을 잃었습니다. 심지어 하나님과의 논쟁에서도 졌습니다. 하지만 그는 다시 시작할 힘을, 삶을 재건할 힘을 발견했습니다. 비록 자신이 속한 세계가 불완전할지라도, 욥은 하나님이 그에게 일임한 이 세계를 거부하지 않기로 결단했습니다."[12]

---

10 구스타브 구티에레스, 『욥기_무고한 자의 고난과 하나님의 말씀』 (서울: 나눔사).
11 엘리 위젤, 『흑야』 (서울: 가톨릭출판사).
12 엘리 위젤, 노벨평화상 수락 연설 1986년. http://www.nobelprize.org

한국인들은 어떤 민족보다도 슬픈 일에 슬피 운다. 오죽하면 한의 민족이라고 할까. 애곡이라는 한자어가 '에고', '아이고'로 변했다는 설이 있다. '아이구머니나, 아이고, 아이구' 이와 같은 일반적인 울음은 장송곡 노래로 변하기도 한다. 상여소리엔 자주 이러한 에고, 아이고가 튀어나온다. 슬픈 노래는 그 힘이 세다. 20세기 중반 니체의 "신은 죽었다"는 슬로건을 앞세운 사신신학은 신학도들에게 큰 도전이 되었다. 신의 죽음학(theothanatology)이라기도 하는데, 그리스어 신(theos)과 죽음(thanatos)의 합성어이다. "신은 죽었다"라는 구절은 사실 루터교 신자 요한 폰 리스트의 찬송가 <Ein Trauriger Grabgesang>(슬픈 장송곡)에 먼저 등장한다.

역설적이게도, 빛은 죽음에서, 캄캄한 무덤에서 새어 나오는 법이다. 참된 신앙은 벽돌로 사방이 꽉 막힌 예배당 건물이나 연민의 눈물 없는 살벌한 약육강식의 정글에선 복음의 꽃이 피어날 수 없다. 욥은 악인의 무리(아차트 레샤임 בַּעֲצַת רְשָׁעִים)[13]에 속해 있지 않으며, 그들이 행복과 번영이 과연 참된 행복과 번영인가 숙고해야 한다.

VIII. 주님을 뵈옵는다는 것의 의미

바닥 삶의 자리, 노동과 쉼의 고단한 현장에서, 그 처절한 몸부림의 인생들에게 찾아오시는(현현하시는) 주님의 소식을 문득 듣고 면전에서 뵈올 일이다. 히브리어에서 듣다와 보다는 크게 차이가 있지 않다.

---

13 욥기 21장 16절. 악인의 꾀라고 하거나 악인의 무리라고 하거나 동일한 해석이다.

동일한 목격을 뜻한다. 따라서 듣는 것보다 보는 것이 우월하다는 해석만을 고집할 수는 없다. 다만 친구들에게서 들은 말을 우격다짐한다면 이는 거부해야 한다고 해석할 수 있다.

 노래의 시작은 귀로 듣고 눈으로 보았기 때문이라고 한다면, 욥의 서술과 김홍겸의 이상 노래의 서술이 흡사하다. 이하의 6절에서 "흙먼지와 잿더미 속에서 멸시를 당해왔다"고 토로한다. 그것은 2절 서두에서 밝혔듯 주님의 계획이고, 주님의 계획을 막을 수는 없음을 욥은 잘 알고 있다. 10절의 '셰부트'는 포로됨을 뜻하는데, 바빌로니아 포로기를 말한다. 3절 욥이 이해할 수 없는 '놀라운 일들(니플라오트)'은 주님의 계획이기 때문이다.

עֵינִי	וְעַתָּה	שְׁמַעְתִּיךָ	אֹזֶן	לְשֵׁמַע
<5869>	<6258>	<8085>	<241>	<8088>
עַיִן	עַתָּה	שָׁמַע	אֹזֶן	שֵׁמַע
NFS.CXS	C.AB	VQACXS.MYS	NFS	P.NMSG
눈으로	이제는	내가 주께 대하여-하였삽더니	귀로	듣기만
mine eye	but now	I have heard of thee	the ear	by the hearing of

רָאָתְךָ
<7200>
רָאָה
VQAFZS.MYS
주를 뵈옵나이다
seeth thee

 이상 1절부터 6절까지의 말씀은 욥의 최후 신앙고백을 담아낸 구절이다. 욥은 생애를 통털어 벌어진 고난을 통해, 역사의 주인이신 하나님을 목격하고 이를 신앙고백에 담아낸다.

6절 "회개합니다"라고 이야기한 나함티(나함티)는 구약성서 욥기 번역 내내(2:11, 7:13, 16:2, 21:34, 29:25, 42:11) "위로합니다"로 번역되었는데, 이 42장 6절에만 "회개합니다"로 개역개정판에서 번역 소개되었다. 이는 "위로합니다"로 번역해도 뜻이 다르지 않고 타당하다. 아니 오히려 그리할 때 문장의 전반적 기조와 구조가 탄탄해진다.

"제가 사는 날 동안 진흙더미와 잿더미 위에서 멸시와 조롱을 당했으나 이제 위로를 얻습니다."

주님을 뵈옵는다는 것은 곧 일생일대의 은혜이고 광영이다. 그것은 인생의 인과응보와 같은 보편적 운명을 거스른 특별계시적 보속이다. 욥은 인생을 통해 전개된 재난과 참상을 통해 오히려(?) 주님을 각별하게 목격한다. 보통 세속적 축복과 번영을 통하여 주님을 목격하였다고 말들하며 찬양하고 간증하는 차원들과는 판이하게 다른, 뜨겁고 장엄한 신앙고백을 펼쳐나간다. 때문에 이 42장의 전반부 고백 서술의 위대함과 숭엄함이 여기에 있는 것이다. 김홍겸의 노래 <민중의 아버지> 또한 그런 목격에 대한 공명적 서술이다.

"그래도 내게는 하나뿐인 민중의 아버지" 부분이 이를 설명한다.

"하나님 당신은 죽어버렸나, 어두운 골목에서 울고 있을까, 쓰레기 더미에 묻혀버렸나. 가엾은 하나님… 귀먹은 하나님, 화상 당한 하나님…."

소각되고 암매장된 광주민중항쟁의 시민군들, 분신자살로 노동자의 참상을 고발했던 기독 청년 전태일을 비롯하여 수많은 청년 학생의 주검을 생각해보라. 노동 현장에서 몸이 갈아지고, 불탄 이들. 국가의 안전 미비로 벌어진 수많은 참상. 수많은 아이를 잃은 세월호 참극과 버려진 신발과 묻힌 주검들의 이태원 참사, 오송 지하차도, 억울한 죽음 육군 해병 채상병 사건, 2024년 12월 29일 윤석열의 내란 계엄 시도와 탄핵 정국에서 179명이나 되는 생명이 죽어간 무안공항의 제주항공기 참사에서도 우리는 화육하시어 같이 울고 죽고 묻히는 하나님을 목격할 수 있다.

    구조받지 못하고 익사한 이들, 찢기고 불에 타죽은 생명들, 그들의 주검을 에피타의 장면처럼 붙들고 서럽게 울면서 우리 사회는 민주화와 인권 신장, 사회 안전망 구축을 이루고 있다. 한없이 슬프고 아픈 그 주검들을 부여안고 흐느끼는 성모와 여인들이 없었다면 오늘 우리는 어디에서 위로와 자비를 입겠는가. 당신은 지금 어디에서 무엇 하고 있는가. 경치 좋은 풍경, 고가의 명품 백을 주고받는 부패의 온상과 멧돼지 고기나 56kg(최대 160인분) 장어[14]가 구워지는 성대한 잔치상, 오로지 승자의 국기만 게양되는 경기장과 화사한 꽃밭만을 찾아 헤맨다면 그는 진정한 그리스도인이 아니다.

---

14 그날(계엄선포) 한남동 관저(윤석열 전 대통령)에 장어 56kg이 배송되었다. (출처: 노컷뉴스 2025. 7. 12 자. 박재홍의 한판승부).

통일선구자 조용술 목사(당시 복음교회 총회장. 가운데) 부부의 방문. 김기돈 목사, 김흥겸 전도사 (조용술 목사 뒤 모자 쓴 이), 나효우 전도사, 배지용 전도사, 박세원 장로 등 함께

인공지능 시대를 살아가는 그리스도인의 자유

최경석*

I. 들어가는 말

디지털 기술의 발전은 인간의 일상을 획기적으로 변화시켰다. 손에 스마트폰이 있으면, 터치 한 번으로 세상의 많은 정보들이 수집될 수 있으며, 다른 사람들과 관계망을 형성시킬 수 있다. 이 기술의 언어는 0과 1이다. 단순한 이 언어는 인간의 언어들을 대신하고, 사진과 영상들을 송출시켜 세상의 문화를 하나로 연결한다. 경제적으로 디지털 기술은 새로운 교환 형태를 창출했으며 이를 통해서 금융시장의 발달도 촉진되었다. 뿐만 아니라, 교육 현장과 노동시장에서 새로운 형태가 등장했다. 아울러 디지털 기술은 새로운 형태의 정치참여를 가능케 만들었다. 특히 4차 산업혁명 시대와 더불어 포스트 코로나 시대에서

---

* 남서울대학교 교양학부 기독교윤리학 교수. 총회 신학위원회 위원. *Auf dem Weg zu einer oekumenischen Wirtschaftsethik* (RUB, 2009)를 펴냈다.

디지털 기술은 지금까지의 인간의 일상과는 전혀 다른 일상을 만들었다.

인간이 경험하지 못한 세상을 만들어가는 디지털 기술의 잠재성을 인간 스스로 측정하기 어렵다. 삶을 송두리째 변경시킬 디지털 기술은 미래에 대한 예측을 거의 불가능하게 한다. 자유의 경계도 모호하다. 디지털 기술은 자유를 확장시키기도 하지만, 억제할 수도 있다. 사정이 이렇다 보니, 다양한 온라인 사회에 참여할 자유가 보장된다. 동시에 익명이나 아바타를 통해서 개인의 자유가 최대한 활용된다. 하지만 수많은 디지털 정보와 다른 사람들의 정보에 의해 자유가 억압되기도 한다. 특히 독재국가들에서 정부는 개인의 정보를 수집해 국민을 통제할 수 있다.

기독교윤리적 입장에서 자유는 하나님과 인간들 사이의 책임 속에서 이행되어야 한다. 그러나 디지털 세상에서 이런 책임적 자유에 대한 질문은 모호한 상태다.[1] 기독교윤리를 떠나서도 사정은 마찬가지다.

** 이 논문은 한국기독교사회윤리학회가 발행하는 『기독교사회윤리』 57집, 73-98에 실린 "디지털 시대에서 그리스도인의 자유"라는 글을 제목과 내용의 일부를 수정한 것임을 밝힌다. 최경석, "디지털 시대에서 그리스도인의 자유," 「기독교사회윤리」 57(2023), 73-98.
[1] 과학기술에 대한 윤리적 규범을 모색하려는 이창호는-이창호, "과학기술에 대한 윤리적 규범 모색을 위한 철학적, 사회학적, 신학적 관점에서의 융합적 연구: 자크 엘륄(Jacques Ellul)의 기술 이해에 대한 비판적 성찰과 트랜스휴머니즘에 대한 적용을 중심으로," 「선교와 신학」 45(20180, 331-379; 이 논문에서는 이창호, 『과학기술과 인간에 관한 기독교적 성찰』, (서울: 장로회신학대학교출판부, 2023)을 참조- 기술의 발달로 기술 자체가 유사종교 또는 신격화되는 것을 경계하며 기술에 절대성을 부여하는 것을 주장하는 엘륄의 기술 이해에 대해 신학적으로 비판한다. 이창호는 기술은 하나님의 창조와 예수 그리스도의 새창조의 빛 안에서 규범적 검토와 평가가 필요한 것(몰트만(J. Moltmann)의 견해), 인간은 기술에 대해서 예언자적 관점으로 생명을 풍성히 하도록 책임을 가지는 것(슈바이크(W. Schweiker) 그리고 기술이 유토피아의 구현에 이바지한다면, 이를 평화와 사랑의 극대화를 위해서 적극 수용하는 것(구티에레즈(G. Gutiérrez)으로 기술을 유형화한다. 보다 자세한 내용은 이창호, 『과학기술과 인간에 관한 기독교적 성찰』, 136-149.

디지털 세상에서 벌어지는 자유에 대해 책임을 적용한 윤리적 물음은 그래서 필요하다. 이런 의미에서 디지털 기술로 나타난 모든 세상의 변화에 대하여 기독교의 시각에서 책임으로 바라보는 윤리적 성찰이 필요하다. 그렇다고 해서 디지털 기술을 부정하는 것은 아니다. 오히려 디지털 기술을 통해서 다음 세대까지 지속 가능한 삶이 형성되도록 입장의 정리가 필요한 것이다.

II. 알고리즘과 빅데이터 세상

우리가 쓰는 알고리즘은 인공지능 알고리즘을 말한다. 인공지능 알고리즘은 음성, 텍스트 또는 영상 등과 같은 정보들을 기술의 언어인 0과 1로 단순 환원하여 상이한 양상으로 재현하는 컴퓨터의 논리적 변용성에 기초한다. 쉽게 말하면, 다양한 정보들을 처리하도록 지정된 규칙 또는 "컴퓨터가 수행할 일을 순서대로 알려주는 명령어의 집합"[2]이라고 할 수 있다. 이에 따라서 정보 사용자들의 일정한 형태가 정리될 수 있다. 총체적인 맥락은 건너뛰고 단순한 정보들이 복잡하게 처리되며, 빈번하게 반복되는 것을 통계적으로 최적화하여 다음 단계가 예측 가능해진다. 인공지능이 스스로 학습한 정보들이 문제에 대한 해결책을 제시하기도 한다. 알고리즘은 오늘날 사람들의 판단기준과 의사결정을 위한 도구로 막강한 능력을 자랑한다. 인간의 개입이 없어도 자율

---

2 Pedro Domingos, *The Master Algorithms*, 강형진 옮김, 『마스터알고리즘』, (서울: 비즈니스북스, 2016), 29.

적으로 작동하기 때문에 일 처리에 있어서 합리적이며 인간과 유사하다.

이런 해결이 가능한 것은 결과의 값에 대한 근거가 있기 때문이다. 최근의 알고리즘 기술은 근거 또는 최초의 입력값과 연결되어 결과를 도출하는, 즉 기호와 논리에 따라서 결과를 도출하는 기호주의적 접근법(symbolism)에서 인간의 뇌를 모방하는 것에서 착안해서 여러 가지 정보를 연결하는 연결주의적 접근법(connectionism)으로 발전되었다. 그러나 뇌의 신경 구조(neural network)를 기초로 한, 딥러닝(deep learning)은 연결주의적 접근법으로 결과의 값을 도출할 근거를 찾기가 어렵다.[3] 연결주의적 접근법의 알고리즘의 이러한 특성이 사람들의 판단기준과 의사결정에 적용될 경우, 그 행위의 주체가 알고리즘인지 인간인지 불분명하여 결과에 대한 책임을 부여하기가 난해하다.

이런 배경에서 인간의 뇌 과학을 기반으로 발전된 지능 기술혁신을 통해서 스스로 학습하고 배우는 인공지능이 등장했다. 아울러 무선통신을 통해서 각종 사물을 연결시키는 사물인터넷(IoT)의 발달은 사람, 사물 그리고 정보를 하나로 연결시킨다. 이를 통해 엄청난 양의 정보들이 쌓인다. 즉 빅데이터가 생성된다.[4] 빅데이터는 인간의 생활 사회와 생태에서 만들어진 정보들의 집합이지만, 단순 정보의 수준에 머물지 않고 개인의 삶을 넘어 생활 사회에서 현실을 이해하고 미래를 예측할 수 있는 중요한 매개체다. 빅데이터는 인간의 단순한 보조품을 넘어 필수품이 되어버린 스마트폰, 태블릿PC, 노트북 등과 같은 전자기

---

[3] 이상용, "알고리즘 규제를 위한 지도-원리, 구조, 내용," 「경제규제와 법」 13/2(2020), 135.
[4] 이중원, "빅데이터가 던지는 도전적인 철학적 문제들에 대한 고찰," 「도시인문학연구」 9/1(2017), 169.

기의 활용을 통해서 그리고 신뢰를 기반으로 활용되는 카드사용 그리고 이 외에 인간의 다양한 생활양식을 통해서 형성된다.

빅데이터는 일반적으로 데이터의 크기(Volume), 형태의 다양성(Variety) 그리고 데이터 생성 속도(Velocity)인 3V로 설명된다. 여기에 최근에는 정확성(Veracity)과 가치(Value)라는 두 가지 특성이 첨가되었다.5 빅데이터 자체와 빅데이터 과학기술은 그 의미상 개념적으로 구분될 수 있다. 그러나 빅데이터를 단순한 대용량 정보의 집합체로 정의하는 것은 협소한 의미다. 오히려 데이터를 가공하고, 분석하고, 가치를 창출하는 기술까지 포함되어야 한다.6 데이터가 많이 쌓인다 해도 이를 분석하는 과학기술 없이는 빅데이터가 될 수 없으며, 그 반대로 과학기술이 발전하더라도 빅데이터가 없으면 소용이 없기 때문이다.7

딥러닝과 같은 인공지능 과학기술의 발전 또는 디지털 기술의 발전으로 인해 그동안 사회 곳곳에 쌓아 놓기만 했던 빅데이터를 활용하려는 시도가 활발하다. 디지털 기술의 발달은 알고리즘과 빅데이터를 통해서 인간의 사고능력을 컴퓨터로 구현시킨 인공지능까지 이르렀다. 인공지능은 알고리즘 자체의 발전을 넘어서 획기적인 빅데이터 처리능력의 향상까지 가능케 만들었다. 인공지능은 클라우드(Cloud)와 사물인터넷 등의 기술의 활성화로 이어져 데이터 양이 비약적으로 증가하여 다양한 이미지를 인식하고, 맥락을 이해하고, 언어를 번역하고, 패턴을 인식하고 감정까지도 이해한다. 인공지능은 결국 인간과

---

5 위의 논문, 170.
6 김항인, "빅데이터 활용에 따른 정보 윤리 의식," 「윤리연구」 123(2018), 139.
7 장병열, 김영돈, "빅데이터 기반 융합 서비스 창출 주요 정책 및 시사점," 「과학기술정책」 192(2013), 5-6.

유사하거나 더 뛰어난 성능을 보인다.

그러나 빅데이터의 수집과 활용 과정에서 나타나는 부작용도 있다. 개인의 사생활이나 권리가 침해된다. 감시와 통제가 가능해서 개인 또는 사회적 피해가 발생할 수 있다. 또한 정보 수집과 활용에 있어서 일부 포털 기업의 독점화가 일어나고 이를 활용하는 과정에서 왜곡과 오염이 일어날 수 있다. 또한 유사한 결과의 값과 빅데이터 분석으로 개성이 상실될 수 있다. 이런 상실의 시대에서 진정한 자유가 침해당하기도 한다. 실제로 이에 대한 윤리적이고 법적 문제를 논의하고 입법화하는 노력이 진행 중이다. 또한 우려되는 일들은 알고리즘과 빅데이터를 기반으로 발전한 인공지능을 지배하는 계층, 즉 이를 독점하고 최초의 입력값을 삽입하거나 조작할 계층의 출현은 그렇지 못하는 낙오자들과의 사회적 격차를 만들 것이다.[8]

알고리즘 개발자들의 선택에 따라서 인공지능이 빅데이터를 처리할 수 있다. 인공지능은 윤리적 판단을 내리기 어려운 상태라서 개발자들의 윤리적 판단을 그대로 수행한다. 개인들의 온라인 활동을 정보로 삼아서 또는 연령, 성별 그리고 지역별 등의 정보를 활용하여 개인의 의도와는 무관하게 인공지능은 정보를 제공한다. 그러나 딥러닝을 기반한 인공지능의 기술에서 타인에게 또는 사회에 해악을 끼치는 정보 제공의 결과를 도출시킨 개발자들의 윤리적 또는 법적 책임을 묻기가

---

[8] 이에 대한 견해로 김동환, "4차 산업혁명 시대, 기본소득에 대한 기독교 윤리적 고찰," 「기독교사회윤리」 44(2019), 55-76. 김동환은 인공지능 로봇의 등장으로 인간의 노동시장이 잠식되고 인공지능 로봇들이 지속적으로 투입됨으로써 노동할 공간을 잃어버리고 더 나아가 노동소외 현상으로 낙오자들이 나올 것이며 이들을 "테크놀로지의 프레카리아트(technological precariat)"로 규정한다.

어려운 사정이다. 우리 사회는 자유에 대한 모종의 제한을 인정하지만,[9] 알고리즘 개발자들의 선택적 자유의 제한은 녹록지 않은 것이 사실이다.

사정이 이렇다 보니, 디지털 세상에서 침해되는 개인의 자유, 정보의 오염과 왜곡으로부터 해방될 자유가 절실해 보인다. 이런 의미에서 자유에 대한 철학적 또는 사회과학적 개념이 필요하다. 한 걸음 더 나아가 그리스도인들에게 신학적 의미에서 자유의 개념도 필요하다. 자유에 대한 자유를 윤리적 판단기준으로 설정하는 연구는 인문과학과 사회과학에서 무리가 없어 보인다.[10] 이런 디지털 혁신의 시대에 개인의 자유에 대한 고려, 특히 그리스도인들의 자유는 고려의 대상이다.

---

9 자유를 윤리적 판단의 규범으로 중시하는 자유주의에서도 조차 타인에게 해악을 끼치는 경우에 자유가 제한될 수 있다. 자유지상주의를 표방하는 사람들도 이를 위해 법이 필요하다고 한다. 법치주의와 개인의 책임성이 전제된 상태에서 개인들은 자유를 최대한 누릴 수 있다. 공리주의의 입장에서도 밀(J. S. Mill)은 남에게 피해를 주지 않는 행위를 자유라 정의하며 자유를 제한한다. 자유의 제한에 대한 철학적 그리고 법적 근거를 위해서, 이상용, "알고리즘 규제를 위한 지도-원리, 구조, 내용," 130-135.

10 큰 틀에서 자유에 대한 논의는 먼저 자유주의를 옹호하는 사람들은 법치와 자기책임의 원칙을 강조하며 국가의 권한을 대폭 약화시켜 국민의 자유를 위해 작은 정부의 구성을 요구한다. 공리주의의 입자에서 남에게 피해를 주지 않는 자유의 행위를 극대화시켜 공리를 추구한다. 칸트(I. Kant)가 말하는 자유는 조금 복잡하지만, 자유를 정언명령을 통한 의무적 행위를 요구하는 자율로 이해한다. 공동체주의에서 공동체에 전해지는 좋은 삶을 저해하는 자유는 용납되지 않는다. 보다 자세한 내용을 위해서는 Michael J. Sandel, *Justice: What's the Right Thing to Do?*, 이창신 역, 『정의란 무엇인가?』 (파주: 김영사, 2010).

III. 그리스도인의 자유

1. 윤리적 판단기준으로서 하나님이 주신 자유

자유에 대한 신학적 근거를 찾는 일은 조금 어렵다. 왜냐하면 그 근거가 되는 성서에서 그 기준을 찾아야 하기 때문이다. 구약성서를 고려할 때, 과거의 전통, 보다 정확히 말하면, 유대인의 전통을 현실을 살아가는 사람들에게 적용시키는 것이다. 신약성서의 전통도 사정은 마찬가지다. 다시 말하면, 성서적 전통에서 자유가 현실을 살아가는 우리에게 윤리적 판단기준이 될 수 있느냐의 문제인 셈이다. 이는 기독교윤리의 연구과제다. 특히 디지털 시대를 살아가고 있는 우리에게 자유는 무엇이며 그리스도인으로서 자유가 무엇인지 제시되어야 한다.

구약성서의 전통에서 자유는 히브리 공동체가 이집트의 노예로부터 해방되는 사건과 연결되어 있다. 히브리 공동체는 해방된 자유인으로서 더 이상 압제자 파라오의 명령을 듣지도 실행하지도 않아도 된다. 다만 이들의 미래를 위해서 조건이 있다. 하나님의 명령을 듣는 것이다. 하나님의 명령을 듣도록 십계명이 히브리 공동체에게 주어졌다. 시나이 반도에서 하나님과 히브리 공동체 사이의 계약은 자유인들과의 계약으로서 자유에 관한 것이다. 십계명의 준행 속에서 히브리 공동체는 자유를 누릴 수 있다. 즉 하나님 앞에서, 하나님의 백성으로서, 하나님을 주인으로 인정하는 삶에서 자유를 누리고 하나님의 부름에 응답하고 하나님의 명령을 준행하는 책임 속에서 히브리 공동체의 삶의 방향성이 정해진 것이다.[11]

히브리 공동체가 얻은 새로운 자유는 하나님의 명령을 준행하는 책임 속에서 유지될 수 있다.12 이런 의미에서 구약성서의 전통에서 자유는 책임적 자유로 언급될 수 있다. 하나님이 인간에게 주신 신적인 규범이 십계명을 통해서 인간에게 전해졌다13면 십계명은 단순히 그 당시 히브리 공동체에게만 주어진 것이 아니라, 전 인류 특히 그리스도인들에게 주어진 것이기에 그리스도인들에게는 보편적이다.14

창조론적 관점에서 하나님이 인간에게 주신 자유는 조건적 자유였다. 조건을 어기면 거기에 대한 책임이 부여되는 책임적 자유다. 경작하며 문화를 이룩하라는 명령도 정원관리사의 책임 속에서 실행되어야 하는 자유다. 즉 하나님의 조건 또는 명령 속에서 인간에게 주어진 책임적 자유다. 자유는 하나님이 주신 선물이다. 인간은 자신의 자유를 스스로 가질 수 없고 전적으로 하나님으로부터 받는다. 창조주 하나님은 인간을 자유인으로 부르셨다. 인간은 하나님의 형상으로 자유 안에서 삶을 유지한다.

십계명 그리고 그로부터 파생된 율법의 완성은 사랑이다. 제1계명부터 제4계명까지 하나님에 대한 사랑이라면, 제5계명부터 제10계명까지는 이웃에 대한 사랑이다. 특히 제10계명은 이웃의 사물에 대한

---

11 이사야,『오늘, 여기, 살아있는 우리와 세운 언약, 새롭게 읽는 십계명』(서울: 신앙과지성사, 2023), 31-32.

12 이런 해석으로 EKD, *Freiheit digital, Die Zehn Gebote in Zeiten des digitalen Wandels*, (Leipzig: Evangelische Verlagsanstalt, 2021), 234.

13 고재식은 제임스 젤러스(James Sellers)를 인용하여 신적인 규범을 인간에게 적용시키는 것이 기독교윤리라고 정의한다. 고재식,『기독교윤리의 유형론적 연구』(서울: 대한기독교서회 2005), 35.

14 구약성서 전통을 따르는 유대교는 토라(Torah)에서 613개의 율법 조항을 산출한다. 십계명은 이른바 율법의 출입문이자 근본조항으로 이 글에서는 613개의 율법보다는 십계명에서 자유의 개념이 논의될 것이다.

책임까지 언급되고 있다. 이런 의미에서 십계명은 이웃사랑으로 확대된다. 십계명을 준행함으로써 얻은 자유는 이웃사랑으로 귀결되어야 한다. 창조론의 관점에서 자유는 이웃사랑으로 귀결되어야 함이 명확히 제시된다. 피조물의 일부분인 인간도 자연을 이용할 자유를 얻는다. 다시 말하면, 하나님이 주신 청지기로서 위임이 자유로 이해될 수 있다.[15] 인간에게 부여된 자유는 창조주 하나님 앞에서 피조물에 대한 책임감 속에서 수행되어야 한다. 이런 의미에서 구약성서의 전통에서 자유는 이웃을 향한 책임적 사랑으로 나아가게 한다.

신약성서 전통을 보면, 바울은 그리스도가 우리를 자유롭게 하려고 자유를 주셨다(갈 5:1)라고 천명한다. 예수 그리스도 안에서 인간을 구원하시는 하나님의 뜻 안에서만 인간은 자유롭다. 자유는 육체의 기회가 아니라, 이웃을 사랑하는 섬김으로 이해된다(갈 5:13-14). 이런 자유 안에서 인간은 하나님의 새로운 피조물을 경험할 수 있다(고후 5:17). 새로운 피조물로서 인간은 하나님이 만드신 피조 세계와 더불어 이웃을 사랑함으로써 그리스도를 통해서 부여받은 자유를 누릴 수 있다. 종교개혁 전통은 하나님이 주신 선물로서 자유를 계승한다. 개신교는 교회의 권위로부터 해방된 자유를 지금까지 유지하고 있다.

그리스도론적 관점에서 하나님의 현현이자 계시인 예수 그리스도는 새로운 빛 안에서 인간에게 자유함을 주신다. 그 분의 십자가의 죽음과 부활은 인간을 죄로부터 해방시킨 구원시킨다. 곧 자유함이 십자가의 죽음과 부활의 결과다. 인간은 창조주 하나님이 주신 자유를 오용하

---

15 G. Brakelmann, *Zur Arbeit geboren? Beiträge zu einer christlichen Arbeitsethik*, (Bochum: SWI Verlag, 1988), 10.

고 잃어버렸지만, 예수 그리스도의 죽음과 부활을 통해서 자유 안에서 인간의 새로운 삶, 새로운 피조물로서의 삶이 전개된다. 이런 의미에서 예수 그리스도 자체가 해방과 자유의 현현인 셈이다.

2. 루터에게서 그리스도인의 자유

종교개혁 전통을 고려할 때, 마르틴 루터는 1520년 그 유명한 『그리스도인의 자유』[16]에서 그리스도인의 자유에 대해서 명쾌히 설명한다. 종교개혁 전통의 이전에 자유의 개념을 위해서 아우구스티누스(Augustinus Hipponensis)와 그를 이은 토마스 아퀴나스(Thomas Aquinas)가 이해한 자유의 개념이 짧게 언급될 수 있다.[17] 아우구스티누스는 인간의 자유를 선함과 하나님을 향한 노력으로 이해한다. 인간은 선을 행할 성향과 악을 선택할 성향, 두 가지를 동시에 가질 수 없다. 자유는 사랑 안에서 선한 일을 행하면서 만날 때 실현될 수 있다. 토마스 아퀴나스는 자유를 하나님이 창조할 때 하나님의 뜻과 연결시켜 인간의 본성으로 이해한다. 이 자유는 인간의 이성과 조응한다.

종교개혁 전통에서 루터는 자유인이면서 동시에 종이라는 상호 모순적인 두 가지 명제에서 그리스도인의 자유를 설명한다. "그리스도인은 만물에 대한 자유로운 지배자이며 그 누구에게도 예속되어 있지 않다.

---

16 Martin Luther, "Von der Freiheit eines Christenmenschen," *Weimarer Ausgabe 2*(이하 *Weimarer Ausgabe*는 WA로 약칭), 루터의 이 글은 https://archive.org/details/ werkekritischege07luthuoft 2023년 10월 13일 접속.

17 이 부분은 한스 울리히(Hans G. Ulric)의 견해에 기대어 언급될 것이다. Hans G. Ulrich, "Freiheit", in: M. Honecker (Hg.), *Evangelisches Soziallexikon* (Suttgart: Kohlhammer, 2001), 506.

그리스도인은 만물에 대해 봉사할 수 있는 종이며 모두에게 예속되어 있다."[18] 자유로운 인간에 대한 이런 모순성은 루터신학의 출발점인 칭의의 관점에서 이해된다. 누군가에 예속된 종이지만 동시에 자유인으로서 자유로움을 인정받은 인간은 내적인 자유와 외적인 자유가 있다.[19]

하나님 앞에서 의로움을 인정받은 인간은 이런 의미에서 "만물에 대한 자유로운 지배자"다. 하나님을 믿는 믿음을 통해서 자유함을 받은 인간은 하나님과 같이 더불어 살아갈 때 사람들을 자유롭게 할 수 있다. 타인을 자유롭게 한다는 것은 이웃을 사랑하는 삶이다. 이런 의미에서 "만물에 대해 봉사할 수 있는 종"이다.[20]

루터에 따르면, 인간의 행위는 선하지 못하다. 아무리 하나님의 율법을 잘 준행할지라도 선한 행위를 할 수 없는 존재가 인간이다. 오직 하나님이 인간을 불쌍히 여겨야 인간은 선함을 희망할 수 있다. 하나님의 전적인 은총으로만 칭의를 받고 그 결과를 통해서 인간은 선한 행동을 할 수 있다. 그러기에 바울신학에 근거한 예수 그리스도의 십자가의 죽음과 부활을 통한 인간의 죄로부터 해방은 루터에게 커다란 자유인 셈이다. 인간 스스로 구원에 이르는 자력 구원으로부터 벗어날 때, 인간은 자유를 얻을 수 있다. 하나님의 인간에 대한 사랑, 인간의 하나님에

---

18 Martin Luther, "Von der Freiheit eines Christenmenschen," 21.
19 루터는 "Von der Freiheit eines Christenmenschen(그리스도인의 자유)"의 세 번째 강령부터 열아홉 번째 강령의 첫 부분까지 내적인 인간, 즉 영적인 존재의 인간을 기술한다. 그 뒤부터 스물아홉 번째 강령까지 외적인 인간으로 육체적 존재로서 인간을 묘사한다. "그리스도인의 자유"의 내용에 충실한다면, 내적인 자유와 외적인 자유로 구분될 수 있다. 그럼에도 이 두 가지는 상호연관성 속에서 이해될 수 있다. 이와 같은 해석으로 H. Bedford-Strohm, Sozialwissenschaftlichen Institut der EKD Hg., *Freiheit Reformation Heute*, (Hannover: Agentur-Durkerei Verlag, 2016) 10.
20 Hans G. Ulrich, *Freiheit*, 506-507.

대한 믿음, 이와 상응한 하나님과 인간의 관계 속에서 인간은 하나님의 품에 안길 수 있도록 허락을 받는다.

인간의 의로움은 예수 그리스도가 인간을 신부로 맞이할 때 주는 그 분의 결혼 선물이다. 루터는 칭의를 마치 전적인 신랑의 사랑을 통해서 죄로 가득 찬 창녀를 신부로 맞이하는 것과 같은 것이라고 설명한다. 인간의 모든 죄악으로부터 그리스도는 승리한다. 이를 통해서 그리스도인은 자유를 얻고 의로움을 받는다. 칭의를 통한 그리스도인의 자유는 즐거운 경사(慶事)다.

"그리스도는 하나님이며 인간이다. 그는 죄가 없으며, 그의 의로움(frumkeyt)은 정복당하지 않고, 영원하고 그리고 전능하다. 그리스도는 신부의 반지, 즉 믿음을 통해서 믿는 영혼들의 죄를 마치 자신이 한 것같이 자신의 것으로 만든다. 그렇기 때문에 죄악은 그리스도 안에서 삼켜지고 죽어야 한다. 왜냐하면 그리스도의 정복당하지 않는 의로움은 모든 죄악들보다 강하기 때문이다. 그래서 영혼은 신부의 결혼 선물, 즉 믿음을 통해서 모든 죄로부터 면제되고 자유롭게 되고 신랑인 그리스도의 영원한 의로움을 선물로 받는다(begabt). 부유하고 고귀하고 의로운 신랑 그리스도가 가난하고 멸시받고 사악한 창녀와 결혼하여 그녀를 모든 악으로부터 해방시키고 모든 선함으로 치장하는 데, 이 어찌 즐거운 경사가 아니겠는가? 그러므로 죄악이 영혼을 정죄하는 것은 가능하지 않다. 왜냐하면 죄악은 이제 그리스도 위에 놓여져 있고 그리스도 안에서 삼켜졌기 때문이다."[21]

---

21 Martin Luther, *Von der Freiheit eines Christenmenschen*, 25.

인간이 자유를 얻는 것은 선한 행위의 공로나 업적을 통해서가 아니다. 인간은 하나님의 피조물로 모든 사람에게 예속된 종으로 고백하는 믿음으로 만물에 대한 지배자인 자유인이다.[22] 자유는 믿음을 통해서 얻는 하나님의 선물이지 인간의 노력을 통해서 성취한 업적이 아니다. 그렇다고 루터가 인간의 선한 행위의 가능성을 완전히 부인한 것은 아니다. 오히려 선한 행위를 믿음보다 우위에 놓는 것에 대해서 경계한다. 믿음을 통해 내적인 자유를 가진 자들은 나태함이나 악을 행하지 않고 선한 행위를 당위적으로 생각하고 실행한다.

> 말씀에 따라서 영혼도 그 말씀처럼 된다. 이는 마치 쇠가 불과 결합하여 불처럼 빨갛게 되는 것과 같다. 그래서 우리는 그리스도인이 믿음에서 충만한 것을 본다. 그는 경건을 위해서 그 어떤 것도 필요치 않다. 그가 그 어떤 것도 필요치 않기에 그는 모든 계명과 율법으로부터 해방되어 있다(empunden). 그가 해방되었다면, 그는 확실히 자유롭다. 이것이 그리스도인의 자유며, 유일한 믿음이다. 이 믿음은 우리가 나태하거나 악을 행하도록 하지 않고 우리가 경건함과 축복을 영위하기 위한 그 어떤 행위도 더 이상 필요하지 않게 만들어 준다.[23]

즉 자유로움을 받는 것이 우선이고 선한 행위는 자유로움을 받은 사람들로부터 나오는 자유의 결과물이다. "그러므로 모든 행위 이전에 언제나 사람이 먼저 선하고 의로워야 하며 선행은 이 의롭고 선한 사람

---

22 앞의 책, 21.
23 앞의 책, 24-25.

으로부터 뒤따라 나와야 한다."24

　오늘날 자유의 개념은 개인주의적 경향이 강하다. 다른 사람들로부터 개인의 재산, 생각, 권리, 신체 등을 보호하는 방향 속에서 자유의 개념이 표상된다. 이런 개인주의적 경향 속에서 루터가 제시한 두 번째 명제는 의미심장하다. "모든 그리스도인은 만물에 대해 봉사할 수 있는 종이며 모두에게 예속되어 있다." 이 자유의 개념을 고려할 때, 그리스도인의 자유로운 선택과 행동은 자신을 위한 것일 수 없다. 그리스도인은 단지 홀로이며, 다른 사람들과 무관한 존재가 아니다. 오히려, 그리스도인은 이웃을 사랑하고 봉사하지 않으면 실재적으로 자유를 가질 수 없다. 외적인 권위로부터 자유롭고 자신의 양심을 따르는 것이 중요하다. 이웃을 사랑하고 봉사하는 자유의 개념 속에서 개인의 자유권이 인정될 수 있고 이를 법으로 제정할 수 있다. 이런 의미에서 그리스도인의 자유는 이웃에 대한 사랑과 봉사의 관점에서 해석되어야 한다. 자유는 이웃사랑을 고려할 때 의미가 있다.

"보라, 그러므로 믿음에서 하나님을 향한 사랑과 즐거움이 흘러나온다. 사랑으로부터 이웃을 대가 없이 섬기는 자유롭고, 기쁘고, 자발적인 삶이 흘러나온다. 왜냐하면 우리의 이웃이 어려움으로 고통받는 것같이 그리고 우리의 넘침을 필요로 하는 것같이 우리 또한 어려움을 겪었고 하나님의 은혜를 필요했기 때문이다. 그러므로 그리스도를 통해서 하나님이 대가 없이 우리를 도운 것같이 우리도 역시 몸과 행동을 통해 오로지 이웃을 돕는 일을 해야 한다."25

---

24 앞의 책, 32.

하나님을 향한 즐거움은 그리스도인을 이웃으로 향하게 한다. 믿음을 통해서 얻게 된 자유는 다른 사람들과 공동체를 섬기도록 도와준다.

오직 하나님의 은총 안에서 자유를 얻은 인간은 하나님이 창조한 모든 피조물을 섬기는 자유, 즉 봉사를 실행해야 한다. 봉사는 그러나 엄격한 의미에서 업적이다. 루터가 말하는 봉사라는 업적은 이기적인 측면을 벗어난 것으로 다른 사람의 이익과 행복을 위한 업적이다. 믿음을 통해 얻은 자유인들은 다른 이웃들과 연대하면서 공동체의 행복을 위한 봉사의 길을 걷는다.26

> 그리스도인은 자기 자신 안에 살지 않고 그리스도 안에서 그리고 이웃들 안에서 산다는 결론이 나온다. 즉 믿음을 통한 그리스도 안에서 그리고 사랑을 통해서 이웃 안에서 산다. … 보라 이것이 올바르고 영적인 기독교적 자유다. 이 자유는 모든 죄로부터, 율법으로부터 그리고 계명으로부터 마음을 자유롭게 한다. 이는 하늘이 땅보다 더 뛰어난 것처럼 모든 다른 자유를 넘어선다. 하나님은 이것을 우리에게 올바로 이해하고 유지하도록 하신다.27

성서와 루터를 통해서 살펴 본 그리스도인의 자유는 하나님이 주신 선물로서 책임적 자유다. 이 자유는 결국 이웃을 사랑하는 그래서 이웃을 섬기며 이웃에게 봉사하는 자유다. 이런 의미에서 그리스도인들에게 이웃을 사랑하는 책임적 자유가 요청된다.

---

25 앞의 책, 36.
26 이런 해석으로 G. Brakelmann, *Zur Arbeit geboren?*, 35.
27 Martin Luther, "Von der Freiheit eines Christenmenschen," 37-38.

IV. 디지털 시대에서 그리스도인의 자유

전 세계적으로 수집된 빅데이터와 연결되어 인간의 삶에 실시간으로 개입하는 알고리즘의 혁신적 기술은 그동안 인간 경험에 새로운 지평을 열었다. 이런 기술의 발전을 활용함에 따라서 자유의 장이 새롭게 열리기도 하지만, 때로는 제한되기도 한다. 빅데이터와 알고리즘의 시대, 디지털 시대에 살고 있는 사람들은 미래에 대한 이상적 희망과 동시에 묵시적 우려가 있다.

이런 시대에서 성서는 지식이 아닌 지혜를 가르친다. 창조론적 입장에서 인간들이 경작하고 만들어 내는 모든 문화는 그렇게 좋지도, 그렇다고 그렇게 나쁘지도 않다. 오히려 좋고 나쁨의 양면성을 가지고 있다. 하나님은 인간들에게 문화의 형성 과정에 관여하도록 허락한다. 그리고 동시에 하나님은 거기에 대한 책임을 인간들에게 부여한다. 하나님은 인간과 모든 생명체에게 복을 준다. 이를 믿는 믿음은 성서의 증언 속에서 흘러나온다. 중요한 것은 디지털 기술의 혁신을 책임감으로 현실에서 활용하는 것이다. 하지만 전제할 것은 창조 세계와 더불어 자연스러운 인간의 삶이 유지되는 것과 사회적 관계가 보다 인간적이고 정의로움을 품은 상태 속에서 지속적으로 만들어지는 것이다.[28]

이런 배경 속에서 하나님으로부터 부여된 인간의 자유와 책임 속에서 디지털 기술의 혁신을 활용하고 형성하는 것이 중요하다. 앞에서 살펴본 바와 같이, 그리스도인들의 자유가 하나님 앞에서 책임적 자유로서 그리고 이 자유는 이웃사랑을 통해서 실현될 것으로 이해된다면,

---

28 EKD, *Freiheit digital*, 234.

인간이 만들어 낸 인공적인 디지털 시대에서 그리스도인들의 자유에 대해 고민하는 노력이 필요하다. 성서와 그리스도교적 전통에서 십계명은 이런 자유에 대해서 말하고 있다. 독일개신교협의회(EKD)는 그들이 발행한 백서(*Freiheit digital*, 2021)에서 디지털 시대를 살아가는 그리스도인들의 자유를 십계명을 통해서 설명한다.[29] 이 백서는 십계명을 통해서 디지털 시대에 그리스도인들이 가져야 하는 자유의 방향성을 제시한다. 십계명은 그리스도인들 삶의 방향성뿐만 아니라, 삶에서 자유를 어떻게 유지할 수 있는지도 알려준다.

   비록 십계명의 형성 시기와 오늘날의 시대적 격차가 클지라도 십계명은 인공과 자연 사이에서 서 있는 오늘날 그리스도인들에게 울림을 주기에 충분하다. 그렇다고 십계명의 요구를 절대적인 것으로 인정하지는 않는다. "십계명의 상대성을 인정하면서도 십계명이 궁극 이전의 시간을 향한"[30] 하나님의 의지를 표명하는 것으로 이해될 수 있다. 이런 의미에서 디지털 시대에 고리타분한 십계명의 준행 의무에 대한 언급이 아닌, 십계명 속에서 하나님과 인간의 근본 관계에 대해서 이해하자는 것이다. 아울러 십계명을 통해서 디지털 시대의 문제점을 해결할 수 있다는 것도 아니다. 다만 인간들이 하나님이 주신 책임적 자유를 어떻게 누릴 수 있는지에 대한 방향성의 정도를 고려하자는 말이다. 여기에서 중요한 것은 디지털 세상에서 자유가 소실되지 않고 활용될

---

29 앞의 책.

30 A., Rich, *Wirtschaftsethik I, Grundlagen in theologischer Perspektive*, (Güterslor: Güterslorer Verlagshaus, 1987), 275. 리히는 성서에서 요구하는 것을 문자적으로 절대화하는 것을 우려한다. 십계명에서 제4계명의 변환을 고려하면서 성서적 요구가 상황에 따라서 변경됨을 제시하고 성서적 요구를 상대적이라고 규정한다. 자세한 내용을 위해서 270-280.

규준을 설정하는 것이다.

　제1계명과 제2계명은 세상과 하나님, 마찬가지로 인간과 하나님의 근본적 차이를 인정하는 것이다. 인공지능, 빅데이터 그리고 알고리즘으로 대표되는 디지털의 기술은 이른바 온라인 세계에서 사람들에게 새로운 자유를 부여한다. 이럴 때, 자칫 디지털 기술에 대한 신격화와 맹목적 수용으로 유사종교가 파생될 수 있다.[31] 제1과 2계명은 이와 거리를 두면서 그리스도인들에게 책임적 자유를 권고한다. 중요한 것은 하나님 앞에서 책임적 자유를 고려하면서 디지털 기술을 누리고 이해하는 것이다.[32]

　제3계명을 고려한다면, 개인의 믿음과 종교적 행위 또는 종교적 표상들은 온라인 세상에서 쉽게 제공받고 제공할 수 있다. 예수 그리스도의 복음에 대한 선포 또한 공적인 공간을 넘어서 온라인의 공간에서 가능하다. 인터넷과 사회적 관계망 서비스는 개인과 집단 그리고 공동체의 상호작용이 확장된 공간으로서 그리스도인들을 위한 새로운 교회가 될 수 있다. 그리스도인들은 이런 공간에서 영적 경험을 공유하고 복음의 상호작용을 지원해야 한다. 동시에 하나님의 이름이 남용되거나 오용되는 것을 방지하는 감시자의 위치에도 서야 한다.[33]

　디지털 기술의 발달로 인해 전 세계 사람들의 생활 패턴이 유사해지는 경향으로 흘러간다. 단적인 예로, 코로나 팬데믹의 경험은 온라인을 통한 재택근무의 가능성을 확장시켰다. 노동과 쉼을 온라인 공간에서

---

31 이에 대한 지적은 이미 자크 엘릴이 제시했다. 각주 1번.
32 EKD, *Freiheit digital*, 235.
33 앞의 책, 236.

찾아야 하는 경우도 나타난다. 특히 젊은 세대에서의 문화 소비는 전 세계적으로 유사성을 가진다.[34] 온라인에서 이루어지는 노동과 쉼에 대한 의미 부여가 높아지고 있는 상황에서 제4계명은 고려되어야 한다.[35]

"부모를 공경하라"의 제5계명은 세대 간의 이해로 해석될 수 있다. 기성세대의 과제는 다음 세대가 여전히 하나님의 창조 세계를 지속가능하게 활용할 수 있도록 유지하는 것이다. 아울러 다음 세대와 기성세대는 어르신들이 디지털 기술을 활용할 수 있도록 돌봄의 서비스를 제공해야 한다. 디지털 기술의 활용은 생산 자원과 소비자원의 이동을 절감시킬 수 있다. 메타버스를 활용한 시공을 초월한 노동을 통해서 자원이 절감될 수 있다. 어르신들의 경우 거동이 불편할 경우 비대면 진료가 가능하고, 말벗이 없는 경우 인공지능이 친구가 되어준다. 그리스도인들은 디지털 기술을 활용하여 세대 간의 격차를 줄여 공동체성을 구성하는 데 도움을 줄 수 있다.[36]

제6계명을 철저히 숙고한다면, 디지털 기술의 발달은 폭력의 위험으로부터 벗어나도록 활용되어야 한다. 아울러 평화를 지키는 데 활용되어야 한다. 디지털 기술을 통한 자동화 시스템의 무기와 무인 감시 시스템은 인력을 최소화하고 인마 살상도 최소화할 수 있다. 범죄, 테러 그리고 국가적 폭력을 최소화시키도록 전 세계가 서로 감시하는 시스템의 구축이 가능하기 때문이다. 물론 이를 악용하거나 오용하면 더 큰 위험이 작동하겠지만, 교회는 보다 정의로운 평화를 구축하기 위해

---

34 K-pop을 필두로 세계적 OTT 시스템 속에서 젊은 세대의 문화적 콘텐츠의 소비의 형태가 유사성을 지니고 있다.

35 EKD, *Freiheit digital*, 236.

36 앞의 책, 237.

서 디지털 기술을 최대한 활용해야 한다.

제7계명은 그리스도인이 책임적 자유에서 이웃을 사랑하도록 요구한다. 온라인 데이트, 온라인 성매매, 온라인에서 이루어지는 성관계를 통한 사회적 부작용과 사회적 약자의 피해를 최소화하기 위해 그리스도인들은 온라인에서 책임적 자유를 실천시킬 교육을 제공해야 한다.[37]

하나님의 창조 세계에서 자신의 소유는 이웃을 사랑하는 데, 최소한의 인간다운 생활을 영위하는 데 그리고 보다 정의로운 공동체를 만드는 데 이바지해야 한다. 이런 의미에서 디지털 세상에서 수집되는 빅데이터와 각종 디지털 공간, 예를 들어 클라우드와 와이파이 같은 것을 공유하면서 사회가 더욱 공정한 방법으로 디지털 자원이 분배되도록 제8계명은 새롭게 해석되어야 한다. 알고리즘과 빅데이터의 독점이 아니라, 공정한 분배를 창출할 문화적 인식과 사회적 인식을 그리스도인들은 고려해야 한다. 이를 위해 그리스도인들은 정치적 압력단체가 되어 고유한 행동을 취해야 한다.[38] 최선의 방법은 이를 법윤리적 차원에서 연구하여 법제화하는 것이다.

공적인 공간에서 상호의 신뢰, 투명성, 진실함을 위해서 제9계명이 필요하다. 디지털 공간에서 만들어진 미디어는 이런 기능을 감당할 수 있다. 이 미디어 속에서 개인, 공동체, 기구들의 상호작용이 활발히 일어나고 여기에서 공적인 담론의 형성이 가능하다. 공적 담론은 자칫 잘못하면 발생할 가짜 뉴스를 지양하고 이웃사랑에 이바지하는 방향으로 진실되게 일어나야 한다. 그리스도인은 공동체 구성원들이 이

---

37 앞의 책.
38 앞의 책, 238.

미디어에 참여할 수 있도록 모든 영역에서 도움을 줄 수 있어야 한다.[39]

제10계명은 자유를 보호하는 것이다. 자유는 자신의 정체성을 개발하고, 사회에 참여하고 사회적, 경제적, 문화적 등의 재화를 활용하고픈 욕구에서 작용되어야 한다. 자신만을 위한 이기심이 아니고, 다른 사람을 나의 이해관계를 위해 도구화하거나 수단화로의 자유를 활용해서는 안 되며, 과도한 소비와 지나친 이해관계의 획득을 위해서 자유가 활용되면 안 된다. 이를 위해서 그리스도인은 생동력 있는 삶을 살 수 있도록, 지속 가능한 소비문화가 형성될 수 있도록 그리고 사회적 유대를 위한 타인을 인정할 수 있도록 도움을 줘야 한다.[40]

디지털 시대에서 십계명은 그리스도인들이 이웃을 사랑하는 책임적 자유의 존재임을 인식하고 실천해야 할 하나님의 새로운 명령으로 이해되어야 한다. 동시에 그리스도인은 디지털 시대를 하나님의 선물로 인정하면서 이 곳에서 이웃을 사랑할 수 있는 다양한 방법을 모색해야 한다. 코로나 팬데믹으로 인해 사람들은 디지털 시대를 살아가는 방법을 경험했다. 부정적인 측면도 있었지만, 디지털 시대에 이웃을 사랑하는 긍정적인 방향성도 제시된 듯하다. 십계명을 상대적 준칙으로 이해하여 디지털 시대에 맞게 새롭게 해석하면서 알고리즘과 빅데이터 시대에서 그리스도인들은 책임적 자유를 향유할 수 있다.

더 논의되어야 할 부분은 기독교에서 이해된 자유의 개념을 우리 사회의 디지털 세상에로의 적용에 관한 것이다. 그리스도인의 자유는 민주주의 사회의 형태에서 법으로 제도화시키는 것이다. 이런 상황에

---

39 앞의 책.
40 앞의 책, 239.

서 교회가 정치적 압력단체로 성장하는 것이 오늘날 한국 개신교가 가진 과제인 셈이다.41

V. 나가는 말

　성서와 종교개혁 전통의 루터에게서 추론될 수 있는 그리스도인들의 자유는 하나님이 주신 선물로서 책임적 자유다. 이는 이웃사랑으로 확대되어야 한다. 이웃사랑의 책임적 자유가 알고리즘과 빅데이터를 통해 발전된 인공지능의 디지털 시대에 고려되고 통용되기 위해서 성서 특히 십계명에 대한 현대적 해석이 요구된다.
　하나님과 히브리 공동체 사이에 맺은 언약인 십계명을 준수함으로써 히브리 공동체가 참다운 자유를 얻었듯이 디지털 시대를 살아가는 오늘날 우리에게 십계명의 의미를 파악하는 것은 자유를 얻는 통로로 해석될 수 있다. 이는 성서에 기록된 문자적인 십계명의 준행이 아니라, 디지털 시대에 맞는 폭넓고 납득 가능한 십계명의 재해석을 통해서 가능하다. 하나님의 창조 세계의 연장선으로 디지털 시대를 경작하는 책임적 자유인으로서 그리스도인은 디지털 시대에서 일어날 수 있는 인간의 악용과 오용을 최소화하여 이웃을 사랑하는 시대를 만들기 위해서 자유를 누려야 할 것이다.
　더 논의되어야 할 부분은 기독교에서 이해된 자유의 개념을 우리 사회의 디지털 세상에로의 적용에 관한 것이다. 그리스도인의 자유는

---

41 이에 대한 논의는 지면의 한계로 단순 제안으로만 제시한다.

민주주의 사회의 형태에서 법으로 제도화시키는 것이다. 이런 상황에서 교회가 정치적 압력단체로 활동하는 것이 제시될 수 있다.

참고문헌

고재식. 『기독교윤리의 유형론적 연구』. 서울: 대한기독교서회, 2005.
김동환. "4차 산업혁명 시대, 기본소득에 대한 기독교 윤리적 고찰." 「기독교사회윤리」 44 (2019): 55-76.
김항인. "빅데이터 활용에 따른 정보 윤리 의식." 「윤리연구」 123 (2018): 135-158.
이사야. 『오늘, 여기, 살아있는 우리와 세운 언약, 새롭게 읽는 십계명』. 서울: 신앙과지성사, 2023.
이상용. "알고리즘 규제를 위한 지도-원리, 구조, 내용." 「경제규제와 법」 13/2 (2020): 129-159.
이중원. "빅데이터가 던지는 도전적인 철학적 문제들에 대한 고찰." 「도시인문학연구」 9/1 (2017): 167-204.
이창호. 『과학기술과 인간에 관한 기독교적 성찰』. 서울: 장로회신학대학교출판부, 2023.
장병열·김영돈. "빅데이터 기반 융합 서비스 창출 주요 정책 및 시사점." 「과학기술정책」 192 (2013).

Bedford-Strohm, H.. Sozialwissenschaftlichen Institut der EKD. Hg. *Freiheit Reformation Heute*. Hannover: Agentur-Durkerei Verlag, 2016.
Brakelmann, G.. *Zur Arbeit geboren? Beiträge zu einer christlichen Arbeitsethik*. Bochum: SWI Verlag, 1988.
Domingos, Pedro. *The Master Algorithms*. 강형진 옮김. 『마스터알고리즘』. 서울: 비즈니스북스, 2016.
EKD. *Freiheit digital, Die Zehn Gebote in Zeiten des digitalen Wandels*. Leipzig: Evangelische Verlagsanstalt, 2021.
Luther, M.. "Von der Freiheit eines Christenmenschen." *WA* 7. https://archive.org/details/werkekritischege07luthuoft 2023년 10월 13일 접속.
Rich, A.. *Wirtschaftsethik I, Grundlagen in theologischer Perspektive*. Güterslor:

Gütersloher Verlagshaus, 1987.

Sandel, Michael J.. *Justice: What's the Right Thing to Do?* 이창신 역.『정의란 무엇인가?』. 파주: 김영사, 2010.

Ulrich, Hans G.. "Freiheit." in: Honecker, M. (Hg.). *Evangelisches Soziallexikon*. Suttgart: Kohlhammer, 2001.

최태용의 신앙 운동, 신학 운동, 교회 운동 — '영적 기독교'의 내용과 그 생명 신앙적 전개*

박숭인**

I. 최태용의 사상에의 접근

　기독교대한복음교회의 창립자 최태용의 신학을 연구하고 분석하여, 그 신학적 작업의 현대적 의미를 고찰하고자 하는 것이 본 논문의 의도이다. 그런데 최태용의 신학을 연구한다고 하는 일은 단순한 작업이 아니다. 그 이유는 첫째, 최태용은 하나의 신학적 체계를 세우고 그에 따라 자신의 신학을 정리한 신학자라기보다는, 당시 한국의 구체적 상황 속에서, 또 당시 한국의 교회 현실을 아파하는 가운데 자신의 신앙고백으로서의 신학을 수행해 간 신학자이기 때문이다. 그는 연구실에서 책과 씨름하며 조용히 신학적 작업을 수행한 신학자가 아니었다. 신앙 집회를 통하여 ―때로는 기성 교회와의 충돌도 불사하면서―

---

* 본 논문은 필자가 2004년 학술지에 게재한 논문을 수정, 보완한 것임을 밝힌다.
** 협성대학교 명예교수

자신이 깨달은 기독교의 진리를 전파하고자 했던 행동하는 복음의 전파자였으며, 스스로 신앙 잡지를 발간하여 독자들에게 기독교 신학의 진수를 전파하고자 노력했던 실천적 신학자였다. 이러한 그의 신학을 오늘날의 신학적 체계에 맞추어 분석하고 평가한다는 것은, 잘못하면 그의 신학의 실천적이고 창조적인 생명력을 오늘의 틀에 가두어 사장시키는 결과를 초래할 수도 있다. 최태용의 신학은 철저히 최태용 자신이 처한 상황과 그에 따른 그의 신앙적인 결단과 연관된 가운데 고찰되어야 한다. 이렇게 고찰할 때에만 그의 신앙적, 신학적 역동성이 상실되지 않을 것이다. 이러한 전제를 가지고 최태용의 사상을 고찰하고자 하기에, 필자는 본 논문의 제목을 "최태용의 신앙 운동, 신학 운동, 교회 운동"으로 정하였다.

최태용의 사상은 운동적 성격을 띤다. 완결된 체계로서가 아니라, 그에 의해 시작된 신앙 운동으로, 후학들에 의하여 언제나 새로이 현재화되어야 할 한국의 주체적 신학 운동으로, 뿐만 아니라 오늘도 그의 뜻을 계승하는 복음교회의 모습으로 진행중에 있는 교회 운동으로서만 최태용의 사상은 그 바른 모습을 드러낼 것이다.

최태용의 사상을 연구함에 있어서 직면하게 되는 두 번째 어려움은 그에 관한 기존의 연구가 한국교회사의 다른 인물들에 비하여 상대적으로 빈약하다는 점에 있다. 한국교회사를 다룸에 있어서 몇 쪽으로 최태용을 간략히 소개한 글들을 제외하면,[1] 최태용의 사상을 본격적으

---

1 이러한 글들을 소개하면 다음과 같다. 민경배, 『한국기독교회사』 (서울: 대한기독교출판사, 1982), 366-371; 한국기독교역사연구소, 『한국기독교의 역사 II』 (서울: 기독교문사, 1990), 79, 81, 203; 김남식, 『일제하 한국교회 소종파 운동연구』 (서울: 새순출판사, 1987), 52-64.

로 소개한 글은 1983년에 복음교회의 목사 전병호에 의하여 정리된 "최태용의 생애와 사상"이 그 시초이다. 최태용이 활동한 시기가 1930년대임을 감안할 때, 이는 상당할 정도로 때늦은 연구임을 알 수 있다. 그 후 십여 년이 지난 1995년에 이르러서야, 기독교대한복음교회 창립 60주년 기념 논집으로 『최태용의 생애와 신학』[2]이 발간되었다.

최태용의 사상을 연구함에 있어서 이 논집이 지니는 의의는 지대하다. 전병호의 글이 최태용의 삶과 사상을 소개하는 데에 주력한 반면, 이 논집은 여러 전공분야의 신학자들이 최태용의 사상을 신학적으로 분석한 논문들의 모음이기 때문이다.[3] 이 논문들을 통하여 최태용의 신학은 비판적 성찰과 함께 본격적으로 연구되기 시작한 것이다. 그러나 이러한 연구 결과들도 최태용의 활동과 그에 의해 설립된 복음교회의 역사와 신학을 생각할 때, 양적으로도 질적으로도 너무 빈약한 실정이다. 이에 대한 일차적 책임은 복음교회 자체에 있다. 양적으로 크게 성장하지 못한 복음교회의 상황을 감안한다 할지라도, 그 교회의 정체성을 형성하는 초석이 되는 최태용의 신학적 가르침을 정리하지 못한 데에는 변명의 여지가 없다. 늦게나마 최태용의 신학을 정리, 현재화하는 복음교회의 자체 노력이 절실히 요구된다. 본 논문이 이러한 일에 하나의 촉매 역할을 하게 되기를 바란다.

최태용의 신학을 정리하고자 하는 복음교회의 일차적 노력은 있었

---

[2] 기독교대한복음교회 총회 신학위원회 편, 『최태용의 생애와 신학』(천안: 한국신학연구소, 1995).

[3] 본 논집에 참여한 저자와 논문들의 제목은 다음과 같다. 김승철, "최태용의 신학 사상 형성에 대한 연구,"; 김영일, "최태용의 그리스도론,"; 김경재, "'영적 기독교론'에서 영과 진리의 관계,"; 유동식, "최태용의 성서관과 요한신학,"; 이정배, "한국적 교회갱신론,"; 전병호, "민족국가 건설운동과 최태용."

다. 복음교회가 창립 60주년을 맞아 발간한 「영과 진리」 영인본 10권과 「천래지성」 영인본 2권이다. 이것은 최태용이 개인적으로 등사판 인쇄물을 통해 독자들에게 보급하던 신앙 잡지 「천래지성」(1925~1927)과 「영과 진리」(1928~1937)를 합본으로 발간한 것으로 복음교회뿐만 아니라 한국교회의 역사를 위해서도 귀중한 일차문헌의 역할을 한다. 그러나 이 영인본은 등사판 인쇄물을 그대로 모아서 제작한 것이기에, 오늘날의 어법에 맞지 않는 고어체의 문장과 불량한 인쇄 상태로 인하여 독자들로 하여금 쉬 접근하지 못하게 하는 문제를 가지고 있다. 중요한 일차문헌은 보존하되, 선집 형태로라도 그 내용을 지속적으로 업데이트하는 작업이 요청된다.

본 논문은 위에서 언급한 문제들을 인지하는 가운데 다음과 같은 방식으로 최태용의 사상에 접근하고자 한다. 최태용의 사상을 이해하는 가장 좋은 길은 그의 신학적 저작인 「천래지성」과 「영과 진리」를 연구하는 일이다. 필자는 그의 글을 연구하되, 특별히 그의 "영적 기독교론"[4]에 집중하고자 한다. 이는 "영적 기독교론"이 최태용 스스로 밝히듯이 그의 신학을 이해하는 큰 줄기가 되기 때문이다. 최태용은 "영적 기독교론"을 시작하는 첫머리에 그 저술 동기를 다음과 같이 밝힌다.

"그런데 차제에 나의 독자들은 나의 신앙, 나의 신학, 나의 주장에 대해 계통적인 것을 읽을 필요가 있을 줄로 안다. 그렇게 하는 것이 나의 다른 글을 읽음에도 유효할 것이며, 또한 나의 술어의 이해에도 편의가 있게 될 것

---

[4] 최태용은 1929년 7월 「영과 진리」 제7호에서 시작하여 1931년 7월 제33호에 이르기까지 26개월 동안 20호에 걸쳐 '영적 기독교론'을 전개한다. 전병호, 『최태용의 생애와 사상』 (서울: 성서교재간행사, 1983), 73 참조.

같다. 이후 계속해서 지상에 게재하기로 한다."5

최태용이 스스로 밝히는 것처럼 "영적 기독교론"은 그의 신학의 핵심이다. 그러므로 그의 "영적 기독교론"을 분석하는 것은 최태용의 신학을 이해하는 첫걸음이 된다. 본 논문의 전반부는 최태용의 "영적 기독교론"을 고찰하는 일에 할애될 것이다.

이미 앞에서 밝혔듯이 최태용의 사상은 하나의 완결되고 정리된 신학적 체계로서가 아니라, 그 안에 잠재된 살아있는 역동성에 그 본질적 가치가 있다. 이는 최태용의 다른 글에도 잘 드러나 있다. 최태용은 근본주의신학을 철저히 비판하며, 한국교회와 한국의 기독교인들이 기독교의 참 생명성을 상실하고 고정된 신앙, 화석화된 신앙에 머무르는 원인이 바로 근본주의신학에 있다고 보았다.

"고정주의는 기독교 진리의 주지주의화이다. 주지주의적 지식은 신앙적 지식, 행위적 지식과는 굳이 구별해야 하는 신학이다. 신앙적 지식, 행위적 지식은 기왕의 지식이 아니고, 미래적 지식, 소위 종말론적 지식이다. 이에 반하여 주지주의적 지식은 기왕적 지식이다. 그것은 알면 그만인 일, 이미 안 한계 이내의 지식이다. 지식이 미래에의 행위, 영원에의 모험을 지향하는 지식일 때, 그 지식은 생명적인 지식이다."6

최태용의 주장에 근거할 때, 최태용의 신학도 하나의 고정된 체계로

---

5 최태용,「영과 진리」제7호. 독자의 이해를 위해 내용은 현대어로 번역하여 인용함.
6 최태용,「영과 진리」100호. 최태용은 fundamentalism을 고정주의로 번역하였다.

이해할 수 없다. 그의 신학을 그렇게 이해하는 것은 최태용이 반박한 '고정주의'로 되돌아가는 것이다. 그리하여 본 논문은 최태용의 신학을 연구하되, 그의 글을 연구·분석하는 것을 넘어서, 그의 사상이 오늘날 기독교대한복음교회의 신앙과 신학으로 어떻게 이어져 왔는가 하는 것을 아울러 검토하고자 한다. 이를 위해서는 최태용이 복음교회 창립 당시 내세운 신앙고백 및 표어를 고찰할 필요가 있다. 이에 대한 고찰이 본 논문의 후반부를 형성할 것이다.

II. 영적 기독교론

1. 영적 기독교론의 기본 성격

앞에 이야기한 것처럼, 최태용의 "영적 기독교론"은 하나의 완결되고 고정된 이론 체계가 아니다. 기독교 신학이 본질적으로 결코 완결된 서술일 수 없음은 주지의 사실이며, 최태용 자신도 영적 기독교론을 서술하기 시작하면서 그러한 점을 강조하고 있다. 우리는 먼저 최태용이 "영적 기독교론"을 서술함에 있어 ― 한 시대의 신학적 혁명가로서 ― 담대하지만, 동시에 하나님 앞에서 언제나 부족함을 고백할 수밖에 없는 기독교 신앙인의 실존적 고백으로서 겸허하게 작업을 수행함에 주의를 기울일 필요가 있다.

영적 기독교, 이는 내가 사람에게 받은 것도 아니요, 누가 나를 가르친 것도 아니다. 스스로 그리스도를 경험한 기독교의 제창이다. 이제 세계 사람들은 고대의 신을 신앙하지 않는다. 저희는 지금 현재에 산 말씀을 발하시는 하나님을 구하고 있다. 그러나 저희는 그 하나님의 소리를 얻어 듣지 못하고 있다. '영적 기독교'는 과거의 기독교의 헌 옷을 벗기고 그 순진한 것을 살리고, 현재의 사람의 영혼에 임하는 하나님의 말씀을 전하는 것이다. 즉 '영적 기독교'는 기독교의 진수의 계시오, 지금의 산경험을 사람의 영혼에 이르게 하는 종교요, 진리라고 나는 확신하는 바이다. 문제는 기독교의 전반에 걸친 그리고 그리스도인 경험의 미묘한 데에 관련된 이러한 과제를, 나같이 배움이 부족한 사람이 능히 해 낼 수 있는 일이 아니라는 것이다. 그러나 금일 이를 발표하는 이유는, 혹시 나의 이 글이 다소라도 암시를 주어, 나보다 더 자격 있는 사람을 통해서 이 진리가 한층 완전한 주창으로써 세계에 제공되기를 바라는 마음에서이다.[7]

이상의 글에서 보이는 것처럼, 최태용은 그의 "영적 기독교론"이 후학들에 의하여 계속 발전해 가기를 바란다. 최태용이 "영적 기독교론"을 주장하는 가장 큰 목적은 지금 현재에 산 말씀을 발하시는 하나님을 구함에 있다. 그의 이러한 동기는 칼 바르트의 로마서 연구의 근본 동기를 연상시킨다. 칼 바르트는 저서 『로마서』 서문에서 다음과 같은 원칙을 천명한다. "바울은 그 시대의 아들로서 동시대인들에게 말하였다. 그러나 이러한 사실보다 훨씬 중요한 점은 다른 데 있는데, 그것은 그가 하나님 나라의 예언자와 사도로서 모든 시대의 사람들에게 이야기한다는 사실이다."[8] 과거의 하나님의 말씀이 아닌, 현재 살아 역사하

---

7 최태용, 「영과 진리」 7호.
8 Karl Barth, *Der Römerbrief*, 15. Aufl. (Zürich, 1989), Vorwort, X.

는 하나님의 말씀을 듣는 것이 성서 연구의 근원적 목적이다. 그러나 그렇다고 해서 칼 바르트가 성서의 역사적-비판적 연구를 부정하는 것은 아니다. 그가 부정하는 것은 성서 연구가 역사적-비판적 연구에 머무르는 것이다. 성서에는 역사적-비판적 연구를 넘어서는 영적 권위가 있다. 이러한 영적 권위는 그 어떤 인간적인 노력에도 소진되지 않는 하나님의 계시에 근거한다. 칼 바르트가 강조하는 것처럼 "역사적-비판적 성서 연구 방법은 옳다."[9] 그러나 그것은 "이해를 위한 준비 작업을 지시할 뿐이다."[10] 자유주의신학의 문제점은 이 준비 작업을 성서 이해의 전부로 파악한 데에 있었다.

칼 바르트가 천명하는 성서 연구의 대원칙이 최태용의 "영적 기독교론"에서 잘 드러난다. 그가 이미 천명한 것처럼 "'영적 기독교'는 과거의 기독교의 헌 옷을 벗기고 그 순진한 것을 살리고, 현재의 사람의 영혼에 임하는 하나님의 말씀을 전하는 것이다."[11] 한국의 기독교가 '영적 기독교'로 거듭나야 하는 근거를 최태용은 하나님의 본질과 그 하나님의 본질이 사람에게 드러나는 역동적 관계에서 찾는데, 그것은 바로 그가 발행한 잡지의 제목이기도 한 '영과 진리'의 관계이다. 최태용이 말하는 '영'이 무엇이며, '진리'는 무엇인가, 또 그 둘의 관계는 무엇인가를 밝히기 위하여, 최태용이 말하는 바를 들어보자.

하나님의 본질의 계시란 무엇인가? 그것은 바로 '하나님은 영이다'는 것이

---

9 위의 글.
10 위의 글.
11 최태용, 「영과 진리」 7호.

다. '하나님은 영이라 함'은 무엇인가? 이 대답이 이 책 전편에서 주려고 하는 것이다. 그러나 여기에 우리의 대화를 진전시키기 위하여, 우리는 '영이 무엇인가'를 총괄적으로 말하여 보지 않으면 안 된다. 그러면 영이란 무엇인가? 영이란 '창조자인 절대자의 본질'로서, 이는 '설명되지 아니하는 것'이다. 그러나 다른 한편 영은 또한 '설명되는 것'이다. 이는 영은 진리로서 자기를 현현하는 까닭이다. 그래서 진리란 우리의 이해를 위하여 영이 구체화된 것이다. 즉 '진리는 영의 언표(言表)'이다. 사람은 영을 알 수 없다. 그러나 진리를 계시받음으로써 영을 알게 되는 것이다. 다시 말하면, '진리란 사람이 이해한 영이다.' 사람의 안에 영이 임하면, 그것은 진리로서 그에게 이해되는 것이다. 또 사람은 그 받은 바 영을 진리의 말씀으로 언표하는 것이다. 그러므로 사람이 하나님께로 말미암아 하는 진리 주장, 이는 곧 영인 것이다. '하나님의 본질인 영', 그것이 '사람에게 언표된 진리', 이것이 기독교의 근본 원리인 것이다.[12]

최태용에게 있어서 영이란 하나님의 절대적 본질로서, 원래적으로는 설명되지 아니하는 것이다. 그러나 동시에 영은 또한 설명되는 것이다. 이 두 가지, '설명되지 아니함'과 '설명됨' 사이에 최태용이 생각하는 기독교의 근본원리가 있다. 다시 말하여 우리에게 알려질 수 없는 하나님의 본질이 우리에게 알려지는 바로 그 사건이 하나님의 계시, 하나님의 은총, 예수 그리스도, 성령 등 신학적 중심 주제들을 형성하는 핵심이다. 여기서 중요한 것은 본질적으로 우리에게 알려질 수 없는 하나님의 본질인 영이 우리에게 알려지는 것은 전적으로 영에 의한 사건이라는

---

12 최태용, 「영과 진리」 8호.

점이다. 영이 진리로서 자기를 현현함이 우리에게 영이 알려지는 유일한 근거다. 김경재는 이러한 최태용의 신학적 근본 동기를 19세기 인본주의와 자유주의 신학을 비판하고 나온 20세기 초 칼 바르트의 변증법적 신학 운동에 비긴다.

> "그 점에서 최태용은 칼 바르트와 같은 입장에 선다. 인간은 자기 스스로의 능력으로는 하나님을, 곧 영을 알 수 없다. 인간이 스스로 상상하고 이론화한 모든 종류의 형이상학적 신관은 우상론이 되고 만다."[13]

여기서 우리는 기독교 신학 전통의 큰 줄기를 형성한 자연신학과 계시신학 간의 논쟁을 상고할 수 있다. 자연신학의 중심 골자는 자연적 하나님 인식의 가능성이다. "기독교 신학의 영역에서 자연신학은 인간의 타고난 이성의 도움으로 얻을 수 있는 하나님 인식을 가리킨다."[14] 자연신학은 자연을 통하여 —더 정확히는 피조된 사물들을 통하여— 하나님을 인식할 수 있다고 가르친다. 피조물을 통한 하나님 인식의 가능성 배후에는 '존재유비'(analogia entis)의 논리가 자리 잡고 있다. 칼 바르트는 이러한 존재 유비를 적그리스도의 발견으로 비판하며, 바로 이것 때문에 자신이 가톨릭 신자가 될 수 없다고 말한다.[15] 자연신학에 대한 이러한 반대는 칼 바르트에서 비롯된 것은 아니다. 이미 마틴

---

13 김경재, "'영적 기독교론'에서 영과 진리의 관계," 기독교대한복음교회 총회 신학위원회 편, 『최태용의 생애와 신학』 (천안: 한국신학연구소, 1995).
14 위르겐 몰트만, 『신학의 방법과 형식 – 나의 신학 여정』 (서울: 대한기독교서회, 2001), 81.
15 Karl Barth, *Kirchliche Dogmatik* I/1, Vorwort VIII.

루터도 하이델베르크 토론에서 하나님에 대한 자연적 인식의 가능성을 주장하는 자들은 이미 신학자일 수 없다고 정죄하며, 하나님은 오직 예수 그리스도의 십자가와 고난 속에서만 우리에게 인식될 수 있음을 주장한다. 그는 이 논쟁에서 '영광의 신학'과 '십자가의 신학'을 대비시키며, 진정한 신학은 십자가의 신학이 되어야 함을 설파한다.

"하나님이 창조한 작품을 통하여 하나님을 인식하고 이해하는 자, 그는 신학자라고 일컬어질 가치도 없는 사람이다. … 영광의 신학은 악을 선으로, 선을 악이라고 부른다. 십자가의 신학은 사물을 진정한 모습 그대로 일컫는다."16

바르멘선언의 첫 번째 테제도 자연신학과 계시신학을 대비시키면서, 자연신학에 대한 강한 거부를 천명한다.

"성경 안에서 우리에게 증언된 바와 같이, 예수 그리스도만이 우리가 듣고, 우리의 삶과 죽음에서 믿고 따라야 할 하나님의 유일한 말씀이다. 이 하나의 말씀 밖에 그리고 그 옆에 다른 사건들, 권세들, 형상들 그리고 다른 진리들을 하나님의 계시로서, 선포의 근원으로 받아들일 수 있을 뿐 아니라, 받아들여야 한다고 주장하는 가르침을 우리는 배격한다."17

---

16 Martin Luther, *Die reformatorischen Grundbriefen*, H. Beintker (hg.), Bd.1, 31f.
17 Bekenntnissynode der Deutschen Evangelischen Kirche Barmen (1934), *Vorträge und Entschliessungen,* K. Immer (hg.), (1934), 16.

우리는 최태용의 "영적 기독교론"이 이상과 같이 자연신학을 배격하는 오늘날 개신교 신학의 주요 전통과 그 맥을 같이 함을 확인할 수 있다. 본질적으로 영인 하나님이 인간이 처한 시대적 상황마다, 인간에게 이해 가능한 방식으로 스스로를 알리는 사건, 바로 그것이 최태용이 말하는 바, 인간에게 이해 가능한 진리이다. 그러므로 진리는 영의 현현이다. 영에서부터 진리로 구체화되고 현현되는 과정은 그 역의 과정을 불허한다. 진리는 "사람이 이해한 영"이기는 하나, 그것이 결코 사람으로 말미암은 이해일 수는 없다. "사람의 안에 영이 임하면, 그것은 진리로서 그에게 이해되는 것이다." 우리는 최태용이 전개하는 모든 신학적 논의의 배후에 이러한 근본원리가 자리 잡고 있음을 망각해서는 안 된다. 다음과 같은 최태용의 말은 이 점을 명백히 해 준다.

그러나 여기에 한 가지 말하여 둘 것은, 그런 진리 주장으로서의 기독교는 사람의 산출물일 수 없다는 것이다. 종교나 신학을 만들어내려고 하는 인간들이 있음을 봄은 가소로운 일이다. 그리고 저희가 만들어낸 줄로 생각하는 그 조직에는, 실상 종교도 없고 신학도 없기 때문에, 그것은 시간이 지남에 따라 그냥 사라질 뿐이다. 절대타자인 하나님께로부터 오는 영을 인간 편에서 마음대로 할 수 없는 일은 물론이고, 우리의 종교적 인간 상태도 그것이 결코 인간의 조작일 수 없음은, 마치 병을 사람이 스스로 만들지 못하는 것과 같다. 종교적 인간 상태는 그것이 한 천연(天然)이나, 역시 하나님의 작품이다. 바울의 율법을 통한 죄인 경험은 저 자신이 그렇게 만들어 한 것일 수는 없다. 저는 자연적으로 불가항력적으로 그런 상태 중에 있는 자기를 찾았을 뿐이다. 저의 그런 상태에 위로부터의 영이 임하여 속죄 진리, 은혜 종교는 주장된 것이다. 하나님이 사람을 종교적 인간 상태에 이르게 하고, 하나님이 영으로써 진리를 언표하여, 진리 주장이 있게 하는 것이니, 그리스도인의 진리 주장은 바로 하나님의 작품이요, 자연인 것이다.[18]

그러나 영이신 하나님 그리고 오직 그 영으로부터만 우리에게 알려지는 하나님, 우리에게 스스로를 알리기 위하여 우리 안에 임하는 영 등으로 하나님의 영적인 요소만 강조하면, 그것은 또한 열광적 신비주의나 광신적인 종교 내지는 이단적 종파주의에 빠져들기 쉽다. 최태용의 신학에 있어서 이러한 그릇된 방향성을 제어하는 중요한 요소가 있는데 그것은 그의 진리에 대한 생각이다. 이제 그의 진리론 및 '영'과 '진리'와의 관계에 대하여 검토해 보자.

2. '영'과 '진리'의 관계

최태용의 "영적 기독교론"에서 우리가 특별히 주의를 기울여야 하는 부분은 그가 말하는 '진리'의 내용 및 '영'과 '진리'와의 해석학적 긴장관계이다. 이제 이 둘을 차례로 고찰하기로 한다. 최태용에게 있어서 '진리'는 "우리를 위하여 영이 구체화된 것", 즉 "영의 언표"이다. 다시 말하여 진리는 "사람이 이해한 영"이다. "사람의 안에 영이 임하면, 그것은 진리로서 그에게 이해되는 것이다. 또 사람은 그 받은 바 영을 진리의 말씀으로 언표하는 것이다." 이러한 최태용의 진리에 대한 설명에서 우리는 간과할 수 없는 해석학적 원리를 발견한다. 영이 영 자체로만 머물러 있어서 인간의 이해와는 아무런 연관을 가지지 못한다면,

---

18 최태용, 「영과 진리」 14호.

그것은 우리와는 상관이 없는 초월적 존재자만을 일컬을 뿐이다. 초월적 존재자인 하나님, 곧 영이신 하나님이 인간에게 어떠한 형태로든 이해될 때에만, 그 하나님은 인간을 위한 하나님이 된다. 그러나 이것은 인간의 이해의 연장을 하나님으로 상정하는 것은 아니다. 인간이 하나님을 이해할 수 있는 근원적 가능성은 오직 하나님으로부터만 주어진다. 바로 이것이 최태용이 말하는 영의 언표로서의 진리론의 출발이다.

지금까지 이야기한 것처럼, 인간의 진리 이해에 있어서 영의 주도적 역할을 강조하다 보면, 그러한 이해에 수반되는 인간의 노력 내지는 영이 언표되는 인간의 상황은 너무 배제되는 것이 아닌가 하는 의혹을 가지게 된다. 그러나 그것은 최태용의 신학에 대한 오해이다. 최태용의 표현대로 영이 우리에게 이해되는 방식인 영의 구체화, 영의 현현, 영의 언표 등은 하나님으로부터 말미암는 일인 동시에, 인간이 처한 상태, 인간의 조건, 우리가 처한 역사적 정황 등을 필요불가결한 전제조건으로 삼는다. 극단적으로 말하면 우리의 구체적인 상태가 조명되지 않으면 영의 현현도 없다. 진리는 영으로부터 우리에게 알려지는 것이지만 동시에 우리의 구체적인 준비가 없으면 알려지지 않는다.

최태용의 다음과 같은 말은 그의 이러한 사상을 파악하는 데 있어서 중요한 의미를 지닌다.

"이에 우리는 알 수 있다. 진리 주장은 위로부터 말미암는 것인 동시에, 그것이 언표될 인간 상태가 또한 중요한 조건이 되는 것임을. 그 진리가 언표될 상태가 갖추어지기까지는 진리는 언표되지 아니하며, 영은 파지되지 아니하는 것이다. 하나님의 무한을 우리가 알기 위하여는, 우리의 변화하는 역사 중에 있는 각종의 상태에 이르러, 그 상태에 있어서 언표되는 진리로 그를 알아가지 않으면 안 되는 것이다."19

진리가 구체적인 역사적 정황 속에서 어떻게 이해되는가를 알기 위하여 우리는 최태용이 말하는 구체적인 진리의 드러나는 역사에 주의를 기울일 필요가 있다. 최태용은 먼저 이스라엘의 율법을 예로 든다. 그는 율법이 이스라엘인들에게 드러난 영의 언표라고 설명한다.

"율법은 당시 이스라엘인들이, 이 영인 하나님을 이해하여 언표한 것이다. 율법 주장에는 두 가지 요소가 있다. 첫째 요소는 하나님의 현현이다. 두 번째 요소는 이스라엘인의 당시 상태이다. 당시 이스라엘인의 상태는 그 나타난바 하나님의 영을 율법에서 밖에는 이해할 수 없었다. … 당시의 이스라엘인들의 상태가 없이는 율법 진리의 언표는 없다."20

그러나 당시 이스라엘인들이 이해한 하나님의 영, 즉 율법의 형태로 드러나는 진리는 영원불변한 진리가 아니다. "진리는 영의 언표이므로 그것은 시대에 따라 변한다. 변하지 아니하는 것은 영이다."21 최태용은 인간이 처한 상황, 시대, 역사에 따라 새로운 표현으로 스스로를 드러내는 영의 역사에서, 참 하나님의 역사를 본다. 인간이 진보함에 따라 그 진보된 상태에 맞게 자신을 보여주는 하나님의 계속적 창조의 역사를 부정하고 옛 진리에 사로잡혀 있는 것은 바른 신앙의 모습이 아니라,

---

19 최태용, 「영과 진리」 12호.
20 최태용, 「영과 진리」 9호.
21 위의 글.

오히려 신앙을 저해하며, 하나님을 배척하는 일이 될 수도 있다. 옛 진리의 고집이 하나님께 대한 반항인 동시에, 하나님을 배척하는 데에까지 나아간 경우로 예수 그리스도를 십자가에 못 박은 유대인을 들 수 있다.

"유대인은 율법에 충실하고자 하여 은혜의 주 예수 그리스도를 십자가에 못 박았다. 묵은 진리의 고집, 이는 종교적 죄로 인류가 지을 수 있는 가장 두려운 죄인 것이다."[22]

우리가 옛 진리에 사로잡혀 있어서는 안 되지만, 그것이 우리에게 언제나 의미가 없는 것은 아니다. 최태용은 이러한 예로 예언자의 종교를 든다.

"예언자는 영에 감동되어 그 사회를 바라보고 그 사회 상태에 대한 영의 의의, 즉 진리를 깨달아 알게 되는 것이었다. 다시 말하면, 사회 상태를 인식한 예언자의 영혼에 하나님의 영이 임하여 저희에게 진리로 확신케 되며, 또한 그것이 저희가 그 사회를 향하여 외칠 진리 주장이 되는 것이었다."[23]

이렇게 구체적인 상황을 전제로 한 예언이라는 진리의 형태를 이야기할 때, 제기될 수 있는 문제에 최태용은 주의를 기울인다. 우리는 영의 언표인 진리를, 그 영이 언표된 구체적 상황과 관계없이 마치 영

---

[22] 위의 글.
[23] 최태용, 「영과 진리」 10호.

그 자체인 것처럼 이해해서는 안 된다. 그러나 동시에 한 번 언표된 진리는, 그 진리의 형태로 언표된 그 상황에서만 유효한 일회성의 진리는 아니다. 예를 들어 "이사야 시대의 세상과 오늘날의 세상과 그 도덕적 상태가 동일한 것일 때, 이사야가 외쳤던 예언의 말씀은 또한 그대로 오늘의 세상을 책망하는 진리임이 분명하다. 그러므로 어떤 심각한 상태에 언표된 진리는 그것이 한번 창조된 광채와 같아서 그 빛을 영원히 방사하게 되는 것이다. 영의 그 상태에 대한 언표인 진리는, 그 상태를 해결 짓는 일시성이 있는 동시에, 또한 그 영원불변의 영으로부터 온 것이기 때문에 영원성이 있는 것임을 우리는 알아야 한다."[24]

최태용의 "영적 기독교론"을 고찰할 때, 우리는 그가 변하지 않은 하나님의 본질인 영 그리고 각 시대마다, 인간이 처한 상황마다, 그 시대, 그 상황에 맞는 모습으로 언표되는 진리라는 단순한 도식으로 영과 진리의 관계를 설정했다고 오해하면 안 된다. 최태용의 사상 속에는 그러한 단순한 도식을 넘어서는 영과 진리 사이의 근원적 연결성에 대한 생각이 있다. 구체적 상황 속에서 진리로 언표되는 과정을 통하여 소진되어 버리지 않고, 인간에게 이해됨으로써 그 이해의 지평이 다 사라져 버리지 않는 영의 본질이 진리를 참 진리로 만드는 생명력의 원천이다. 그러나 동시에 구체적 상황이 없으면 현현되지 않고, 그 상황에 대한 인간의 이해와 결단이 수반되지 않으면 인간에게 이해 가능한 진리로 언표되지 않는 영의 속성이 그 영을 우리 안에 받아들일 참 신앙의 길로 우리를 부르는데, 그것은 우리가 살아가고 직면하는 우리의 구체적 상황에 대한 우리의 실존적 응답 이외의 것이 아니다.

---

24 위의 글.

III. 최태용의 신앙 운동, 신학 운동, 교회 운동

모든 바른 기독교 신학이 그렇듯이, 최태용의 "영적 기독교론"도 그 이론에 기초한 최태용의 구체적인 신앙의 삶이 있었기에 오늘날까지 그 의미를 되새길 가치를 지니는 것이다. 최태용의 신앙적 삶 및 그의 "영적 기독교론"이 배태된 당시 한국의 상황을 김경재는 다음과 같이 서술한다.

> 1920~30년대 한국 기독교의 상황이라 함은, 정치 사회적으로는 일본 식민지 통치하에서 민족 국권이 상실되어 식민피탈의 고난이 가중되어 가던 시대요, 종교문화적으로는 개화기 개신교 초기 선교사들과 조선인 신자들이 지녔던 "창조적 소수자"들로서의 생동 신앙을 잃어버리고 신앙이 경직화, 제도화가 되어가던 시대였다. 이미 1920~30년대 미국 선교사들의 근본주의 보수신학이 조선 교회를 지배하기 시작하였고, 선교자금과 교역자 양성 권한을 갖고 있는 선교사들의 한국교회 지배가 어린 조선 교회를 양육한다는 명분 아래 후견인으로서 한계를 넘어 그 지배권이 강화되어 가고 있었다. 신학 이론적으로나, 교회 선교 기금의 확보면에서나 자립을 이루지 못한 당시의 한국교회는 강화되어 가던 교권주의와 보수주의 신학에 짓눌려 자연히 주체적이고도 생동적인 신앙과 신학을 가지지 못할 것은 자명한 일이었다.[25]

최태용은 이러한 상황 속에서 민족을 구원하는 일은 바로 조선 교회

---

25 김경재, "'영적 기독교론'에서 영과 진리의 관계," 앞의 책, 286-287.

가 영적 생명력을 회복하는 일에 있다고 보았다. 그에게 있어서 조선의 구원과 조선 교회의 영적 생명력 회복은 서로 별개의 것이 아니었다. "조선의 구원"이라는 제목으로 최태용은 다음과 같이 기도한다.

"아! 하나님이여, 조선을 구원하옵소서. 당신의 권능 있는 복음으로 이 백성을 돌보시옵소서, 주 예수의 죽음을 일으키신 당신의 생명의 능력을 이 백성에게 발휘하옵소서."[26]

그런데 조선 교회가 영적 생명력을 회복하는 길은 선교사가 전한 근본주의적 보수신학을 탈피하여 복음의 참 생명성을 회복하는 일이었다. 그렇다고 해서 그것은 개인의 내면적 신비주의로의 도피일 수 없다. 교리와 신조에 고정되지 않으며, 동시에 세상 도피적 신비주의로 치우치지 않는 기독교의 진리를 최태용은 "영적 기독교"로 서술한다.

우리는 앞에서 최태용의 "영적 기독교론"에서 '영'과 '진리'가 지니는 역동적 상호관계를 살펴보았다. 본 장에서는 "영적 기독교"에 근거한 최태용의 구체적인 신앙 운동, 신학 운동, 교회 운동을 살펴보고자 하며, 이를 위하여 최태용이 제창한 기독교대한복음교회의 창립 정신을 고찰하고자 한다.

1935년 12월 22일 기독교조선복음교회가 창립되고, 최태용은 감독과 서울복음교회 당회장으로 취임한다. 일본의 무교회주의 운동의 선구자 우치무라 간조에게서 신앙과 신학 훈련을 쌓은 최태용이 무교회주의와 결별하고 복음교회를 창립하는 사건은 최태용의 사상의 실천

---

26 최태용, 「천래지성」 3호.

적, 운동적 성격을 명백히 해 준다. 그는 교회 밖에서의 신앙 운동으로는 우리 민족을 구원의 길로 인도하기에 한계가 있음을 느끼고 과감히 자신의 옛 틀을 버린다. 여기서도 우리는 최태용이 고정된 원리나 체계에 머무르지 않고, 하나님의 영으로부터 비롯되는 자유로운 진리의 길을 걸어가는 모습을 볼 수 있다. 최태용은 말한다.

"이제 나는 교회의 밖에 서서 교회를 호령하는 자 노릇하기를 그만두고 하나님의 교회의 일원으로 하나님의 교회에 봉사하고자 한다. 나보다 더 중요한 것은 하나님의 교회이요, 교회에 충만하여 나타나는 복음이다."[27]

구체적인 교회의 운동 속으로 실천되는 최태용의 사상의 흐름을 파악하기 위하여 우리는 기독교대한복음교회의 창립 정신을 살펴보고자 한다. 기독교대한복음교회의 정신은 창립 당시에 제창된 "우리의 표어"에서 가장 분명하게 드러난다.

우리의 표어

1. 신앙은 복음적이고 생명적이어라.
2. 신학은 충분히 학문적이어라.
3. 교회는 조선이 자신의 교회이어라.[28]

---

27 최태용, 「영과 진리」 79호.
28 전병호, 『최태용의 생애와 사상』 (서울: 성서교재간행사, 1983), 128-129.

이 세 표어가 복음교회의 창립 표어이기는 하나, 기실 최태용의 "영적 기독교"의 '영'과 '진리'가 이론적으로 역동적인 내적 관계를 맺는 것이 역사의 현실에서, 또한 그 구체적인 실천의 장으로서의 교회의 과제로서 등장하는 것이다. 물론 신앙, 신학, 교회는 서로 분리된 명제가 아니다. 이해를 추구하는 신앙으로서의 기독교 신앙, 신앙을 전제로 하는 학문으로서의 신학 그리고 신앙과 신학이 그 구체적인 장으로 삼아야만 하는 교회, 이 셋은 서로 불가분의 관계에 있는 것이다. 하지만 편의상 이 세 가지 표어를 하나씩 살펴봄으로써, 최태용의 신앙 운동, 신학 운동, 교회 운동을 고찰하고자 한다.

1. 신앙은 복음적이고 생명적이어라

최태용의 "영적 기독교"는 무엇보다도 먼저 신앙의 차원에서 그 실천적 과제를 지닌다. 신앙이 복음적이고 생명적이어야 한다는 첫째 명제는 당시 한국 기독교인들의 신앙에 대한 경고의 성격을 지닌다. 기독교 신앙은 그 본질상 복음에 근거한 것이고, 생명의 근원인 하나님을 신앙하는 것이기에, 생명으로 충만한 것일 수밖에 없다. 그렇다면 최태용은 왜 복음교회를 세우는 첫 번째 진리 선언으로 복음적이고 생명적인 신앙을 강조한 것일까? 그 배경에는 복음적이고 생명적인 신앙으로 스스로를 드러내지 못하는 당시 한국교회의 현실이 자리한다. "우리는 도무지 지금 교회가 성령에 사로잡혀 있는 것이라고 볼 수 없으며, 지금의 것이 그리스도의 몸이라고 생각할 수 없다."[29]

---

29 최태용,「영과 진리」1호.

그런데 이러한 잘못된 교회의 근원적 원인은 그 교회에 자리 잡은 잘못된 신앙 때문이다. 최태용은 조선인의 신앙 생명이 단명함을 지적하며, 그 이유를 조선에 잘못 유입된 근본주의 신앙에서 찾는다. 이미 앞에서 강조한 것처럼 근본주의는 이미 가진 신앙을 절대시하는 닫힌 체계의 신앙이다. 그 안에는 미래로 열려있는 역동적인 신앙의 생명성이 없다. 이미 안 것에 집착하는 신앙, 다시 말해 과거의 상태에 머물러 있는 신앙, 이러한 굳어버린 신앙에는 생명이 없으며, 그 생명 없는 신앙으로는 조선 민족의 구원을 일구어낼 수 없음을 최태용은 본다.

이러한 근본주의적 보수신앙은 '영'과 '진리'의 역동적 관계를 모른다. 새 시대에 맞는 복음으로 등장하는 하나님의 영의 역사인 진리의 차원이 그러한 근본주의에는 결여되어 있다. 복음교회가 창립되기 이전인 1932년 12월 5일 군산에서 행한 최태용의 설교에서 우리는 당시 조선 교회의 상태에 대한 그의 책망을 듣는다. 이는 무교회주의자로서의 최태용의 신앙고백이지만, 그의 교회 운동도 같은 신앙고백 위에 기초하고 있다. 여기에 그의 설교 일부분을 인용한다.

> 우리가 현재에 교회에 교적을 두지 아니하였으며 복음이 없는 교회 시대에 있어서 교회를 책망하고 신앙, 하나님의 말씀을 주장함으로 우리를 무교회주의자로 부르려면 부르라. 우리가 그 이름으로 현대의 타락된 교회와 구별이 된다면 우리는 그 이름을 받아도 좋다. 그러나 그렇다고 우리가 진리인 교회를 사모치 않은 자인 것은 아니다. 우리는 조선에, 세계에 참교회가 나타나기를 바라는 마음이 간절하면서 그 교회를 창조하는 동력인 하나님의 말씀, 복음을 주장하는 자이다. 조선 교회의 신앙은 정통적이다. 그래서 나는 그것의 자랑할 만한 일면을 인정하는 데 주저하지 아니한다. 조선 교회

는 바르게 예수가 하나님의 아들임을 믿으며 그의 처녀탄생을 믿으며 그의 십자가 속죄를 믿으며 그의 부활과 재림을 믿는다. 매우 좋다. 사람이 성령의 감동을 받음이 없이 이 믿음에 이를 수 없다. 그렇다. 조선 교회 신자는 성령을 받아 회개하고 이 믿음에 이른 것이다. 그러나 가련하다. 조선 교회의 신앙 경험은 그 생명다운 기간이 겨우 3, 4년이 아닌가. 대개의 조선 교회 신자는 저희가 성령의 역사를 받아 참된 의미에서 믿음에 들어서게 된 후 3, 4년, 길어서 4, 5년이 생명다운 충동에 있을 때이고 그 후는 내면적으로 점차 그 생명이 마르고 그것은 한 관념 세계로 옮겨가서 죽은 형체, 이것이 조선 교회의 자랑하는 정통주의이다. 죽은 정통주의, 이것이 조선 교회가 자랑하는 소위 바른 신앙에 우리가 주는 명명(命名)이다. 조선 교회 신자 제군은 얼마만한 시간과 노력으로 그 정통을 얻었는가. 제군은 하룻밤에 성령의 역사에 접하여 그때에 단번에 교회가 제출하는 정통적 신경에 〈아멘〉하여 고백한 것이 아닌가? 그래서 제군의 정통주의는 그것이 하루아침 혹은 하룻밤에 졸업한 정통주의가 아닌가? 얼마나 간단한 기독교인가? 그러나 기독교가 그렇게 하루에 졸업할 수 있는 간단한 것일까? 어찌하여 조선 교회의 신자의 신앙 생명이 그렇게 단명한 것인가?[30]

참 신앙, 즉 복음적이고 생명적인 신앙은 인간이 형성한 교리나 신조에 근거한 신앙이 아니라, 하나님의 영이 사람 안에 임함으로 인하여 깨닫게 되는 진리에 기초하는 신앙이다. 다른 말로 하면 철저히 하나님의 계시에 입각한 신앙, 하나님의 계시에 적중된 인간이 경험하는 하나님 체험 그리고 그 영적 체험을 통하여 진리로 언표되는 영을 깨달아

---

30 전병호, 『최태용의 생애와 사상』, 85-86.

알게 되는 신앙, 바로 이러한 신앙만이—생명 그 자체이신 하나님으로부터 비롯된 신앙이기에— 생명적인 신앙인 것이다. 하나님의 영은 구체적인 정황에서 진리로 드러나는 과정을 통하여 소진되지 않는다. 그 영은 영원히 마르지 않는 생명 그 자체이기 때문이다. 진리 또한 생명 자체인 영으로부터 비롯된 것이기에 생명적인 것이다. 그러므로 영의 언표로서의 진리에 근거하는 신앙은 또한 생명적일 수밖에 없다. 그러나 우리가 영의 언표인 진리를 영의 자리에 세우는 순간, 다시 말해 진리를 영원불변인 영과 동일시하는 순간, 그것은 우리를 생명력을 상실한 고정되고 죽은 신앙으로 이끈다. 최태용은 종교개혁자의 신학, 심지어는 성경까지도 하나님의 영과 동일시될 때에는 우리의 생명 신앙을 가로막는 것이라고 말한다.

"우리가 반드시 과거의 정통신학이 발표한 진리 형식에 갇혀 있을 필요는 없다. 그것이 루터이든지, 칼빈이든지 우리는 그들에게서 그 원리를 배우면 족하고, 그들의 진리 주장의 형식에 손발이 움직이지 못하도록 구속받을 필요는 없다. 아니, 성경까지도 그것이 우리 영의 자유로운 발전을 막고, 살아계신 하나님께서 우리 안에 행하시는 일을 제한하는 것일 때에 그것은 우리의 화이다."[31]

성경에 대한 최태용의 담대한 발언은 그 표현만으로 볼 때에는 신학적인 문제를 야기할 수도 있는 내용이다. 이에 대해서는 다음 절에서 좀 더 언급하기로 한다. 중요한 것은 최태용이 복음적이고 생명적인

---

31 최태용, 「영과 진리」 14호.

신앙을 강조할 때, 그 근본 계기가 무엇인가 하는 점이다. 최태용은 하나의 사변적 신학으로 "영적 기독교론"을 전개한 것이 아니다. 그에게 있어서 중심적인 문제는 바른 신앙으로 드러나지 않는 조선 기독교인의 신앙생활이었다. 최태용의 눈에는 그것이 종국에는 조선의 기독교를 고사시키게 될, 틀에 박힌 형식적인 신앙 형태로 보였다. 그러한 조선 교회의 신앙 현실에 직면해서 일차적으로는 조선 기독교인의 살아있는 신앙, 조선의 교회를 살리는 신앙, 또한 이차적으로는 하나님 앞에 바로 서는 조선의 교회를 통한 민족의 구원을 지향하는 신앙 외침이 바로 "신앙은 복음적이고 생명적이어라"이다. 그리고 이러한 복음적이고 생명적인 신앙의 내재적 원리는 바로 그의 "영적 기독교론"이다.

2. 신학은 충분히 학문적이어라

복음적이고 생명적인 신앙은 ―최태용의 '영적 기독교'의 논리에서 볼 때― 신학의 학문성을 요청한다. 참 신앙은 이미 알았던 신앙 내용에 머무르는 신앙이 아니기에, 언제나 새로운 자기 성찰과 계속적인 신학적 노력을 필요로 한다. 더욱이 우리에게 이해되는 영의 언표로서의 진리는 시대마다, 상황마다 그 구체적 구현 형태를 달리 할 수 있는 것이기에, 그 진리를 바르게 깨달아 알고자 하는 우리의 신학적 노력이 없이는 정당성을 유지하기 어렵다. 복음적이고 생명적인 신앙은 충분히 학문적인 신학과 배치되는 것이 아니라, 동일한 동전의 양면이요, 서로가 서로에게 필요불가결한 보충이다. 이미 앞에서 강조한 것처럼 '영'의 언표로서의 '진리'는 시대마다 다르게 나타날 수 있는 것이기에, 그 진리를 받아들이는 신앙인에게 시대정신에 대한 바른 이해를 요구한다. 하나님의 영을 자신 안에 받는 경험이 없는 존재가 그 영의 언표인 진리를 이해할 수 없는 것처럼, 자신이 처한 시대의 상황 및 그에 처한 기독교인의 소명을 깨닫지 못하는 자에게는 영이 언표되지 않는다. 신학이 충분히 학문적이라고 할 때, 그것은 제한된 의미에서의 학문성을 의미하는 것이 아니다. 신앙에 근거하여 시도할 수 있는 모든 학문적 노력이라는 양적인 의미의 충분성과 그 학문을 수행함에 있어서 할 수 있는 최고의 경지에 다다르고자 하는 질적인 의미의 충분성을 다 포함하는 의미에서 우리는 이 말을 이해할 수 있다. 충분히 학문적인 신학을 주장하는 최태용의 선언은 오늘날에도 중요한 의미를 지닌다. 신앙과 신학이 마치 서로 배치되는 것처럼 생각하는 오늘날 많은 기독교인에게 최태용이 설파하는 생명 신앙과 충분히 학문적인 신학, 이 두 명제는 시사하는 바가 크리라고 본다.

이제는 앞 절에서 문제로 제기한 성경의 권위에 대한 도전처럼 보이는 최태용의 글에 대하여 고찰해 보자.

"성경까지도 그것이 우리 영의 자유로운 발전을 막고, 살아계신 하나님께서 우리 안에서 행하시는 일을 제한하는 것일 때에 그것은 우리의 화이다."

최태용의 이 말만 볼 때에는 오해의 여지가 있다. 특별히 전통적인 기독교의 교리적 가르침보다 성경의 권위를 더 우위에 두는 개신교의 전통에서 볼 때에 최태용의 표현은 위험스럽기까지 하다. 그러나 최태용은 성경의 권위를 무시한 것은 아니었다. 그것은 그가 "영적 기독교론"을 전개할 때나, 혹은 다른 진리 주장을 할 때에 성경 본문을 인용하며 성경의 권위에 근거한 주장을 펼친다는 점을 보아도 명백하다. 최태용이 경계한 것은 성경의 문자에 얽매이는 성경 문자주의이다. 성서무오설, 혹은 축자영감설과 같은 지성의 희생 위에 세워진 성경관을 배격하는 것이지 성경의 내적 권위를 무시한 것은 아니다. 더욱이 시대마다 다른 모습으로 스스로를 드러내는 진리를 고려할 때, 성경도 언제나 새롭게 해석되어야 하는 하나님의 말씀인 것이다. 성경과 상황과의 관계를 고려하는 가운데 수행되어야 하는 성경 주석의 문제를 오트(Heinrich Ott)는 다음과 같이 이야기한다.

"성경 주석은 해석자와 성경과의 대화이며, 성경의 전승과 오늘날 상황이라고 하는 두 요소를 통하여 그리고 그 안에서 우리에게 말씀하시는 하나님과의 대화이다."[32]

성경의 말씀 외에 또 다른 두 번째의 하나님의 말씀을 추구해서는 안 된다는 점은 그에게 명백하다. 그러나 동시에 그는 경고한다.

"성경의 말씀은 우리에게 하나님의 말씀이 될 수 없다. 만약 우리가 그 말씀을 우리의 고유한 실존과 경험에 관련 없이 주석한다면."[33]

신학이 충분히 학문적이어야 한다는 최태용의 선언은 그러나 언제나 그 선언의 근거가 되는 "영적 기독교론"으로부터 이해해야 한다.

---

32 Heinrich Ott, *Apologetik des Glaubens: grundproblem einer dialogischen Fundamentaltheologie* (Darmstadt, 1994), 163.
33 위의 글.

신학의 학문성은 시대마다 언표되는 진리를 바르게 이해하기 위한 것이지, 인간의 현학적인 자기만족을 위한 것이 아니다. 그리고 학문적인 성과를 통해 그 시대의 영의 언표를 이야기할 때, 우리는 언제나 영으로부터 동시에 그 영을 향해 말해야 한다. 후기 하이데거의 본원적 사유를 신학에 적용시키는 오트의 다음과 같은 말은 최태용의 '영'과 '진리'의 역동적 관계를 조명하는 데 도움을 주리라고 생각한다.

> 하이데거는 언어와 시에 대한 성찰에서, 모든 시인은 근원적으로 자신의 고유한 시를 가지고 있는데, 그 시는 말해지지 않은 것으로 남아 있는 시이며, 이러한 말해지지 않은 시로부터 그 시인은 말한다고 한다. 이와 동일한 의미로 기독교 신학도 말해지지 않은 것—그리스도의 복음—으로부터 말해야 한다. 복음이 말씀인 것은 분명하다. 그러나 복음의 말씀은, 그 말씀으로부터 말해진 여러 구체적인 말들 속에서 소진되지 않는다. 복음은 우리에게 언제나 kata(~에 의한)의 형태로 다가온다. 마태에 의한 복음, 마가에 의한 복음, 누가에 의한 복음, 요한에 의한 복음 등으로. 각각의 증인에 의하여 증언된 말들 뒤에(혹은 그 행간에) 언제나 말해지지 않은 말씀의 창조적 능력이 존재한다. 이 말해지지 않은 말씀으로부터 그리고 말해지지 않은 말씀을 향하여, 신학은 사유하고 있는 것이다. 이러한 것이 신학적 경험이다.[34]

---

[34] Heinrich Ott, "Four Decades of Theology in the Neighbourhood of Martin Heidegger," *Eglise et Theologie* 25 (Canada, 1994), 91.

3. 교회는 조선인 자신의 교회이어라

신앙과 신학에는 당연히 교회가 전제되어야 한다. 칼 바르트의 말처럼 신학은 교회에 봉사하는 학문이다. 그런데 우리는 최태용의 선언에서 "조선인 자신의"라는 말에 귀를 기울일 필요가 있다. 이 말은 두 가지 의미를 지닌다. 첫째는 교회의 외형적 조건으로서, 외국 선교사의 영향에서 정치적, 경제적으로 독립하여 조선인 자신의 교회를 갈구한다는 의미이다. 당시 조선 교회의 지도자인 선교사들의 선교 정책이 경제적인 원조를 통한 선교이고, 이에 조선의 교회는 그 원조에 길들은 현실을 개탄하며, 최태용은 다음과 같이 외친다.

"제군은 그리스도의 복음의 선교사냐? 그러면 제군은 그리스도의 복음을 전하고 있느냐?…아! 제군은 돈을 가졌느냐? 복음을 가졌느냐? 돈의 선교사냐? 복음의 선교사이냐? 아 - 마땅히 복음을 줄 자가 돈을 주고 있고 마땅히 복음을 받을 데에서 돈을 받고 있으니 이 어그러진 일을 보느냐?"[35]

최태용에게 있어서 교회의 일차적인 과제는 바른 복음의 선포에 있다. 경제적인 문제는 그다음이다. 그러나 선교사들에 의한 조선의 교회에는 복음과 돈의 경중이 바뀌었다. 경제적인 문제가 복음의 자리를 차지한 곳에는 바른 교회가 아니라 자본주의 논리가 지배하는 세속적인 교회 장사가 등장한다. 그러므로 최태용은 차라리 그 모든 원조로부터 자유로운 조선인 자신의 교회를 부르짖은 것이다. 경제 논리가

---

35 최태용, 「천래지성」 18호.

아닌 복음의 원리가 지배하는 교회, 하나님의 영이 역사하는 교회, 영의 언표로서 진리가 구체적으로 드러나는 교회가 바로 최태용이 제창하는 "조선인 자신의 교회"이다.

두 번째로 "조선인 자신의 교회"라고 하는 말은 교회의 내적 조건을 가리키는 말로서, 한국이라고 하는 구체적인 상황에 맞는 신앙과 신학이 구현되는 교회를 말한다. 외국으로부터 수입된 신학을 되뇌는 신학이 아닌 우리의 신학, 한국의 전통적인 종교 문화 전통과 호흡을 같이 하는 신학, 한국인의 종교적 심성을 충분히 반영하는 기독교 신앙생활, 무엇보다도 한국이라는 구체적 현실에 스스로를 드러내되, 한국인이 가장 잘 이해할 수 있는 형태로 언표되는 진리, 그래서 한국인도 그 진리를 한국적인 사유와 언어로 표출하는 과정을 통해 하나님의 선교에 동참하는 일에 앞장서는 교회가 바로 조선인 자신의 교회를 규정하는 내적인 조건이다.

이러한 일을 위하여 최태용의 사상을 글자 그대로 받아들이는 데에는 부족한 면이 있으리라고 보인다. 그러나 서두에 전제한 것처럼, 최태용의 사상은 ―그 자신의 원칙에 따라― 완결되고 고정된 사상으로 취급할 수 없다. 그렇게 취급하는 순간 최태용이 이야기하는 "영적 기독교론"조차, 최태용이 그렇게 반대했던 고정화되고 형식화된, 그래서 내적 생명력을 그 안에 지니지 못한 하나의 신조와 같은 것이 될 것이다.

우리의 과제는 최태용의 신학을 답습하는 것이 아니다. 그의 신학의 연장선상에서 오늘날 우리에게 언표되는 진리에 귀를 기울여야 할 것이다.

IV. 결론을 대신하는 글

본 논문은 지금까지 최태용의 사상을 검토하되, 그의 "영적 기독교론"과 복음교회 삼대 표어를 중심으로 살펴보았다. 민족적 비극의 현실 앞에서 복음을 통한 민족 구원의 염원을 갖은 최태용의 글은 그 분량에 있어서 영인본 12권으로 합본될 정도로 방대하다. 그러므로 본 논문은 사실상 최태용 사상 중 극히 일부를 정리하고 해석한 것에 지나지 않는다. 그러나 바닷물이 짠 것을 알기 위해 바닷물 전체를 마셔보아야 하는 것이 아니듯이, 최태용의 사상의 요체를 알기 위하여 그의 글 모두를 분석할 필요는 없다고 생각한다. 더욱이 그의 영적 기독교론 및 삼대 표어는 그의 사상을 대표하는 내용이라고 보아도 무방하다. 이제 지금까지 이해된 최태용의 사상이 오늘날 한국교회에 어떤 의미로 다가오는가 하는 것을 검토함으로써 결론을 대신하고자 한다.

첫째, 최태용의 "영적 기독교론"은 당시 조선의 교회 현실에서뿐 아니라 오늘날 한국교회의 현실에서도 중요한 의미를 지닌다고 보인다. 특별히 그가 강조하는 '영'과 '진리'와의 관계는 오늘날 등장하는 상황신학의 논의에도 하나의 적합한 접근 방식일 수 있다. 각 상황마다 다르게 언표되는 진리 형태의 다양성을 충분히 인정하면서 그 다양한 진리가 근거하는 영의 보편성을 이야기할 수 있는 하나의 신학적 시도로 평가될 수 있다. 물론 그러한 작업을 위해서는 최태용의 영적 기독교론도 수정, 보완되어야 할 것이다. 최태용의 사상을 이어받는다고 하는 것은 그 내용을 변경하지 않고 그대로 반복하는 것이 아니라, 그 사상의 연장선상에서 창조적으로 변형, 발전시킴을 뜻한다고 할 때, 최태용의 영적 기독교론은 오늘날 필요한 변경을 가해서 적용될 여지가 충분히 있다.

둘째, 복음적이고 생명적인 신앙, 충분히 학문적인 신학, 이 두 가지 표어는 어느 시대를 막론하고 기독교의 중심 과제로 자리해야 하는 선언이다. 특별히 습관적인 신앙 형태 아니면 열광적 부흥 운동이 대부분의 교회 생활을 특징짓는 오늘날 한국교회의 현실에서 최태용이 설파하고 실천한 생명 신앙 운동과 학문적 신학 운동은 새롭게 되새겨야 할 가르침이다. 근본주의신학의 고정된 신앙도 거절하고, 개인적 내면의 세계로 도피하는 열광적 신비주의도 부정하는 최태용의 신앙적, 신학적 가르침은 오늘날 한국교회의 두 단면을 적절히 지적한다고 보인다.

셋째, 조선이 자신의 교회가 아니라, 조선인 자신의 교회가 되어야 합니다. 조선이 자신의 교회를 주창한 최태용의 신앙 선언은 내용 면에서 토착화신학의 흐름으로 이어져 왔다고 보인다. 그러나 최태용이 설파한 "조선인 자신의 교회"라는 선언은 오늘날 토착화신학보다 더 넓은 의미 지평을 가진다. 대부분의 토착화신학이 문화의 문제 내지는 종교 문화 전통에 문제에 주의를 집중하는 반면, 최태용이 말한 바, "조선인 자신의 교회"는 정치적·경제적·문화적 요소를 다 내포하고 있다. 이것은 오늘날 두 갈래로 갈라져 있는 한국적 신학의 현주소를 되묻게 하는 도전이다.

마지막으로 최태용의 사상이 오늘날 우리를 감동시키는 것은 그것이 기록된 문서의 형태이다. 자신이 직접 등사하여 독자들에게 배부한 한 부 한 부의 잡지가 오늘날 그의 사상을 되돌아볼 수 있는 귀중한 자료로 남아 있음은 이 시대를 살아가는 신학자에게 행운이며, 최태용에게 감사할 일이다. 모르긴 해도 한 자 한 자 글씨를 쓰고 한 장씩 등사를 하는 시간은 최태용에게 있어서 가장 귀중한 시간 중의 하나였으리라. 그의 글을 보면서 그런 귀중한 시간을 공유할 수 있었던 것은 필자의 행운이요 기쁨이었다.

특별 기고

김경재 _ 한국교회 비주류 신앙 운동의 비판정신의 본질

한국교회 비주류 신앙 운동의 비판정신의 본질*

김경재**

I. 교회사에서 비주류 신앙운동의 원인과 의미

사회 집단에서 주류와 비주류라는 표현을 흔히 듣는다. 이 글은 기독교 역사와 한국교회사 속에서 비주류는 왜 발생하는 것인가, 그 비주류 집단의 의미는 무엇인가를 고찰하려는 것이다.

정계, 재계, 학계, 종교계를 막론하고 주류를 형성하는 소위 주류 집단은 공통으로 다음과 같은 특징을 갖는다.

첫째, 주류는 항상 숫적으로 다수의 추종자를 확보하여 양적 우위를 과시한다. 삶과 생명 현상에서 양과 질은 불가분리적으로 함께 성장하

---

* 이 원고는 월간 「기독교사상」 2015년 5월호(통권 677호)에 게재된 글이다.
** 한신대학교 명예교수. 2025년 5월 별세하였다. 복음교단 60주년 최태용의 생애와 사상에도 옥고를 기고했다. 그간 교단과 정서적 가족으로 지냈다. 현 서울복음교회 박선진 목사의 이모부이기도 하다. 생전 그는 한신대에서 문화신학·종교신학 교수로 재직했다. 저서로는 『해석학과 종교신학』, 『폴 틸리히 신학 연구』, 『김재준 평전』, 『영과 진리 안에서』, 『이름 없는 하느님』 등이 있다.

지만 주류 집단은 질보다 양에 우선적 관심을 갖는다. 다수가 진리를 대행한다는 신념을 갖는 것이다.

둘째, 주류는 진리와 진실을 판가름하는 척도, 표준, 기준을 자신들이 갖고 있다고 주장한다. 다수의 교회 성직자들과 신도들을 거느린 주류 교회는 아무리 소수 신앙인들이 진실을 말하고 고백하더라도 그들을 억압하면서 심지어 단죄하거나 이단으로 처리한다.

셋째, 주류 집단도 처음에 시작할 때는 싱싱한 새로움의 열정을 지니지만, 점차 보수화되고 현상유지적으로 되면서 경직되어 생기와 진실을 잃게 된다.

넷째, 주류 집단은 기득권을 항구화하기 위하여 힘 있는 집단들과 부패 카르텔을 유지하여 변혁과 갱신을 가로막는다. 정경유착, 교권과 정치권의 야합, 국가주의와 안보 논리, 특정 이념의 절대화를 강요하면서 인간을 비인간화시키고 교회를 타락시킨다.

2,000년 동안의 교회사를 눈을 크게 뜨고 뒤돌아보면, 신앙적으로 비주류, 비정통, 반기독교라고 낙인찍혀 주류 교회의 교권주의에 의해 억압당하거나 파문, 화형당한 경우가 많이 있다. 물론 그런 비주류 신앙 운동 중에서 동기는 인정하지만 방법이 잘못되었거나, 지나친 언행으로 교회의 일치나 본질을 위협한다고 판단되기에 억압되고 소멸된 경우도 있다. 그러나 냉철하게 교회사를 뒤돌아보는 양심적 학자들은 비주류, 이단, 비정통적 신앙이라고 규정당한 인물과 신앙 운동 속에 훨씬 더 귀중한 복음적 진리가 함축되어 있다고 판단되는 사례가 많다고 주장한다. "생명으로 인도하는 문은 좁고 길이 협착하여 찾는 자가 적기 때문"(마 7:14)에 벌어진 결과인 것이다.

세계 교회사 안에서 손꼽힐 만큼 중요한 예를 들어보자. 기원후 2세기 후반 식어 가는 종말론적 신앙, 신도들의 도덕적 해이, 제도화되어가는 교권주의에 저항하여 몬타너스(d.157)의 개혁운동이 비주류로 몰려 정죄되었다. 4~5세기 아타나시우스와 아우구스티누스의 정통 교리에 맞서 기독교 진리의 중요한 측면을 지키려고 했던 아리우스파나 펠라기우스파는 비주류로 몰리고 이단으로 단죄되었다. 또한 13세기 중세 신비주의 운동의 영성신학 대가인 마이스터 엑하르트(c. 1260~c. 1327)와 '성령의 제3시대'를 주장한 요아킴 플로리스(1132~1020)는 이단 파문의 종교재판에 회부되었다. 종교개혁 시대에 조르다노 부루노와 세르베투스는 비주류자 혹은 이단적 사상가라는 명목하에 화형을 당했고, 토마스 뮌처(1490~1525)도 그의 급진적 사회복음 죄목 때문에 비주류로 몰리고 이단시 되었다.

'내면의 빛'을 강조하고 나온 영국의 경건주의 운동가 조지 폭스(1624~1691)도 당시 영국의 주류인 국교회로부터 비주류로 비판받았다. 교황청은 고생물학자 떼이야르 드 샤르댕의 '창조적 진화론'을 탄압하고, 출판, 강연을 못하게 제재를 가했다. 나치 치하에서 대부분의 독일 기독교가 히틀러를 지지하고 타락했을 때, '바르멘 선언'을 한 독일 고백교회의 지도자들, 예를 들면 바르트나 본회퍼도 당시 독일 교계에서 소수의 비주류로 몰렸다.

교회사를 뒤돌아볼 때, 몬타누스, 펠라기우스, 아리우스, 엑하르트, 요아킴, 부루노, 세르베투스, 토마스 뮌처, 조지 폭스, 떼이야르 드 샤르댕, 본회퍼는 주류적 신학이 분명하나 교권으로부터 비주류로 몰려 파문, 화형, 박해, 종교재판 혹은 위험한 신학 운동으로 폄하되었는데, 이들 신학자들과 신앙운동들이 몹쓸 이단자들이거나 화형당해 마땅한 죗값을 치러야 하는 것일까? 도리어 현대 신학은 그들의 비주류적 신앙고백이나 신앙 운동 속에서 주류적 기독교가 잃어버렸거나 간과해버린 복음의 진실을 보존하려는 열정이 있었음을 발견한다. 그들의 비주류성은 창조적 비주류요, 저항적 비주류요. 개혁적 비주류였다고 여겨지는 면이 많은 것이다.

II. 한국 개신교 130년사에 나타난 비주류 신학 교회 운동

한국 개신교의 길지 않는 130년 동안도 면밀히 살펴보면 주류적 기독교 흐름과 비주류적 흐름이 있음을 부정하지 못한다. 여기에서 주류적이나 비주류적이란 말 중 이 글 서두에서 언급한 대로 네 가지 특징을 함축하는 교회의 흐름을 주류적이라 부른다. 주류적 기독교와 비주류적 기독교를 대비시켜 본다고 해서, 양과 염소를 구별하듯 어느 한쪽은 선하고, 다른 한쪽은 악하다는 선악 이원론적 구별을 하자는 것은 아니다. 다만 어느 쪽 흐름이 교회로서의 본래적 책임과 실존적 삶을 살아가는가를 비판적으로 성찰하려는 것이다.

이 글에서 말하는 건전한 비주류적 기독교 교회 운동이란 다음과 같은 세 가지의 흐름이 있다.

첫째, 경직화 되어가거나 형식주의에 빠져드는 교회를 개혁하여 신앙을 "생명적 신앙이 되게 하라!"는 것을 모토로 삼는다. 최태용과 김교신을 중심으로 하는 신앙 운동이 그 사례이다. 둘째, 교회가 보수적 정통주의와 성경 문자에 유폐되어 복음 전파와 변증에 장애를 줄 때, 그 걸림돌을 제거하고 복음을 새로운 시대에 새로운 방법으로 증언하려고 일어난 신학 갱신 운동이다. 김재준이 그 대표적 사례이다. 셋째, 기독교 신앙의 본질을 동아시아적 영성의 토양 속에서 싹트게 하여 '동아시아의 제3의 신학과 신앙 운동'을 펼쳐가려는 흐름이다. 함석헌과 변선환의 기독교 이해가 그 사례이다.

한국의 비주류적 기독교 중에서 특히 김교신(1901~1945), 함석헌(1901~1989), 최태용(1897~1950), 김재준(1901~1987)은 주류적 한국 기독교에 의하여 비주류로 낙인 받은 인물들로서 '창조적 소수자'의 상징이요 아이콘들이다. 이들의 신앙과 신학의 특징 혹은 공명(consonance)을 간추려 약술함으로 '비주류적 기독교 운동'의 오늘의 의미와 그 가치를 음미하고자 한다. 앞의 두 사람(김교신과 함석헌)은 주류 기독교단에 의해서 비주류 기독교 혹은 아예 기독교 울타리 밖으로 축출된 인물들이다. 그러나 세상 사람들은 오늘날도 그들의 기독교 신앙 이해에 의해 맑은 생수와 건전한 복음의 떡을 맛본다.

뒤의 두 사람(최태용, 김재준)이 핵심 인물이 되어서 기독교대한복음교회와 한국기독교장로회가 탄생했고, 그 두 교단은 한국기독교교회협의회[1]에 가입한 진보 교단으로서 맡은 책임을 감당하고 있다. 그러므로 혹자는 기독교대한복음교회와 기독교장로회를 한국 기독교의 비주류로 분리하는 것에 이의를 제기하거나 불쾌하게 여길 것이다.

그러나 한국 기독교 전체의 교세 지형도에서 본다면, 두 교단은 주류 기독교 교단이라기보다는 아직도 소수 교단이고, 아직은 비주류적 교

---

[1] 한국기독교교회협의회(NCCK)는 9개 가맹 교단을 두고 있고, 세계교회협의회와 형제적 관계를 유지하고 있다. 예장통합, 기장, 감리군, 구세군, 성공회에 이어 복음교회는 1966년 창립 역사에 비하여 다소 뒤늦게 가입하였다. 백남용 감독 때부터 사실 가입 의지를 보였고, 전쟁통에 기회를 놓쳤다가 지동식 총회장 때에 입회 절차를 거쳤다.

단이라고 보는 것이 현실에 걸맞을 것이다.

　진리는 다수결로 결정되는 것이 아니고, 교단 교세와 재정 능력의 크기, 집회 동원 능력의 크기로 결정되는 것도 아니다. 교회사를 뒤돌아볼 때, 콘스탄티누스 황제의 기독교 비호나 십자군 전쟁이 '참 복음의 전진'에 도움된 것이 아니며, 14~15세기 스페인과 포르투갈의 중남미 무력 선교가 '인간화와 생명 평화'를 가져다준 것도 아니었다. 국민 95% 이상이 기독교인이었던 독일 국가교회는 히틀러의 제3제국의 집권과 발호를 막지 못했다. 기독교는 19~20세기 동안 아시아, 아프리카 등 소위 제3세계의 많은 국가와 인민들을 '식민지화'하였다. 그 결과 오늘날 빈곤과 정치적 비극의 원인이 되도록 한 영국, 프랑스, 네덜란드, 독일, 미국을 비롯한 국가들의 직간접적 지원 아래 17~19세기 동안 기독교 선교가 이뤄졌다는 역사적 진실 앞에 정직해야 한다.

III. 한국 기독교 비주류 신앙 운동에서의 비판적 저항정신의 핵심

1. 김교신(1901~1945)의 '전적 그리스도교'와 '조선산 기독교' 신앙

　김교신, 함석헌, 이용도, 김재준 등 20세기 한국 기독교의 저항아, 비주류 기독교 신앙의 상징적 인물들은 우연한 일치인지 하나님의 섭리인지 모르지만 모두 1901년 출생의 동갑 인물들이다. 그중에도 김교신은 한국 기독교의 대표적 무교회 신앙인으로서 올해(2015)는 디트리히 본회퍼와 동일하게 그의 '의로운 죽음' 70주년이 되는 해이다. 본회퍼는 독일 플로센뷔르크에서 1945년 4월 9일 교수형을 당했고, 김교신은 "성서조선 필화사건"으로 옥중 고초를 겪고, 출옥 후 일본의 질소비료 흥남공장에서 조선인 노동자를 돌보다가 1945년 4월 25일 발진티푸스에 감염되어 병사했다. 두 사람 모두 진정한 그리스도 제자직을 수행한 신앙인의 표본이다.

김교신의 신앙 세계에 대한 상세한 서술은 여기에서 할 수도 없고 지면의 여유도 없다. 그러나 필자는 한국 기독교 비주류 신앙 운동의 첫 번째 인물로서 김교신을 꼽기 때문에 그의 신앙의 핵심 주제인 '전적 그리스도교'와 '조선산 기독교'라는 주제어를 언급함으로써 그의 신앙의 본질을 파악하고자 한다.

김교신의 '전적 그리스도론'이란 그가 스승 우치무라 간조의 무교회 성서 강해를 통해 터득한 기독교 신앙의 본질을 총괄적으로 압축한 표현이다. 그 핵심은 철저한 하나님 중심의 신앙과 그리스도 안에서 죽고, 그리스도 안에서 온전히 새로운 존재로 거듭난 '새로운 피조물'로서 삶의 전 영역과 전 존재를 하나님의 주권과 영광을 위하고, 그리스도 예수의 복음 곧 하나님의 나라가 육화되는 '실천적 생활신앙'을 산다는 것이다.

'종교개혁 정신'의 본질을 "하나님으로 하여금 하나님 되게 하라!" (Let God be Dod!)라고 파악한 프로테스탄트는 하나님일 수 없는 특정 이념과 가치, 국가나 종교, 교권주의와 종교 경전, 신학 체계나 교리 등을 하나님처럼 절대화시키는 것을 우상숭배라고 규정한다. 우치무라 간조의 무교회 운동은 루터가 시작한 종교개혁 정신을 일본의 무사도 정신인 철저성에 접목시켜 완결시키려는 영적 운동이었다.

김교신은 그러한 종교개혁 정신을 철저히 하기 위해서 우치무라 간조의 무교회 정신을 조선인의 입장에서 수용하였다.

'전적 그리스도교'라야만 살아 있는 진정한 신앙이라고 고백한 김교신은 일본 제국주의의 식민주의, 천황 숭배, 교회의 제도와 교권 체계, 성속 분리의 이원주의, 신앙과 행위의 괴리를 비기독교적이고 더 나아가 반기독교적이라고 본다. 김교신의 무교회적 신앙은 그 자신 스스로 철저하게 근면, 성실, 정직, 자기희생적 책임, 단순 소박한 생활 등을 강조하여 그야말로 철저한 '세계-내-금욕'(막스 베버)을 신앙인의 삶의 원리로서 보았다.

김교신의 '조선산 기독교론'은 일본에서 시작한 무교회 신앙을 또 하나의 특별한 교파로서 이식하거나 지속하는 것은 무교회 신앙에 정반대되는 것으로 본다. 무교회의 영적 신앙의 에토스를 1930~1940년대 조선 기독교 상황에 대결하여 개혁하고자 하는 것이 김교신의 '조선산 기독교'의 주장 동기이다. 그 개혁의 초점은 세 가지 점에 집중되었다.

첫째는 미국 선교사들의 교파주의적 기독교 선교 영향으로 형성되고 고착된 교파주의 기독교의 극복이다.

둘째, 한국민 심성의 특징인 감성적 요소가 지나치게 변질되어 비이성적이고 몰역사적으로 되어버린 부흥회적 열광주의 신앙 행태의 극복이다.

셋째, 교회의 본질적 사명인 하나님의 나라 운동을 사회적 복지 운동으로 평면화시키는 잘못, 하나님의 나라 운동을 지상에 인간이 건설하는 이상적 도덕 왕국 실현과 동일시하려는 인본주의적 낙관론을 비판하는 것이다.

김교신은 시대정신과 문명의 주류적 가치에 영합하고 순응하는 순응주의는 매우 현대적인 듯 보여도 교회 본질의 타락이라고 보았다.

2. 함석헌의 씨울 기독교, 영과 진리 안에서 그리고 바른 속죄 신앙

함석헌(1901~1989)은 김교신과 같은 해에 태어났고, 일본에서 유학할 때 김교신과 함께 우치무라 선생의 성서공부반에서 무교회 신앙을 배웠고, 귀국하여 김교신과 함께 「성서조선」 간행의 동인으로서 생사고락을 함께한 신앙 동지였다. 김교신이 주간으로 있던 「성서조선」 독자들의 겨울 신앙 수련회에서 행한 강연 내용을 그 잡지에 연재함으로써 대표 저작 『성서적 입장에서 본 조선역사』가 세상에 빛을 보게 된 것이다.

그러나 함석헌은 김교신보다 44년을 더 살았고, 함께 몸담았던 무교회 신앙공동체를 떠나 생애 말년에는 종교 친우회 퀘이커 교단에 몸을 담았다.

함석헌도 김교신처럼 본래 우치무라 간조의 무교회 성서 운동이 품었던 신앙에 동의했고, 평생 그 정신을 존중하고 사랑했으나 점차 일본에서나 한국에서 무교회 단체가 경직화되어 가면서 또 하나의 무교회 교단 같은 변질된 맛을 보이자, 과감히 무교회를 떠나 퀘이커에 몸을 담았다.

함석헌이 무교회를 떠난 이유는 세 가지로 요약된다. 첫째, 무교회 신앙 집단이 제2세대-제3세대로 전승되어 가면서 비본질적인 교단적 경직성과 정신적 모방주의에 빠지게 되었다고 본 것이다. 둘째, 무교회주의 신앙이 지나치게 루터적 종교개혁 신앙의 '전통적 속죄론'에 갇혀 있는 것을 초극하려는 것이다. 셋째, 씨올사상에 깊이 뿌리내리고 동아시아적 종교 영성까지 능히 품에 안은 도량이 넓은 기독교 신앙을 원했던 것이다. 무교회 신앙의 철저성이 신앙의 배타성으로 변질된 것을 비판하는 입장이었다.

함석헌의 기독교 신앙을 한국의 주류 종교 교단들이 비주류 기독교로 평가하는 이유는 무엇인가? 첫째, 기존 한국 기독교의 모습에 대한 함석헌의 '예언자적 비판' 때문이다. 특히 교회당을 많이, 높이 짓고 그것이 기독교의 선교 결실이라고 생각하는 외형적 기독교의 '성장 신학'에 날카로운 비판을 가했다. 그는 교회당, 전당을 굉장하게 짓는 것은 종교가 먹을 것을 다 먹고 죽는 누에 모양으로 제 감옥을 쌓음이요, 제 묘혈을 팜이다. 내부에 생명이 솟을 때에 종교는 성전의 필요를 느끼지 않는다. "석조 교회당이 일어나는 것은 결코 진정한 종교 부흥이 아니다"라고 했다. 그것은 지배하자는 종교, 도취하자는 종교, 자기 과시하자는 종교란 것이다.

둘째, 함석헌은 한국 기독교가 처음 전래되었을 때의 민중 지향적 교회로서의 모습을 잃고, 중산층 이상의 가진 자들의 종교로 변질되었음을 비판했다. "하나님 나라가 임하소서, 하나님의 뜻이 하늘에서와 같이 땅에서도 이뤄지이다!"라고 기도하는 진정한 기독교 신자는 "땅 중의 땅, 흙 중의 흙인 민중의 가슴"에 임하도록 힘쓰고 기도해야 한다는 것이다. 그러나 한국 기독교는 금송아지 숭배의 배금주의, 권력과 야합하는 힘 숭배 신앙, 숫자를 내세우는 종교에 맛이 들어, 우리 사회의 바닥 사람들을 외면하고 예수 복음에서 이탈했다는 비판이다. 함석헌은 민중이 곧 하나님은 아니지만, 민중을 섬기고 사랑하는 것 없이 하나님을 사랑하고 섬기는 길은 없다고 사자후를 토했다. 그래서 비주류가 되었다.

셋째, 함석헌이 비주류 기독교 신앙가가 된 가장 큰 이유는 정통 교회와 무교회 신앙 집단에서 금과옥조로 삼는 "십자가의 공로로 죄 대속함을 받는다는 교리를 믿고 받아들이면 구원을 얻는다는 교리 신앙"이 잘못되었다고 비판했기 때문이다. 속죄신앙 교리(atonement)의 참뜻은 싸구려 은총이나 값싼 구원론을 말함이 아니라는 것이다. 함석헌은 "그리스도와 하나가 되는 인격적 체험"이 있어야 하고, 갈라디아서의 고백처럼 "예수 십자가와 함께 낡고 혈육적 자아가 죽고, 부활과 함께 다시 영과 진리 안에서 거듭나는 변화"가 필수 관건이라고 주장했다.

3. 최태용과 김재준의 비주류적 기독교 신앙의 본질

최태용(1897~1950)은 일본 유학 시절 김교신과 비슷한 기간에 우치무라 간조의 무교회 성서 연구반에서 배워 그 영향을 많이 받았다. 그러나 칼 바르트의 "하나님 말씀의 신학"을 연구하고, '교회론'에서 무교회 신앙 동지들과 다른 견해를 갖게 되어 무교회의 교회론을 비판하고 독립교단 운동을 펼쳤다. 그는 "인간의 요구와 하나님의 말씀과의 전장인 교회를 부정하는 것은 비현실적이고 개인적 그리스도인의 양산만 초래한다"고 비판했다. 교회의 직제, 제도, 성직 질서들을 절대시하는 교회주의는 비판받아 마땅하지만, 하나님의 말씀이 살아 있다면 신앙적 유기로서 교회 조직과 질서가 필요한 것을 인정하였다.

최태용의 복음교회 운동을 주류 교회가 비주류로 보았다면 그 이유는 최태용이 주창한 복음교회의 세 가지 설립 정신 모토 때문이었다.

"첫째, 신앙은 복음적이고 생명적이어라. 둘째, 신학은 충분히 학문적이어라. 셋째, 교회는 조선인 자신의 교회이어라."[2]

이상 세 가지 표어에서 보듯이 최태용은 생명력을 잃고 경직화된 교리적 기독교, 맑은 지성과 이성을 무시하는 1930년대 당시 열광주의적이고, 반지성적 기독교와 신학적 시대주의 그리고 선교사들의 선교비에 의존하는 비주체적 기독교를 극복하고자 했다.

김재준(1901~1987)을 한국 기독교의 비주류로 읽는 것은 아직도 한국 개신교의 보수 정통주의를 자랑하는 지도자들과 교단들이 김재준을 성서비평학을 도입한 신(新)신학자, 인본주의 신학자, 아니면 급진적 사회참여 신학자라고 단정하는 형국이기 때문이다. 장공 김재준의 삶과 신학은 간행된 『장공 김재준의 삶과 신학』 속에 집약되어 있다. 김재준은 기독교 신앙의 핵심은 성육신적 영성이라고 보았다. 하나님의 뜻, 말씀, 사랑, 공의는 구체적 현실, 역사 속에 몸으로서 형체를 입어가며 실천되어야 한다. '신앙생활'을 강조해 온 한국 기독교는 '생활신앙'으로 전환해야 하며, 성 프란시스의 영성인 청빈과 사랑, 봉사의 종교로 환골탈태해야 한다고 강조했다. 교회는 '노아방주'가 아니고 역사라는, 밀가루 반죽을 변화시키는 누룩, 효소이며, 십자가는 "인간혁명, 사회혁명, 종교혁명"의 불씨라고 장공은 강조한다.

김교신, 함석헌, 최태용, 김재준이 아직도 비주류적 기독교라면 주류적 기독교의 자기 정체성은 무엇일까 묻게 된다. 주류적 기독교는 정통 교리, 교세 확장 그리고 교권 질서를 크게 강조한다. 이것이 그들의

---

[2] 복음교회 창립 3대 표어로 최태용 목사가 작성 발표했다.

자기정체성이라고 할 수 있을 정도이다.

그러나 그러한 것들이 '사랑으로 행하는 믿음'을 가리고 만다면 주류 기독교의 주장이 무슨 소용 있겠는가? 살펴본 네 사람의 공통점은 성실성, 청빈한 생활 신앙, 예언자 정신, 역사 변혁적 참여, 열린 신앙이다. 특히 교회론에서 교회란 축적된 전통 권위, 성직 질서 조직, 정통신학 지킴이, 교인 집단 등이 아니라, '거듭난 피조물'이라는 영적 세포들이 모여 이룩한 '그리스도 몸'이라는 것이다.

한국 사회는 왜 개신교를 비판하고 신뢰하지 않는가? 비주류적 신앙인들이 보여준 참 신앙의 행태에서 배워야 하지 않을까? 거기에 교회가 다시 교회답게 되살아날 수 있는 길이 있을 것이다.

복음논단 제6집

2025년 10월 27일 초판 1쇄 발행

엮은이	기독교대한복음교회 신학위원회
펴낸이	김영호
펴낸곳	도서출판 동연
등 록	제1-1383호(1992. 6. 12)
주 소	서울시 마포구 월드컵로 163-3
전화/팩스	02-335-2630 / 02-335-2640
이메일	yh4321@gmail.com
인스타그램	instagram.com/dongyeon_press

Copyright ⓒ 기독교대한복음교회, 2025

이 책은 저작권법에 따라 보호받는 저작물이므로 무단 전재와 복제를 금합니다.
잘못된 책은 바꾸어드립니다. 책값은 뒤표지에 있습니다.

ISBN 978-89-6447-722-9 93230